KB202651

온몸기도하며 권세와 능력있게 사실 분의 책

성령으로 온몸기도 하는법

강요셉지음

"모든 기도와 간구를 하되 항상 성령 안에서 기도하고 이를 위하여 깨어 구하기를 항상 힘쓰며 여러 성도를 위하여 구하라."(엡 6:18)

성령

성령으로
온몸기도 하는 법

성령

들어가는 말

필자는 늦은 나이에 목사가 되어 성도들을 성령으로 치유하여 지금 살아서 하나님의 나라 천국을 체험하게 하는 치유목회를 23년이 넘도록 해오고 있습니다. 성도들을 성령으로 치유하면서 성령으로 온몸기도를 하도록 알려드리고 지속적으로 하니까, 요즈음 코로나19로 인하여 세상에서 강조하는 면역력이 강해지고, 성령의 권능과 성령의 은사가 자동으로 나타나는 것을 깨닫게 되었습니다. 그것은 살아계신 하나님의 성전이 되어 어디서나 성령 안에서 온몸으로 기도하고 영과 진리로 예배를 드리니까, 면역력이 높아지면서 권능 있는 성도들이 되더라는 것입니다.

온몸으로 기도하는 것은 자신 안에 주인으로 계시는 예수님께 몸과 마음과 정신과 생각을 집중하여 드리는 기도입니다. 사업을 하시는 분은 사업장에서 온몸으로 하나님께 감사하면서 사업하시고, 직장에 다니는 분은 직장에서 온몸으로 하나님께 찬양하며 일하시고, 학교에 다니는 학생은 공부하면서 온몸으로 하나님께 감사하시고, 가정주부는 가정에서 온몸으로 하나님을 찾으면서 일하시면 온몸기도가 되는 것입니다. 온몸기도는 다른 특별한 일이 아니라 온 몸으로 자신 안의 하나님께 집중하는 것을 말하는 것입니다. 온몸으로 기도하는 방법들은 이 책을 끝까지 읽어가노라면 자동으로 터득하게 될 것입니다.

성도는 영적인 존재이면서 육적인 존재입니다. 그러기 때문에 먼저 영혼이 건강해야 합니다. 영혼이 건강하게 하는 일이 이 책에서 제시되는 성령으로 온몸 기도를 하는 것이며, 어디서나 영과 진리로 예배를 드리는 것입니다. 성령으로 온몸 기도를 하시는데 꼭 예배당을 고집하시면 영혼이 깨어있을 수가 없습니다. 집이나 직장이나 사업장이나 어디서나 성령으로 온몸 기도를 하셔야 영혼이 건강하여 면역력이 자동으로 강화되는 것입니다. 예배도 마찬가지입니다. 자신이 기거하고 있는 처소에서 드리면 됩니다. 아니 자신의 삶이 예배가 되어야 합니다. 하나님은 성도들의 전인격이 하나님의 나라 성전이 되는 것을 원하십니다.

영력과 면역력에 대해서는 필자가 얼마 전에 **"코로나19 시대의 신앙생활"**이라는 책에서 상세하게 강조하고 설명했습니다. 하나님은 우리의 전인격이 살아계신 하나님께서 주인 된 걸어 다니는 성전이 되기 위하여 하나님은 "네 마음을 다하고 목숨을 다하고 뜻을 다하고 힘을 다하여 주 너의 하나님을 사랑하라 하신 것이요"(막 12:30) 말씀하셨습니다.

독자 여러분 이 책을 통하여 성령으로 온몸 기도를 하며 영과 진리로 예배를 드리면서 하나님의 나라 성전이 되어 영력과 면역력이 높아지고 권능 있는 성도님들이 되시기를 소원합니다.

주후 2022년 4월 10일
충만한 교회 성전에서
저자 강요셉목사.

세부적인목차

1부 온몸 기도하면 권능이 강해질까?

1장 온몸 기도하면 권능이 강해질까요?

> (막 12:30) "네 마음을 다하고 목숨을 다하고 뜻을 다하고 힘을 다하여 주 너의 하나님을 사랑하라 하신 것이요."

예수님께서는 기도를 하되 온몸으로 기도하기를 원하십니다. 온몸으로 기도하는 것은 자신 안에 주인으로 계시는 예수님께 몸과 마음과 정신과 생각을 집중하며 몰입하여 드리는 기도입니다. 본문에도 "네 마음을 다하고 목숨을 다하고 뜻을 다하고 힘을 다하여 주 너의 하나님을 사랑하라 하신 것이요." (막 12:30). 말씀하셨기 때문입니다. 성령 안에서 온몸기도 하는 여러 상세한 것은 이 책을 계속하여 읽어가노라면 자연스럽게 터득하고 숙달하게 될 것입니다.

예수를 믿고 성령으로 거듭난 성도들이라도 예수님을 믿고 성령으로 기도하고 영과 진리로 예배를 드리면 면역력이 강화되는 것을 깨닫지 못하는 분들이 있습니다. 요즈음 코로나19로 인하여 면역력에 대하여 관심이 지대합니다. 세상에서 말하는 면역력을 강화하는 방법은 ①백신을 맞는 것입니다. ②잠을 잘 자는 것입니다. ③마음을 편안하게 하는 것입니다. ④몸을 움직이면서 운동하는 것입니다. ⑤잘 먹어야 합니다. 세상에서 말하는 면역력을 강하게 하는 것들을 잘 보면 우리 예수 믿는 성도들이 영과 진리로 예배를 드리고, 성령으로 온몸 기도하면 성령의 권능과 면역력이 강화될 수 있다고 깨달을 수가 있습니다. 길게 설명하지 않아도 깨달은 분들이 계실 것입니다.

성령으로 거듭나 성령께서 깨닫게 하시는 눈으로 말씀을 볼 때 역설적으로 저변에 깔린 부분까지 깨달으면서 읽으면 영력과 면역력에 대하여 많이 강조하고 있다는 것을 깨달을 수가 있습니다. 분명하게 성경 말씀을 성령 안에서 관심있게 보면 면역력에 대한 말씀이 있습니다. 성경 몇 가지만 언급하면 우선 본문 출 15:26절입니다. 그리고 (잠 17:22)의 "마음의 즐거움은 양약이라도 심령의 근심은 뼈를 마르게 하느니라." (잠 4:23)의 "모든 지킬 만한 것 중에 더욱 네 마음을 지키라 생명의 근원이 이에서 남이니라."는 말씀입니다. 신약에서는 (살전 5:16-18)의 "항상 기뻐하라 (17) 쉬지 말고 기도하라 (18) 범사에 감사하라 이것이 그리스도 예수 안에서 너희를 향하신 하나님의 뜻이니라." (히 12:15)의 "너희는 하나님의 은혜에 이르지 못하는 자가 없도록 하고 또 쓴 뿌리가 나서 괴롭게 하여 많은 사람이 이로 말미암아 더럽게 되지 않게 하며." 등이 강조되어 있습니다.

그러나 성경말씀을 문자적으로 지식적으로 관념적으로 보고 읽으면 하나님께서 말씀으로 강조하는 영력과 면역력에 대하여 깨달을 수도 없고 이해할 수가 없습니다. 예수를 믿으신 지 오래된 분들일수록 마음의 상처 스트레스와 면역력에 대하여 무관심하다가 건강에 큰 문제를 당하는 경우가 많습니다.

면역력이란 감염이나 질병으로부터 대항하여 병원균을 죽이거나 무력화시켜 건강한 몸 상태를 유지시키는 것을 말합니다. 면역력만 높다면 질병에 걸려도 빠르게 뿌리치고 건강을 찾거나 많은 질병에 걸리지 않을 수 있습니다. 코로나19로 인하여 TV나 인터넷 등 여러 채널을 통하여 면역력에 대하여 접할 수가 있습니다. 그런데 모두 예수님을 믿고 성령으로 거듭난 성도들에게 직접적으로 코로나19 시대에 세상을 살아가면서 영력과 면역력을 강화시키는 방법에 대하여 설명하여 알려주는 문헌이나 책은 드뭅니다. 우리가 예수님을 믿고 성령으로 거듭나 아담이 하나님의 말씀을 어기고 죄를 범하지 않았던 에덴동산의 영성으로 돌아가면 면역력은 강화되는 것입니다.

그러니까, 성령으로 온몸 기도를 하여 하늘나라 성전이 되면 자연스럽게 면역력은 강화되는 것입니다. 계속 설명되고 제시되는 내용들을 자세하게 보시면 면역력이 약화되는 것은 마음의 상처와 스트레스의 영향이 크다고 깨달을 수 있을 것입니다. 그렇기 때문에 예수님을 믿고 예수님으로 다시 태어나 성령으로 세례를 받고 에덴동산의 영성으로 돌아가면 면역력이 강화되어 코로나19를 물리칠 수가 있는 것입니다. 필자는 이 책에서 온몸 기도를 하여 하나님께서 최초 인간을 창조하시고 아담과 동행하시며 대화하시던 영적인 상태로 돌아가도록 안내할 것입니다. 하나님께서 아담과 동행하시며 대화하시던 에덴동산으로 돌아가면 면역력은 자동으로 강화되는 것입니다.

면역의 종류에는 첫째로 선천 면역이 있습니다. 선천적으로 태어날 때부터 부모로 인해, 유전자적으로 가지고 태어나는 면역상태를 말합니다. 둘째로 후천 면역이 있습니다. 후천적으로 살면서 한번 경험했었던 것에 대한 면역을 가지는 것을 말합니다. 예를 들어서 같은 약을 지속적으로 먹게 되면 약에 대한 면역이 생겨 나중에는 그 약이 몸에 효과를 가지지 못하게 되는 것이 후천 면역입니다. 없었던 질병이 갑자기 생기는 것은 후천적으로 면역력이 깨져 생기는 것 일수 있습니다. 후천 면역으로는 백신과 같은 것으로 만들어 낼 수도 있습니다.

코로나19 상황이 장기화되면서 우리 생활에 면역력은 이제 필수입니다. 우리 주변에는 눈에 보이는 사람, 짐승, 음식, 물건 등이 있습니다. 눈에 보이지 않지만 공기, 곰팡이, 세균, 바이러스 등 다양한 해로운 물질이 있습니다. 코로나19는 사람의 호흡을 통해서 전염이 됩니다. 면역력은 이런 외부 해로운 물질을 제거하고 신체 기능을 유지해주는 역할을 합니다.

면역력을 높이는 방법으로는 마음을 평안하게 하여 스트레스를 받지 않고, 음식을 잘 먹고, 잠을 잘 자고, 규칙적으로 운동을 해야 합니다. 나이가 들어감에 따라 면역력에 관련된 T세포, B세포, NK 세포 등의 세포 수와 활동성이 떨어집니다. 세상을 살아가면서 감당하기 힘든 지속적인 스트레스는 뇌의 시상하부를 자극해 스트레스 호르몬을 방출합니다. 이 스트레스 호르몬은 NK세포의 활성도를 떨어지게 하고 림프구의 증식 억제와 항체 생성 감소의 원인이 됩니다. 면역력을 강화하려면 스트레스를 다스릴 수 있어야 합니다. 스트레스는 성령으로 온몸 기도하면 하늘나라가 됨으로 다스려지는 것입니다.

수면이 부족하면 NK세포의 수가 현저히 떨어집니다. 부족한 수면은 다양한 면역 세포의 수와 활동성도 낮춥니다. 잠을 잘 때 우리 신체의 면역기능은 더 활발하게 활동합니다. 잠을 많이 자는 것보다 잘 자는 것, 깊이 자는 것이 중요합니다. 이는 성령 안에서 온몸 기도를 하면 해결이 됩니다.

수면은 모든 세포가 휴식을 취하며 누적된 피로, 육체적, 정신적 앙금을 해소하고 손상을 회복시키는 시간입니다. 사람에게 수면은 참으로 중요합니다. 이런 활동은 심장과 자율신경 조율을 통해 이루어집니다. 세포의 활동성은 최소한으로 억제하며 기초적인 움직임영력과 을 위해 충분한 양의 혈액을 공급해야 합니다. 규칙적으로 자는 것이 좋고 낮에는 30분 이상 밝은 빛을 쬐고 침실은 어둡게 하는 것이 좋습니다. 성령으로 온몸 기도를 하면 인체기능이 정상이 됨으로 면역력을 강화합니다. 적당한 운동과 규칙적인 운동은 면역세포의 활성도를 증가시킵니다. 불규칙하고 과도한 운동, 경쟁적인 운동은 오히려 면역력을 떨어트릴 수 있습니다. 인체 위쪽으로 편향되기 쉬운 에너지를 아래로 끌어내리기 위해 하부 자극이 되는 운동이 필요합니다.

발바닥의 부드러움과 완충은 원활한 혈액순환이 기본으로 발바닥만 적절히 자극해주면 기운을 활성화 시킬 수 있습니다. 마음으로 기도하며 만보 걷기, 산행, 자전거 타기, 수영, 유산소 운동으로 약간 땀이 날 정도로 꾸준히 하면 좋습니다. 운동 후 스트레칭을 통해 몸의 근육을 이완시켜 줍니다. 장내 유익한 세균은 감염 방어와 면역계 전체 활성화에 영향을 줍니다. 프로바이오틱스와 같은 유익한 세균은 NK 세포 활성도와 대식세포의 번식 작용을 높여줍니다. 단백질 부족은 1차 방어의 역할을 하는 피부 기능과 면역과 관련된 세포의 매개 반응을 떨어트립니다. 다양한 비타민의 부족은 면역 불균형의 원인이 됩니다. 몸에 필요한 비타민을 섭취해야 합니다.

버섯에 함유된 글루칸은 인체의 면역력을 증진시키고 활성산소를 제거해 항산화 작용을 합니다. 정상적인 세포조직의 면역기능을 활성화시켜 암세포의 증식과 재발을 막아줍니다. 현미, 수수, 보리, 율무, 기장. 메밀, 잡곡은 몸의 저항력을 키워 암을 예방해주는 효과가 있습니다.

채소는 섬유질, 비타민 A, B, C 뿐만 아니라 칼슘, 칼륨, 인, 철분, 망간, 무기질을 많이 함유하고 있어 유해물질을 분해하고 배출시켜 줍니다. 김치는 살균작용해주는 마늘, 고추, 생강을 사용해 만들어 몸속 유해균의 활동을 억제시켜 줍니다.

체온조절은 면역력의 핵심입니다. 스트레스가 체온을 떨어지게 합니다. 우리 몸은 여러 가지 이유로 몸의 활동성을 높여야 할 때 체온을 상승시킵니다. 몸의 온도만 높이면 바이러스, 질병에 방어하는 몸의 기능이 강화됩니다. 체온을 1도 높이면 면역력은 2배로 증가합니다. 면역력 강화를 위해 몸의 체온을 높이는 방법을 활용하는 것이 좋습니다.

코로나 19로 몸을 움직이는 시간이 줄어들고 집안에서 지내는 시간이 늘어나고 있습니다. 집안에서라도 몸과 손과 다리를 움직이며 걸어야 합니다. 평소 올바른 생활 패턴을 유치해 바이러스에 대항할 수 있는 신체를 만들어야 합니다. 바이러스성 질환은 전염이 강하고 한번 발병하면 더 치명적인 병으로 발전하기 때문에 예방이 우선입니다.

창문을 열고 주기적으로 환기를 통해 실내 적절한 산도 농도를 유지해 줍니다. 우리 몸이 정상적인 기능을 하기 위해 체온 유지는 중요합니다. 체열을 조절하는 장치 중 하나는 호흡입니다. 뒤에 설명되는 호흡으로 하는 온몸 기도를 숙달하면 영력과 면역력 강화에 유익합니다. 흡입하는 공기를 외부의 온도와 상관없이 폐포에 도달하면 36.5도가 됩니다. 호흡과정에서 먼지, 세균, 바이러스, 알레르기 물질을 제거하고, 산소를 비롯한 유익한 공기를 흡입해야 합니다.

이글을 읽어보면 스트레스로 마음의 상태가 불안정하면 면역력이 떨어지고 마음의 상태가 안정이 되면 면역력이 강화된다는 것을 알 수가 있습니다. 그러니까, 상처 스트레스가 면역력을 약화시키는 주범이라는 것입니다. 마음의 상처 스트레스를 말씀과 성령으로 치유하고 성령으로 마음을 평안하게 하면 면역력이 강화되는 것입니다. 위의 글을 보시면 우리가 예수님을 믿고 성령으로 거듭나 교회예배당에 나가서 예배를 드릴 수가 있다는 것만 생각해도 하나님의 크신 축복을 받은 것입니다. 교회예배당에 나가서 영과 진리로 예배를 드리면서 성령으로 기도하면 자동으로 면역력이 강화될 수가 있는 것입니다.

하나님은 이 땅에 하나님의 나라가 되기를 소원하십니다. 이 땅이란 문자 그대로 땅이 아니라, 예수님을 믿는 모든 성도들을 말하는 것입니다. 우리 예수님을 믿는 사람들은 광야와 같은 세상을 살아가면서 하나님의 나라가 되기를 소원하십니다. 이는 밖이 하나님의 나라 천국이 된 것이 아니라 자신의 마음이 하나님의 나라 천국이 되었다는 것입니다. 다시 보충 설명하면 모든 세상 사람들이 예수님을 믿으니 하나님의 나라가 된다는 뜻이 아니라, 예수를 믿는 성도들이 다종의 신을 섬기는 세상 사람들과 부딪치면서 살아가지만 마음이 하나님의 나라, 하나님의 성전이 되어 살아간다는 뜻입니다. 하나님의 나라 천국에서 살아가려면 하나님 나라에 대해 바르게 이해해야 합니다.

이사야서 11장 6-9절에 하나님의 나라, 평화에 나라에 대하여 이렇게 예언하고 있습니다. "그 때에 이리가 어린 양과 함께 살며 표범이 어린 염소와 함께 누우며 송아지와 어린 사자와 살진 짐승이 함께 있어 어린 아이에게 끌리며 (7) 암소와 곰이 함께 먹으며 그것들의 새끼가 함께 엎드리며 사자가 소처럼 풀을 먹을 것이며 (8) 젖 먹는 아이가 독사의 구멍에서 장난하며 젖 뗀 어린 아이가 독사의 굴에 손을 넣을 것이라 (9) 내 거룩한 산 모든 곳에서 해 됨도 없고 상함도 없을 것이니 이는 물이 바다를 덮음 같이 여호와를 아는 지식이 세상에 충만할 것임이니라." 이렇게 되려면 자신의 영-혼-육체의 전인격을 성령이 지배한 상태, 성령님으로 충만한 상태가 되어야 가능한 것입니다. 성령의 불이 마음속 예수님으로부터 나와야합니다.

그러면 예수님을 믿는 성도들이 어찌해야 하나님의 나라 성전으로 살아가겠습니까? 그것은 성령으로 충만해야 가능한 것입니다. 성령으로 충만하려면 걸어 다니는 하나님의 성전이 되어야 가능한 것입니다. 걸어 다니는 성전이 되면 하나님께서 주인 된 상태이므로 항상 하나님을 찾는 것입니다. 항상 하나님을 찾는 다는 것은 성령으로 기도한다는 것입니다. 성령으로 마음 안에서 온몸 기도가 되지 않으면 하나님의 나라 성전이 될 수가 없는 것입니다. 그렇기 때문에 성령의 이끌림을 받으면서 마음으로 하나님을 찾으며 온몸 기도를 항상 하는 상태가 되면 하나님의 나라 성전이 될 수가 있다는 것입니다.

성령의 이끌림을 받아 마음으로 온몸 기도를 하게 되면 하나님의 나라 성전이 됨으로 자연스럽게 면역력이 강화되는 것입니다. 하나님의 나라 성전이 되려면 자신은 없어지고 성령님이 주인이 되어야 가능한 것입니다. 성령님이 자신의 주인이 되니까, 광야와 같은 세상에서 다종의 신을 섬기는 세상 사람들과 부딪치면서 살아가지만 자신은 하나님의 나라 성전이 되어 세상에서 살면서 상처나 스트레스를 받지 않는 것입니다. 영-혼-육체의 건강의 법칙이 자신이 하나님의 나라 성전이 되는 것입니다. 세상을 살아가면서 상처와 스트레스를 받지 않으려면 자신이 죽고 예수님(성령님)이 주인이 되어야 가능합니다. 성령님이 주인이 되어 성령으로 온몸기도 하면 하나님의 나라 성전이 됨으로 상처 스트레스가 마음에 쌓일 수가 없는 것입니다.

건강의 주범은 상처 스트레스입니다. 상처 스트레스는 세상에 만들어 냅니다. 아니 자신의 마음이 만들어 냅니다. 자신이 예수님을 관념적 지식적 율법적으로 알고 세상이 되었을 때 자신의 무의식에 상처 스트레스가 자신도 모르게 쌓이는 것입니다. 필자가 충만한교회 홈페이지 여러 칼럼에서 강조했지만 상처 스트레스는 만 가지 문제의 원인입니다. 우리 성도님들이 세상을 살아가면서 스트레스를 받지 않으면서 자신의 영-혼-육체를 하나님의 나라 성전으로 살아가려면 성령으로 기도하여 성령님이 주인이 되어야 가능한 것입니다.

그럼 마음의 상처 스트레스로 발생한 질병을 치유하려면 어찌해야 하겠습니까? 자신이 예수님을 믿고 죽고 다시 사신 예수님으로 태어나 하나님의 나라 성전이 되어야 치유가 되는 것입니다. 다시 말해서 아담이 에덴동산에서 하나님과 대화하며 거닐던 상태로 돌아가야 마음 안 무의식에 쌓여서 여러 가지 영-혼-육체의 문제를 일으키는 암적인 존재들이 떠나가는 것입니다. 이를 이해하려면 암을 전문으로 치유하는 세계적으로 유명한 의사들의 임상적인 견해를 듣고 깨달으면 이해가 가능합니다. 이분들이 말하는 것을 들으면 이것입니다. 암은 항암제로만 치유가 불가능합니다. 자신의 전인격이 암을 이길 수 있는 상태를 만들어야 치유가 됩니다.

암을 이길 수 있는 영-혼-육체의 상태를 어떻게 만듭니까? 첫째로 마음을 편안하게 해야 합니다. 즉 불필요한 걱정을 하지 말고 상처와 스트레스를 받지 않아야 한다는 것입니다. 둘째로 잘 먹어야 한다고 합니다. 고기도 먹고 야채도 먹고 영양제도 먹어 체력을 강하게 해야 한다는 것입니다. 영양제는 밖에서 투여하는 링거가 아니고 먹는 영양제로 보양식을 말하는 것입니다. 몸을 움직이면서 운동을 해야 한다는 것입니다.

암은 상처 스트레스가 만들어 내기 때문입니다. 스트레스를 지속적으로 받으면 몸에 비정상 세포들이 활개를 칩니다. 젊을 때에는 잠을 자거나 쉬면 비정상 세포들이 점점 없어지고 정상적인 세포들로 채워져서 건강상태가 쉽게 유지됩니다. 그러나 나이가 많아지면 잠을 아주 많이 자고 쉬어도 정상적인 몸 상태가 되지 않습니다. 물만 먹어도 살이 찐다고 합니다. 잠을 아주 많이 자도 피로가 풀리지를 않습니다. 그만큼 상처 스트레스가 많이 축척이 되었다는 것입니다. 자신의 전인격을 세상이 점령했다는 것입니다. 몸에 면역력이 약해졌다는 것입니다. 이렇게 되면 잠을 잘수록 자꾸 상처 스트레스가 몸 안(무의식)에 축척이 됩니다. 상처 스트레스가 축척이 된다는 것은 몸에 염증이 많이 생겼다는 것입니다. 이를 해결하려면 성령 안에서 온몸으로 기도하여 성령으로 충만하면 해결이 되는 것입니다.

자신이 예수로 죽고 예수님이 주인이 되어 하나님의 나라 성전이 되면 상처와 스트레스가 치유되기 시작하는 것입니다. 그래서 필자가 오랫동안 성령으로 집중치유기도를 하라고 강조하는 것입니다. 오랫동안 성령으로 기도를 하니 하나님의 나라가 되어 상처 스트레스가 서서히 물러가는 것입니다. 상처와 스트레스로 발생한 질병은 약이 없습니다. 정신적인 질병을 치유하는 약은 상처와 스트레스로 발생한 질병을 치유하는 것이 아니라, 자신의 전인격을 무기력하게 하여 상처 스트레스의 영향을 받지 않도록 하는 것입니다. 많은 목사님, 전도사님, 장로 권사님들이 병원 약을 5년을 먹었는데 치유되지 않는 다고 하소연을 합니다. 바르게 알아야 합니다. 의사가 처방하는 약은 병을 치유하는 약도 있지만, 일부는 질병의 상태를 밖으로 나타나지 않도록 호르몬을 조절하는 약인 것입니다.

그래서 앞에서 설명한 바와 같이 암에 걸리면 약에만 의존하지 말고 마음을 편안하게 하라. 잘 먹으라고 하는 것입니다. 즉 자신의 영-혼-육체가 암을 이기도록 면역력을 기르라고 말하는 것입니다. 그래서 마음의 상처와 스트레스로 발생한 질병을 치유하려면 성령으로 충만하여 하나님의 나라 성전이 되어야 치료가 가능한 것입니다. 그렇다고 약을 먹지 말라는 것으로 받아드리지 말고, 약을 먹으면서 성령으로 마음으로 온몸으로 기도하면서 하나님의 나라 살아계신 하나님의 성전이 되게 하면 아무리 불치의 질병이라고 할지라도 치유가 되는 것입니다. 자신에게 질병이 나타났다면 며칠 만에 생인 것이 아닙니다.

당뇨를 예를 든다면 당뇨라고 진단을 받게 되면 전문 의사들의 말에 의하면 적어도 5-10년이 경과된 상태라는 것입니다. 즉 5-10년 전부터 자기 몸에서 당뇨병의 증상들이 자라고 있었는데 모르고 지났다는 것입니다. 그렇기 때문에 치유를 하는데 자신의 생각과 같이 몇 달 만에 치유되지 않는 다는 것입니다. 이유는 자신의 췌장을 건강할 때로 만들기 위하여 최대 5-10년이 걸릴 수가 있다는 것입니다.

영적-정신적-육체적인 문제도 마찬가지입니다. 예수님을

믿고 죽고, 예수님으로 살아간다고 하더라도 적어도 5-10년 전부터 자신의 무의식에 상처와 스트레스가 누적되기 시작하여 지금의 상태가 된 것입니다. 그렇기 때문에 완전치유하려면 5-10년의 절반 3-6년 이상은 되어야 온전한 하나님의 나라 성전이 될 수가 있는 것입니다. 자신의 성격대로 빨리 빨리가 아니라, 하나님의 시간표에 맞추고 느긋해야 합니다. 앞에 이사야서 11장 6-9절을 성령의 지배가운데 묵상하여 보시기를 바랍니다. 하나님의 나라 평안의 나라는 모두 평안한 상태입니다. 이는 마음의 상태를 말하는 것입니다. 즉 상처와 스트레스를 받지도 않고 쌓이지도 않는 다는 것입니다. 이사야서 11장 6-9절 말씀에 나오는 상태는 하나님의 나라가 된 것입니다. 그렇기 때문에 하나님께서 세상을 창조하여 아담에게 지키고 누리라고 주신 에덴동산의 상태입니다. 자신의 전인격을 성령님이 지배하시는 하나님의 나라가 되었다는 것입니다.

면역력을 높여주는 방법은 대략 이렇습니다. 면역력을 높이기 위해서는 지켜야 할 것이 많이 있습니다. 대부분 생활에서 지켜야 하는 것이 가장 쉽고 가장 대표적입니다. ①손을 자주 씻어주고 30초 이상 흐르는 깨끗한 물에 충분한 거품을 내 손을 씻어줍니다. ②하루 2L이상의 수분을 섭취하는 것이 좋습니다. 다만 심장질환 환자는 전문의의 상담이 필요합니다. ③면역력을 높여주는 음식을 챙겨서 잘 먹는 것이 좋습니다. ④가볍더라도 꾸준하게 운동을 해줍니다. ⑤하루 7시간 이상의 충분한 수면을 취합니다. 수면 중에는 백혈구의 공격능력이 향상됩니다. ⑥성령님의 지배가운데 마음으로 온몸 기도를 60분 이상합니다. 보통 명상기도, 마음의 기도라고 합니다. ⑦하나님께 영과 진리로 예배를 드립니다. 거룩한 산 제물이 되어 예배를 드리는 것입니다. 예배장소는 꼭 교회예배당을 고집하지 않아도 됩니다. 집안이나 직장이나 교실이나 상관이 없습니다. ⑧림프절 마사지를 하루 10분 정도를 해줍니다. 림프절은 인체 곳곳에 있습니다. ⑨소리 내어 자주 웃어줍니다. ⑩장 건강을 위해 유산균이나 프로바이오틱스를 많이 챙겨먹습니다.

암은 상처 스트레스가 주범이라고 합니다. 아니 모든 질병이나 문제의 주범이 상처 스트레스입니다. 우리가 세상을 살아가면서 하나님께서 주신 축복을 누리면서 살아가려면 하나님의 나라 성전이 되어야 가능하다는 것을 깨달으셨을 것입니다. 아니 자신에게 와있는 영-혼-육체의 질병을 치유하려면 어찌해야 한다는 것도 깨달으셨을 것입니다. 그것은 예수로 죽고 예수로 살면서 하나님의 나라 성전이 되어야 가능하다는 것입니다. 이렇게 되려면 성령 안에서 온몸 기도를 하여 하나님의 나라 성전이 되도록 해야 가능한 것입니다. 성령으로 온몸 기도를 오래하여 하나님의 나라 성전이 되면 체온도 36.5-37.5 이상 정상이 됩니다. 심장 박동도 1분 65회 이내 안정됩니다. 체온이 37.5이상이 되고 심장 박동이 1분 65회 이내가 되니 혈액순환이 정상적인 되어 몸에 비정상 유전자가 생기지 못합니다. 영-혼-육체에 발생한 질병이 치유가 되는 것입니다. 몸에 면역력이 강화되는 것입니다. 면역력의 강화는 하나님의 나라 성전이 되어야 가능한 것입니다. 온몸 기도하여 하나님의 성전 하나님의 나라가 되면 코로나19를 이길 수가 있는 것입니다.

하나님의 나라가 되게 하는 것이 성령으로 하는 온몸 기도입니다. 기도는 영이요 생명이신 하나님과 사귀는 것입니다. 하나님과 가까이 하는 것입니다. 하나님과 함께 시간을 보내는 행위입니다. 하나님과 사랑을 나누는 시간입니다. 하나님께 사랑을 고백하고 감사하는 시간입니다. 우리의 삶에서 가장 깨어 있는 시간, 하나님의 소리를 듣는 시간입니다. 자신의 영-혼-육을 치료하는 시간입니다. 기도는 지친 영-혼-육체가 쉬는 시간입니다. 온몸기도는 자신의 면역력을 높이는 시간입니다.

그렇기 때문에 반드시 성령 안에서 온몸기도 해야 합니다. 기도의 대상인 하나님께서 영이시기 때문입니다. 기도는 머리로 생각으로 목으로 말로 하지 말고 성령의 인도를 받으면서 마음에서 나오는 소리로 해야 합니다. 필자는 기도를 머리로 생각으로 하지 말고 아랫배로 기도 하라고 합니다. 기도는 인간적인 욕심으로 하지 말고 즐기려고 해야 합니다. 기도는 육체의 노동이 아니고 성령으로 하는 영적인 운동이어야 합니다. 기도를 즐겨야 합니다. 기도를 숨을 쉬듯 편하게 하십시오. 성령으로 마음으로 기도하려고 하십시오. 기도는 성령으로 발원한 영적인 상태로 깊어야 합니다. 성령으로 기도해야 마음이 치유됩니다.

깊어야 기도다운 기도를 드릴 수 있으며, 깊어야 하나님의 맑은 은혜가 충만합니다. 우물이 깊어야 물맛이 좋으며 깊어야 여름에 가뭄이 와도 물이 마르지 않습니다. 깊어야 여름에 시원하고 겨울에 차갑지 않습니다. 6,70년대는 조금만 파면 생수가 올라왔습니다. 그러나 지금은 오염이 심해서 더 깊이 파야 생수가 올라옵니다. 사람의 마음도 마찬가지입니다. 크리스천들이 세상 살기가 복잡하여 누구나 마음 안 잠재의식에 강한 스트레스가 쌓여 있습니다. 성령의 강력한 은혜가 마음에서 올라와야 마음이 정화되고 성령으로 충만하여 성령의 지배를 받을 수가 있습니다. 이때 영력과 면역력이 강화되는 것입니다.

알아야 할 것은 우리 내면에 새로운 세계가 존재합니다. 인간의 내면은 신비의 세계입니다. 내 안에 존재하지만 들어가지 않으면 전혀 알 수 없고 느낄 수 없는 세계입니다. 내 안의 세계는 오직 기도를 통해서 성령의 인도함으로 들여다 볼 수가 있습니다. 자신 안에 있는 내면의 세계로 들어가면 육체로나 정신의 세계에서 전혀 느끼거나 체험하지 못한 새로운 영적인 부분에 접근 할 수 있습니다. 자신의 내면의 세계를 발견하고 깨달은 사람은 축복을 받은 사람입니다.

기도는 하나님의 눈으로 자신을 들여다보는 것입니다. 기도를 하지만 온몸 기도에 이르지 못하고 기도를 통해서 마음 깊이 들어가 보지 못하면 기도를 아무리 오래 드렸다고 해도 초보자이며 영육의 변화가 없습니다. 하나님과 관계도 열리지 않습니다. 기도 자체가 신비이며 기도는 우리 내면의 신비의 세계로 들어가는 영의입구입니다. 그래서 기도는 반드시 성령으로 해야 합니다. 이렇게 성령으로 기도하면 전인격이 하나님의 나라가 되기 때문에 영력과 면역력이 강화되는 것입니다.

2장 기도하면 권능이 강화되는 이유가 뭘까?

(롬 8:11)"예수를 죽은 자 가운데서 살리신 이의 영
이 너희 안에 거하시면 그리스도 예수를 죽은 자 가운
데서 살리신 이가 너희 안에 거하시는 그의 영으로 말
미암아 너희 죽을 몸도 살리시리라"

온몸으로 기도를 하라고 성경에 어디에 있느냐고 반문하실
분들도 있을 것입니다. 성경을 지식적으로 문자적으로 관념적
으로 보면 온몸으로 기도하라는 말씀을 찾을 수가 없을 것입
니다. 그러나 성경을 볼 때 성령의 지배가운데 역설적으로 보
거나 묵상하면서 읽으면 온몸으로 기도하라는 구절들이 보이
고 깨달아 질 것입니다. 성경 몇 군데 보게 되면 먼저 구약 (신
4:29)에 "그러나 네가 거기서 네 하나님 여호와를 찾게 되리
니 만일 **마음을 다하고 뜻을 다하여 그를 찾으면 만나리라.**"
(렘 29:13)에 "**너희가 온 마음으로 나를 구하면 나를 찾을 것
이요 나를 만나리라.**" 신약성경에는 (막 12:30)은 "**네 마음을
다하고 목숨을 다하고 뜻을 다하고 힘을 다하여 주 너의 하나
님을 사랑하라 하신 것이요.**" (마 6:33)에 "**그런즉 너희는 먼
저 그의 나라와 그의 의를 구하라 그리하면 이 모든 것을 너희
에게 더하시리라.**" 온몸 기도는 몸과 마음과 정신과 생각을 자
신 안에 주인으로 계시는 예수님께 집중 몰입하여 기도하는 것
을 말합니다. 이렇게 예수님께 온몸으로 기도해야 하나님의 나

라가 되어 마음의 상처가 치유되고 스트레스가 정화되고 면역력이 강화되는 것입니다.

온몸으로 기도하면 영력과 면역력이 강화되는 이유는 자신의 전인격이 하나님의 나라 성전이 되기 때문입니다. 기도하며 면역력을 강화하려면 기도를 바르게 해야 합니다. 평소에 세상에서 하던 습관적으로 하는 일반적인 기도로서는 기도하면서 면역력을 강화할 수가 없습니다. 기도를 성령으로 깊게 해야 합니다. 가장 기본적인 것이 성령으로 세례를 체험하는 것입니다. 성령세례에 대해서는 **"성령의 불세례에 숨은 비밀"** 책을 참고하시기를 바랍니다. 성령으로 세례를 받아야 성령으로 기도할 수가 있기 때문입니다. 성령님이 자신의 전인격을 지배하고 장악해야 불치병과 마음의 상처가 치유되는 것입니다.

그 다음 숨을 쉬는데 입이나 코로 숨을 쉬는 것이 아니고 아랫배로 쉬어야 합니다. 어린 아기들이 잠을 잘 때 보면 아랫배로 숨을 쉬면서 잠을 잡니다. 성령으로 온몸기도할 때에 아랫배로 숨을 쉬면서 기도를 해야 합니다. 아랫배에 의식을 두고 코로 숨을 들이쉬고 내쉴 때는 힘을 빼고 내쉬면서 주여! 나, 할렐루야! 나, 방언이나 소리를 냅니다. 입으로 소리를 내는 이유는 소리를 낼 때 마음이 열리기 때문입니다. 이렇게 마음을 열고 지속적으로 기도를 하다가 보면 성령으로 사로잡히게 됩니다.

지속적으로 기도하다가 보면 온몸이 영의상태가 되어 잠재의식이 정화되기 시작을 합니다. 잠재의식이 정화되기 시작하면서 상처가 정화되거나 배출이 됩니다. 상처가 정화되고 배출이 되면서 상처 뒤에 역사하던 귀신들이 성령의 역사를 이기지 못하고 밖으로 배출되는 것입니다. 귀신이 떠나가는 것은 능력 있는 사람의 힘이 아니라, 성령의 역사로 되는 것입니다. 그렇기 때문에 자신이 성령으로 온몸으로 기도할 수가 없으면 기도하며 귀신 쫓고 잠재의식의 상처를 치유할 수가 없는 것입니다. 이는 **"불치질병 이리하면 완치된다."** 책을 보시면 바르게 이해가 될 것입니다.

예수님을 주인으로 영접하고 성령의 인도를 받으면서 신앙생활 잘하는 성도라도 마음의 세계를 깨닫고 관리해야 합니다. 상처 스트레스에 무지하여 마음의 상처와 스트레스를 그때그때 정화하지 않고 살아가다가 보면 젊은 시절에는 그런대로 살아갈 수가 있지만 갱년기가 찾아오면 영-혼-육체의 여러 부분에 질병이나 문제가 발생합니다. 통계적으로 남자는 45세 이후에 발생하게 된다고 합니다. 여자는 55세 이후 갱년기에 이곳저곳에 질병이나 문제가 발생하여 고생을 하다가 세상을 마감하기도 합니다. 그렇기 때문에 성령으로 기도하면서 자신의 마음 안 무의식에 상처 스트레스가 쌓여서 집을 짓지 못하게 해야 하나님께서 정해주신 수명대로 세상에서 천국을 누리다가 영원한 천국에 입성하는 것입니다.

성령으로 기도하면서 치유가 되는 원리는 성령으로 어두움이 밝아지면서 치유가 되는 것입니다. 하나님은 밝은 성령의 역사를 통하여 어두운 부분을 깨우라고 말씀하십니다. 어두운 부분의 영-혼-육체의 문제를 성령의 역사로 밝아지게 하면서 치유가 되는 것입니다. 사람은 생명의 말씀과 성령으로 밝아진 부분이 있고, 아직 성령의 밝은 빛이 비추어지지 않아 진리를 깨닫지 못하여 어두운 부분이 있습니다. 어두운 부분에서 세상이 주는 영-혼-육의 문제를 일으키는 것입니다. 밝은 부분은 생명의 말씀과 성령으로 하나님의 영역이 된 곳입니다. 어두운 부분은 원래 하나님의 영역이었으니 아직 생명의 말씀과 성령으로 장악되지 않는 어두운 곳을 말하는 것입니다. 원래 사람은 하나님께서 창조하셨습니다. 아담이 하나님과 같이 에덴동산을 거닐 때는 아담의 모든 영역이 하나님의 소유였습니다. 그러나 아담이 하와의 말을 듣고(하와는 마귀의 말을 듣고) 선악과를 먹음으로 아담의 모든 영역이 마귀의 지배하에 들어간 것입니다.

이를 회복하기 위하여 예수님께서 사람의 몸을 입고 세상에서 오셔서 십자가에서 아담의 죄악을 단번에 청산했습니다. 이를 믿음으로 받아들이는 사람은 순간 영이 살아나 하나님과 교통하기 시작한 것입니다. 이 영안에 계신 성령의 능력으로 아직 하나님의 영역이 되지 못한 어두운 곳을 성령의 빛으로 깨닫게 하여 장악하시는 것입니다. 이 어두운 영역은 성령으로 기도하며 진리의 말씀을 깨닫는 만큼씩 장악되어 가는 것입니다. 장악되어 가는 만큼씩 영-혼-육이 건강하게 되는 것입니다.

그래서 하나님은 예수를 믿고 성령으로 거듭난 성도들이 한쪽으로 치우치는 믿음을 탈피하기를 원하십니다. 많은 크리스천들이 성령의 역사하면 자신에게 밝고 좋은 현상만 일어나는 것으로 이해하고 있는 경우가 많습니다. 그것은 극히 초보적인 생각입니다. 자신이 성령으로 장악이 되면 자기가 받아들이기 거북스러운 현상도 일어납니다.

어두운 부분이 성령으로 밝아지면서(치유되면서)일어나는 현상입니다. 쉽게 나타나는 것이 몸에 닭살이 돋우면서 찾아오는 두려움입니다. 이 두려움은 성령이 장악을 할 때 일시적으로 일어나는 현상입니다. 쉽게 말하면 귀신들이 성령의 역사가 두려우니까, 자신이 장악하고 있던 사람에게 느끼게 하는 것입니다. 그래서 이 장소하고 자기가 맞지 않아서 나타나는 현상과 같이 느끼게 하여 자리를 이탈하게 하려는 귀신의 미혹이라는 것입니다. 이때에는 조금만 인내하고 참으면 순간 떠나가는 것이 보통입니다. 그러나 거부하고 자리를 이탈하면 성령의 인도를 받지 못하는 사람이 될 수도 있습니다.

이를 극복하면 생명의 말씀과 성령으로 어두움이 깨어나 하나님의 영역이 되는 것입니다. 자연스럽게 영-혼-육도 치유되어 건강하게 되는 것입니다. 이렇게 성령의 역사에는 어두움과 밝은 역사가 있습니다. 어두움의 역사는 반드시 개인적인 체험을 통하여 밝아집니다. 미지의 성령의 역사를 믿고 받아들여야 밝아지는 것입니다. 반드시 개인적인 체험과 극복을 통하여 어두운 부분이 밝은 부분으로 바뀌는 것입니다.

인내하고 체험하는 만큼씩 밝아지는(치유되는)것입니다. 받아들이면 치유가 되어 밝은 하나님의 영역이 되어 예수님께서 주시는 평안을 누리는 것입니다. 그래서 기독교는 체험의 종교라는 것입니다. 체험해보아야 받아들이고 살아계신 하나님의 영역이 되기 때문입니다. 절대로 하나님께 영-혼-육의 문제를 해결하여 달라고 기도한다고 치유되지 않습니다. 본인이 성령의 인도를 인정하고 받아들이고 극복해야 해결되는 것입니다.

동전에는 양면이 있듯이 영적인 면에도 두 가지 기능이 있습니다. 정면과 후면이 있어야 입체감을 나타내듯이 영적인 면에도 밝은 면과 어두운 면이 있어야 제대로 의미가 드러납니다. 빛과 어두움은 인간적인 흑백의 논리로만 보면 그 의미를 제대로 알 수 없습니다. 긍정과 부정이라는 극단적인 면으로만 이해하려고 하면 우리는 항상 밝은 쪽만 보게 됩니다. 낮만 있는 것이 아니라, 쉼을 위한 밤이 있어야 하는 것처럼 빛만을 생각하면 어두움이 가져다주는 많은 유익을 상실하게 됩니다.

어두움을 극복하려고 노력하니 밝아지는 것입니다. 영적인 면의 이중 구조는 밝음과 어두움으로 나타납니다. 빛의 영역 못지않게 중요한 것이 어두움의 영역입니다. 어두움의 영역을 밝은 영역으로 극복할 때 하나님의 영역이 넓어져서 전인적으로 건강할 수가 있는 것입니다. 그래서 하나님은 성령으로 기도하라고 하시는 것입니다. 어두운 영역은 반드시 성령의 역사가 있어야 밝아지기 때문입니다.

우리가 긍정적이라고 생각하는 밝음은 실제로는 긍정적인 면만 가지고 있는 것이 아닙니다. 빛은 사물을 낡게 만들고 쉼이 없기 때문에 만물을 지치게 만듭니다. 밝음의 부분이란 긍정적인 부분만을 말하는 것으로 여기지만, 그 긍정적이라는 것이 실상은 많은 부정적인 요소들을 함께 지니고 있는 것이므로 단정적으로 말할 수 없는 부분이 있는 것입니다.

어두움의 영역이란 부정적이고 드러나지 않는 은밀함을 의미하지만 그것만이 바르게 설명된 의미는 아닙니다. 어두움은 우리에게 쉼을 가져다주고 다시 회복할 수 있는 기회를 제공합니다. 어두움은 우리의 허물을 덮으며 우리의 약점을 감추어줍니다. 어두움은 하나님의 신비의 영역이며, 우리가 알아가야 하는 비밀이기도 합니다. 성령으로 기도하면서 깨닫는 만큼씩 밝아지는 것입니다. 절대로 한꺼번에 밝아지면 영-혼-육의 균형이 무너지게 됩니다.

밝음의 영역은 드러나는 것이라면, 어두움의 영역은 가리어지는 것입니다. 성령으로 진리의 말씀을 깨닫는 만큼씩 밝아지는 것입니다. 밝음은 드러나는 것이기 때문에 다수의 인정을 필요로 합니다. 공동체가 함께 공유하여야 하는 것이므로 개별성이 사라집니다. 밝음을 추구하는 사람은 이론적이고 집단적인 것만을 받아들이려고 합니다. 다수가 공유하는 것만을 기준으로 하여 공통점을 찾아내려고 하고 그렇지 못하면 배격합니다. 빛의 영역은 감추어지는 것이 없으므로 개인적인 특별한 사항에 대해서 용납하려 하지 않습니다. 반드시 성령으로 깨달아야 밝아지는 것입니다. 개인의 관심과 노력이 결부되어야 밝아지는 것입니다. 마음이 열려야 밝아지는 것입니다.

어두움의 영역은 하나님과 일대일, 즉 개별적인 성령의 인도로 밝아지는 것입니다. 개별적인 성령의 역사가 아니고는 밝아질 수가 없습니다. 그래서 성령으로 기도하라는 것입니다. 어두움의 영역이 밝아지는 만큼씩 내면이 정화되어 하나님의 소유가 되는 것입니다. 이런 밝은 영역에 치우쳐 있는 사람은 공동체를 우선하기 때문에 개인적이고 특별한 것을 거부하려고 합니다. 원리적이고 다수가 공유하는 것을 우선으로 합니다.

그래서 개별적으로 성령의 인도를 받아야 밝아진다는 것입니다. 도저히 성령의 역사가 없이는 어두운 부분이 밝아질 수가 없는 것입니다. 성령으로 기도하고 예배에 참석하여 설교를 듣고 안수를 받아서 본인이 어두운 부분이 있다는 것을 깨달아야 밝아져서 온전해지는 것입니다. 그래서 어두운 부분을 밝아지게(치유되게) 하려면 하나님과 단독적인 관계를 열어야 합니다. 단독적인 관계를 여는 것이 성령으로 기도하는 것입니다. 성령으로 기도하면 어두움이 밝아지게 됨으로 세상(마귀)이 악착같이 거부하는 것입니다. 그래서 자신이 관심과 의지를 가지고 성령으로 기도하려고 해야 어두운 부분이 서서히 밝아져서 영-혼-육이 건강하게 되는 것입니다.

어두움의 영역은 개별적이고 은밀한 것이며 감추어져있는 것입니다. 그렇기 때문에 이것은 독특하고 개인적입니다. 체험해야 밝아지는 것입니다. 그럼에도 불구하고 이것은 회복하는 힘을 제공하며 모든 것을 받아들이는 포용성을 지니고 있습니다. 하나님의 원천인 어두움은 빛이 있기 전부터 있었던 하나님의 본질입니다. 이것이 사람들에게 보여 지기 위해서 빛이란 기능이 필요한 것입니다. 어두움은 본질이기 때문에 신비하고 개인적입니다. 개별적으로 깨달아 가면서 열리기 때문입니다. 하나님은 공동체의 하나님일 뿐만 아니라 그 보다는 먼저 개인적인 하나님입니다. 공동체와 개인이라는 두 가지 개념은 빛과 어두움이라는 양면으로 드러나는 것입니다.

우리는 교회 공동체의 신앙고백을 받아들이고 그것을 지키고 따라야 할 의무도 있지만 개별적인 소명을 깨닫고 그 소명에 따라 행동해야 하는 개별적인 요소도 중요한 것입니다. 이 두 가지가 가능하게 하기 위해서는 빛과 어두움이 고루 갖추어져야 하는 것입니다. 빛은 교리이며 공식적 예배입니다. 이것은 모든 사람에게 드러나는 것이며, 이런 활동을 통해서 우리는 그리스도 공동체를 유지하여 우리의 믿음의 터를 다질 수 있습니다. 그러나 어두움은 경험이며 성령으로 하는 기도입니다. 이것은 개인적이며 은밀하고 드러나지 않는 것이므로 엄격한 규격이 없습니다. 그렇기 때문에 이것은 비밀이고 사랑입니다. 그리스도 공동체가 예배의 형태로만 유지된다고 생각한다면 그것은 빛의 영역에 치우쳐 있는 것입니다. 반대로 개인적 경험과 기도로만 유지될 것이라고 생각하는 것은 어두움의 영역에 기우려져 있는 것입니다. 우리가 교회에 나와서 예배를 드리면서 설교를 듣는 것은 어두운 부분을 복음으로 성령의 역사로 바르게 깨닫고 밝아지게 하기 위한 적극적인 활동입니다. 그래서 성도는 예배당이 중요하고 예배가 중요한 것입니다. 어두움을 성령과 진리의 바른 역사로 깨달아 열어가게 하기 위함입니다.

우리는 빛은 좋은 것이고 어두움은 피해야 하는 마귀의 영역이라고 생각하는 사람이 의외로 많습니다. 그래서 어두움에 속한 것들은 피하려고만 합니다. 어두움은 원래 하나님의 본성이라는 사실을 바로 깨닫는 것이 필요합니다.

태초부터 어두움은 하나님 속에 계셨고 그 어두움은 지금도 하나님의 세계입니다. 그러므로 이 어두움에 대한 바른 이해가 필요합니다. 원래 어두움은 하나님의 영역이었는데 마귀가 일시적으로 지배하고 있는 것입니다. 생명의 말씀과 성령으로 깨달아지면 하나님의 영역으로 회복되는 것입니다.

빛의 역사는 예배와 가르침의 역사입니다. 그러나 어두움의 영역이 밝아지는 것은 하나님과의 친밀함이며, 사랑입니다. 어두움은 드러나는 것이 아니라 느끼는 것입니다. 배워서 깨닫는 성경공부가 아니라, 감각으로 느끼고 마음속에 담아두는 계시입니다. 그렇기 때문에 정형화할 수도 없고 공식화할 수도 없는 그런 영역입니다. 어두움은 그 한계를 정하기가 어렵습니다. 그 깊이와 넓이를 측량할 길이 없습니다. 성경공부는 66권의 한계를 지니고 있지만 기도는 한계가 없습니다. 엄격히 말하면 범위는 있지만 우리가 알지 못합니다. 어두움 속에 있기 때문입니다. 무궁한 하나님은 어두움의 하나님입니다. 우리가 빛을 통해서 알게 되는 하나님은 아주 미미한 부분에 지나지 않습니다. 어두움의 영역은 어두움 속에 들어가야만 밝아지는 것입니다. 그러므로 두려움이 없어야만 가능합니다. 어두움을 무서워하면 어두움 속에 들어갈 수 없듯이 두려움이 있다면 어두움을 밝아지는 축복을 얻을 수 없는 것입니다.

기도는 어두움 속으로 들어가는 경험입니다. 미지의 세계로 무턱대고 달려가는 모험입니다. 방향도 모르고 어디쯤에서 하나님을 만날지도 모르며 어느 지점에 들어와 있는지도 모릅니다. 앞으로 얼마나 더 나아가야 할지도 모릅니다. 어두움은 모르는 세계이며 그래서 믿음의 영역인 것입니다. 어두움이 만드는 밤의 세계는 쉼이며 회복입니다. 어두움은 우리를 쉬게 하고 새롭게 하고 회복하게 합니다. 기도를 통해서 우리는 이런 기능과 마주칩니다. 이것이 다양한 형태의 체험으로 나타나며 개인적이고 독특한 현상으로 우리에게 전해지는 것입니다. 그래서 그것은 하나님의 계시이며 이것을 간직할 때 우리는 하나님의 사랑에 휩싸이게 되는 것입니다. 어두움을 통해서 얻을 수 있는 것은 이런 귀하고 친밀한 하나님의 관심을 얻어내는 것입니다. 그래서 어두움이 밝아지는 것은 회복입니다. 주님이 어두울 때 모닥불 가까이 다가와 제자들을 만납니다. 지치고 피곤한 그들을 위로하기 위해서 밤이 제격입니다. 우리는 밤이 되면 감정이 가라앉고 낭만적이 됩니다. 감정은 어두움의 영역에 있습니다. 아무도 그 속을 알 수 없는 어두운 영역입니다. 낮의 집회보다 밤의 집회에서 더 은혜가 넘치는 까닭이 무엇이겠습니까? 낮의 기도보다 밤의 기도에서 더욱 친밀해지는 까닭도 무엇을 의미하는 것입니까? **어두운 부분이 드러나서 밝아지기 때문입니다.** 우리는 밝음과 어두움 모두를 귀하게 생각할 줄 알아야 합니다. 시험과 환난과 고난은 어두운 영역으로 이해할 수 있는 것입니다. 그래서 사람들이 반가워하지 않지요. 그러나 정말로 하나님을 사랑하는 사람은 이런 것들의 의미를 오히려 사랑하고 기뻐

할 줄 압니다. 부정적이라고 생각하고 남들이 다 싫어하는 것들을 오히려 즐거움으로 행하는 사람이 하나님을 정말로 사랑할 줄 아는 사람이며 하나님의 사랑을 아는 사람입니다. 이것은 어두움으로 인해서 얻어지는 것들입니다.

어린 아이는 어두운 것을 무서워하지만 성숙한 사람은 어두움을 사랑하게 됩니다. 빛의 영역으로 채울 수 없는 귀중한 하나님의 친밀함이 어두움의 영역을 통해서 얻을 수 있습니다. 하나님과 친밀하고 그 분의 넘치는 은혜를 소망하는 사람이라면 어두움에 익숙해지는 법을 배워야 합니다. 필자가 **"현실 문제를 하나님께 해결 받으려면"**이라는 책을 통하여 누누이 설명했지만 하나님은 현실 문제를 통하여 어두운 부분이 밝아지게 하십니다. 좀 더 긍정적으로 생각하면 현실문제의 어두움은 하나님의 축복 속으로(밝은 영역으로) 들어가는 아이콘이라고 표현해도 과한 표현이 아닙니다.

말씀뿐만 아니라, 꿈과 환상과 기도를 통해서 하나님을 경험하십시오. 이것은 빛으로 오신 하나님의 또 다른 한 부분입니다. 우리를 개인적으로 만나시고 이끄시는 분은 어두움 속에 계시는 하나님이며, 이것은 하나님의 어두움(divine darkness)이라는 속성을 제대로 이해하고 받아들일 때 얻을 수 있는 귀한 은혜입니다. 은밀하고 개별적인 하나님을 만나기 위해서 두려움을 버리십시오. 모든 사람들과 다른 당신만을 위한 유일하신 하나님을 만날 준비를 하십시오. 이것은 아주 생소한 길이며 독특한 하나님의 인도하심을 받아들이는 낯선 길입니다. 잡힐 듯,

잡힐듯하면서도 잡히지 않고 선명하지도 않고 그 깊이와 끝도 모를 하나님의 신비함입니다. 선지자들과 사도들과 경건한 신앙의 선배들이 오로지 믿음이라는 이정표 하나로 나아갔던 어두운 길입니다. 앞이 보이지 않아도 그것이 하나님이므로 두려움 없이 갈 수 있었던 하나님의 품 안으로 그 어두움 속으로 우리도 들어가야 합니다. 그래서 영-혼-육에 발생한 문제들이 치유되면서 하나님의 밝은 영역으로 바뀌는 것입니다. 절대로 체험이 없이는 천국을 누릴 수가 없다는 것을 알아야 합니다. 어두움(지옥)의 고통이 있어야 밝음 천국을 사모하게 되는 것입니다. 어두움(지옥)의 고통이 없이는 천국의 행복을 깨닫지 못하고 결국 사장되게 하는 것입니다. 하나님은 천국을 누리게 하기 위하여 지옥의 고통도 체험하게 하시는 것입니다.

우리는 교회 공동체가 공유하는 교리와 원리들을 소중히 여길 뿐만 아니라, 자신에게 다가오시는 독특한 하나님의 경험을 소중하게 여길 수 있어야 합니다. 이것이 우리를 지켜주시는 하나님의 증거이며 사랑이라는 사실입니다. 이것이 오히려 우리를 강한 주의 군대로 이 험한 세상을 살아갈 수 있는 힘이 되는 것이지요. 밝음과 어두움의 두 가지 영성을 우리는 함께 공유할 때 능력 있는 강건한 그리스도인이 되는 것입니다. 어두움의 영역을 밝은 영역으로 변화시키기 위하여 성령으로 온몸 기도를 해야 합니다. 습관적으로 성령으로 온몸기도를 해야 합니다. 온몸 기도는 성령으로 충만하게 하여 어두움을 밝게 합니다. 그러기 위해서 어두움의 영성을 밝은 영성으로 넓히려고 하시는 성령님의 역사를 바르게 알고 따라야 합니다.

성령께서 성도들을 장악하여 어두움을 빛의 영역으로 넓히는 원리는 이렇습니다. 많은 크리스천과 목회자들이 예수를 영접함과 동시에 성령의 사람이 되는 것으로 알고 있습니다. 그래서 "그런즉 누구든지 그리스도 안에 있으면 새로운 피조물이라 이전 것은 지나갔으니 보라 새 것이 되었도다(고후 5:17)" 말씀을 들이 댑니다. 이는 극히 인간적이고 합리적인 원리입니다. 하나님은 영이십니다. 말씀을 알았다고 새사람이 되는 것이 아닙니다. 영이신 살아서 역사하시는 하나님께서 전인격을 장악해야 온전한 새사람이 되는 것입니다. 체험해야 되는 것입니다.

한편으로는 성령으로 세례를 받아 방언기도하면 새사람이 되었다고 믿는 부류입니다. 바르게 알아야 할 것은 성령으로 세례를 받았으면 성령께서 전인격을 지배하고 장악하도록 믿음 생활을 해야 합니다. 하나님은 영이시오, 살아있는 말씀이십니다.

그래서 "태초에 말씀이 계시니라 이 말씀이 하나님과 함께 계셨으니 이 말씀은 곧 하나님이시니라(요 1:1)" 말씀이 하나님이십니다. 이 말씀이 육신이 되신 분이 예수님이십니다. "영접하는 자 곧 그 이름을 믿는 자들에게는 하나님의 자녀가 되는 권세를 주셨으니, 이는 혈통으로나 육정으로나 사람의 뜻으로 나지 아니하고 오직 하나님께로부터 난 자들이니라. 말씀이 육신이 되어 우리 가운데 거하시매 우리가 그의 영광을 보니 아버지의 독생자의 영광이요 은혜와 진리가 충만하더라(요 1:12-14)" 하나님은 예수를 믿어 자녀 된 성도들이 살아계신 하나님의 말씀화가 되기를 원하십니다.

　말씀은 영이요, 생명이라고 하셨습니다. 그렇기 때문에 말씀을 성령으로 깨달아야 합니다. 머리로 아는 것은 생명이 되지 못하고 성경지식이 되어 아무런 권능도 나타나지 않는 것입니다. 많은 크리스천들이 오해하는 것이 머리로 말씀을 많이 알면 믿음이 좋고 권능 있는 사람이라고 믿어버립니다. 물론 말씀을 많이 알고 행하면 좋은 것입니다. 그러나 말씀을 많이 알았다고 해도 행함이 없으면 죽은 믿음입니다. 왜 그럴까요, 생명(성령)이 없기 때문입니다. 성령의 역사가 일어나야 어두움의 영역이 밝은 빛의 영역으로 바뀌는 것입니다. 밝은 빛의 영역으로 바뀌어야 예수님의 인격이 나타나는 것입니다. 하나님은 말씀을 이렇게 정의하십니다. "하나님의 말씀은 살아 있고 활력이 있어 좌우에 날선 어떤 검보다도 예리하여 혼과 영과 및 관절과 골수를 찔러 쪼개기까지 하며 또 마음의 생각과 뜻을 판단하나니, 지으신 것이 하나도 그 앞에 나타나지 않음이 없고 우리의 결산을 받으실 이의 눈앞에 만물이 벌거벗은 것 같이 드러나느니라 (히 4:12-13)" 분명하게 말씀은 살아있습니다. 살아있는 말씀을 머리로 지식으로 깨달을 수가 없는 것입니다. 반드시 성령으로 깨달아야 합니다. 그래야 성령의 역사로 하나님의 영역이 넓어지는 것입니다. 하나님의 영역이 되니 자연스럽게 영-혼-육이 건강할 수도 있는 것입니다.

　그럼 예수를 믿은 크리스천이 어떻게 말씀화가 되어가는 가입니다. 한마디로 성령으로 세례를 받아 성령의 지배와 인도를 받으면서 말씀 화되어 갑니다. 성령으로 기도하면서 하나님의 영역이 넓어집니다. 원래 사람은 하나님께서 지으셨기 때문에 모두 하나님의 형상을 닮았었습니다. 그런데 아담이 하와(하와는 마귀의 말을 듣고)의 말을 듣고 선악과를 먹음으로 모든 영역이 마귀의 소유로 넘어간 것입니다. 예수를 믿음으로 영이 살아났습니다. 살아난 영의 능력으로 성령의 역사와 진리의 말씀을 깨닫는 만큼씩 하나님의 영역으로 바뀌는 것입니다. 그렇기 때문에 성령으로 세례를 받은 다음부터 성령으로 영역이 넓어지는 것입니다. 성령으로 기도하면서 깨달은 죄악을 회개하고 용서하면서 하나님의 영역을 넓혀가는 것입니다.

그래서 예수를 믿었다고 단번에 하나님의 영역으로 바뀌지 않은 것입니다. 하나님의 뜻에 온전하게 순종하는 사람이 되지 못한 다는 것입니다. 성령으로 기도하면서 성령의 지배와 인도를 받으면서 깨달은 만큼씩, 순종하는 만큼씩 하나님의 영역이 되어가는 것입니다. 깨닫고 순종하는 만큼씩 말씀 화(하나님께서 원하시는 영의 사람)되어 간다고 해도 과언은 아닙니다.

그럼 지금 성령이 역사하시는 교회시대는 어떻게 성도들을 장악하실까요? 생명의 말씀을 성령으로 깨달아 알고 순종하는 만큼씩 빛의 영역이 되게 하십니다. 물론 성령으로 인도하시면서 세상의 영역을 하나님의 영역이 되게 하십니다. 개별적인 체험을 통하여 어두움의 영역이 빛의 영역으로 바꾸는 만큼씩 영적으로 변화되는 것입니다. 성령으로 기도하여 깨달은 바를 회개하고 받아들이는 만큼씩 하나님의 영역이 되게 하십니다.

3장 기도하여 마음이 평안해지면 권능이 강화

(요15:7)"너희가 내 안에 거하고 내 말이 너희 안에 거하면 무엇이든지 원하는 대로 구하라. 그리하면 이루리라."

하나님은 마음이 생명의 말씀과 성령으로 꽉 채워진 사람과 함께하십니다. 마음이 생명의 말씀과 성령으로 채워지려면 하나님을 주인으로 알고, 자신의 육성이 죽도록 사랑해야 하고 하나님께 집중해야 되기 때문입니다. 항상 하나님을 찾으면 자연스럽게 하나님께서 함께할 수 있는 사람이 되는 것입니다. 자기 스스로 하나님을 인정하고 찾기 때문입니다. 자연스럽게 자신의 내면에 계신 하나님께 관심을 갖게 되니 내면이 성령으로 채워지면서 면역력이 강화되는 것입니다. 자신의 내면의 하나님께 관심을 가지니 권능이 강한 사람이 되는 것입니다. 마음 안에 주인으로 계시는 하나님께서 권능이시기 때문입니다.

그러니까 자신이 없어지면 질수록 내면의 능력은 강해지는 것입니다. 내면의 능력은 자신이 무능하다는 진리를 깨달으면 깨달을수록 강해지는 것입니다. 자신이 없어지면 질수록 내면의 영-혼-육의 질병이 치유되는 것입니다. 하나님은 이렇게 말씀하십니다. "아무도 자신을 속이지 말라 너희 중에 누구든지 이 세상에서 지혜 있는 줄로 생각하거든 어리석은 자가 되라 그리하여야 지혜로운 자가 되리라(고전 3:18)" 어리석은 자가 되어야 지혜로운 자가 된다는 하나님의 말씀입니다. 이 또

한 깨달아야 자신의 것이 되는 것입니다. 예수님은 요한복은 8장 43절에서 이렇게 말씀하십니다. "어찌하여 내 말을 깨닫지 못하느냐 이는 내 말을 들을 줄 알지 못함이로다." 예수님의 말씀인 진리를 깨달으려면 예수님의 말씀이 들리고 알고 순종해야 한다는 말씀입니다. 예수님의 말씀이 들리고 깨달아 알아지려면 성령으로 충만해야 가능합니다. "오직 하나님이 성령으로 이것을 우리에게 보이셨으니 성령은 모든 것 곧 하나님의 깊은 것까지도 통달하시느니라. 사람의 일을 사람의 속에 있는 영외에 누가 알리요, 이와 같이 하나님의 일도 하나님의 영외에는 아무도 알지 못하느니라(고전 2:10-11)" 진리를 깨달아 자신이 없어지고 성령으로 충만하면 하나님 나라가 되어 내면의 능력은 저절로 강해지는 것입니다. 절대로 조금 안다고 교만하지 말아야 합니다. 하나님은 고린도전서 8장 2절에서 "만일 누구든지 무엇을 아는 줄로 생각하면 아직도 마땅히 알 것을 알지 못하는 것이요" 경고하셨다는 것을 명심해야 합니다.

그런데 사람은 젊을수록 외형을 추구합니다. 영적인 능력도 밖으로 무엇이 나타나야 강한 것으로 인식을 하고 추구합니다. 기도를 하더라도 밖으로 보이는 역사를 나타내려고 합니다. 능력을 받는 것도 마찬가지입니다. 밖으로 나타나는 행동을 하면서 능력이 나타나기를 소원합니다. 성령의 역사를 일으키는 것도 마찬가지입니다. 꼭 밖으로 어떤 동작이나 행동이 나타나야 성령으로 충만한 것으로 인식하는 경향이 있습니다.

그러다가 진리를 깨닫고 깊어지면 외형으로 나타나는 현상보다도 내면의 변화와 평화를 추구하게 됩니다. 내면이 안정되지 않으면 아무것도 되는 것이 없다고 느끼고 깨닫게 됩니다. 필자는 내면에서 평안이 올라오면 자연스럽게 능력도 강해진다고 생각합니다. 능력이 다른 것이 아닙니다. 평안이 능력입니다. 치유도 마찬가지입니다. 내면에서 올라오는 평안의 능력으로 치유가 되는 것입니다. 그러나 여기까지 발전하려면 많은 시행착오와 시련과 고통을 통과해야 깨닫게 됩니다.

내면이 부실하니까, 영육의 문제가 생기고 밖에서 부족을 채우려고 합니다. 자신의 노력으로 내면을 강하게 하려고 열심히 하고, 밤잠을 설쳐가면서 인간적인 노력을 합니다. 그러다가 건강에 문제가 발생하기도 합니다. 스트레스가 과하여 불면증이나 우울증이나 불안 장애가 발생하기도 합니다. 얼굴에 트러블이나 피부병이 발생하기도 합니다. 내면이 부실하여 마음을 몸이 따라주지 못하기 때문에 일어나는 현상입니다. 아토피도 마찬가지입니다. 피부에 아무리 약을 발라도 치유가 되지 않습니다. 성령으로 내면을 강하게 하면 피부병도 치유가 됩니다. 이런 몸을 치유하려고 영양주사를 맞고 심지어 프로포폴을 투약하여 잠을 자고 평안을 찾으려고 하는 것입니다. 세상 사람들이 모두 한결같습니다. 내면이 부실하기 때문입니다.

우리 교회 성도님들 중에도 코로나19로 인하여 교회예배당에 나와서 기도를 마음대로 하지 못하고 주일 예배 때에도 50분 이상씩 기도하며 안수를 받지 못하는 상황이 1년 이상 되어 내면이 부실하게 되니까, 어떤 분은 공황장애로, 어떤 분은 우울증으로, 어떤 분은 당뇨로, 어떤 분은 심장부정맥과 심장의 문제로 폐에 물이 차서 숨을 제대로 쉬지 못하고 당뇨가 심하여 알약으로 안 되어 인술 인 주사를 맞는 등 생각지도 못하는 질병과 문제가 발생하여 고생하였습니다. 물론 지금은 이 책에 소개되는 온몸기도를 하도록 지도하여 치유되어 정상적인 생활을 하고 있습니다만, 1년 이상 기도를 기도답게 못하니까, 영-혼-육체가 정상적이지 못하여 몸이 서서히 육체로 돌아갔기 때문에 마음 안 깊은 곳에 있는 상처와 스트레스 뒤에 역사하던 귀신들이 현재의식으로 드러나서 일으키는 현상입니다.

그래서 필자가 어떻게 하면 코로나19시대에 성도들이 영성을 관리할 수가 있을까, 성령으로 기도하다가 지금 이 책에 기록된 기도 방법대로 성령 안에서 온몸으로 기도하게 했더니 영-혼-육이 정상이 되어서 기도방법들을 정리하여 책을 출간하게 된 것입니다. 독자들도 책에 소개되는 여러 기도 방법들을 자기 것으로 만들어서 귀중한 영혼과 생명을 지키시고, 영력과 면역력을 강화하여 코로나19를 물리치고, 영-혼-육체가 건강하게 되시어 하나님께 영광이 되시기를 바랍니다.

우리가 알아야 할 것은 내면의 능력이 성도를 바꿉니다. 한때 필자는 주님을 외적으로 경험하는 것과 내적으로 경험하는 것의 차이를 잘 알지 못했습니다. 그 차이는 간단합니다. 외적인 경험은 흥분되고 신나고 달콤하지만 삶과 인격이 바뀌어 지지 않습니다. 그것은 자기 착각과 교만, 판단의 열매를 생산합니다. 그러나 내면의 체험은 사람의 중심을 바꾸어 놓습니다.

그래서 하나님께서 마음 안에 성전삼고 주인으로 임재하신 것입니다. 하나님은 개별적인 하나님이시기 때문입니다.

이제 저는 분명히 느낍니다. 주님을 외적으로 경험하는 것과 주님을 내면에서 경험하는 것은 다르다는 것입니다. 주님을 내면에서 경험해 갈 때 그것은 자신의 삶 자체를 바꿉니다. 성향 자체를 바꿉니다. 내면의 능력이 강해지면 사람들을 미워하는 것이 점차로 불가능해집니다. 누군가를 원망하는 것이 점차로 불가능해집니다. 모든 것이 자신의 무지의 소치로 인정하게 됩니다. 내면이 강해져야 성도가 변합니다. 밖으로 나타나는 경험을 찾아다니는 성도들은 어떤 면에서 건강하지 않습니다.

필자는 거의 매일 집회나 예배 때마다 밖으로 나타나는 현상에 치우치지 말고 진정한 내면의 변화를 추구하라고 강조합니다. 자신 안을 성령으로 충만하도록 하라고 합니다. 사람은 자신이 갖춘 외적인 능력을 통해 존경을 받고 내적인 성품을 통해 신뢰를 얻는 것이기 때문입니다. 아무리 외적인 능력이 강해도 사람들에게 신뢰를 받지 못하면 헛것이라는 것입니다.

밖으로 나타나는 경험을 찾아다니는 성도들은 역시 여기가 제일 성령의 불이 세다고 말합니다. 거기는 좀 약하다고 합니다. 거기는 영이 깨끗하다고 말합니다. 거기는 좀 영이 흐린 것 같다고 그들은 말합니다. '아무개 목사님은 영 권이 강하다고' 하고 '아무개 목사님 영 권이 많이 떨어 졌대'라고 그들은 말합니다. 그들은 언제나 더 좋고 강하고 자극적인 것을 찾아다닙니다. 조금 있다가 다른 곳을 찾아갑니다. 내면의 성숙을 위하여 찾아다니는 것이 아니고 외부에서 나타나는 현상을 느끼려고 찾아다닙니다. 특별하게 조금 영적인 것을 안다고 하는 초보 성도들과 목회자들이 이리저리 돌아다닙니다. 이들은 주님을 사랑하는 것이 아니라, 자신의 느낌을 사랑하는 것입니다. 자신의 내면을 보지 못하고 능력이 있다는 사역자만 바라보고 사역자에게 무엇을 얻을 수 있을까 치중하면서 돌아다닙니다. 나타나는 현상에 치중하면 자신을 정확하게 보지 못하고 자신 안에 주인으로 계시는 하나님을 만나지 못하는 것입니다. 나중에 깨닫고 보면 사람에게 얻을 것이 없다는 것을 알게 됩니다.

절대로 인격의 성숙이 되지 않습니다. 내면이 성숙해서 밖으로 은사가 나타나야 합니다. 내면을 성숙을 먼저 추구하라는 말입니다. 목회자들도 마찬가지입니다. 나타나는 현상을 체험하려고 돌아다니지 말라는 것입니다. 내면이 하나님 나라가 되어 강해져야 외적인 능력이 강해지는 것입니다.

필자가 말하는 것은 권능이 있는 사역자를 찾아가지 말라는 말이 아닙니다. 그 사역자를 통하여 자신 안에 성전삼고 주인으로 계시는 하나님과 관계를 열라는 것입니다. 내면을 생명의 말씀과 성령으로 꽉 채우라는 것입니다. 그 목사님에게 역사하는 성령의 역사가 자신에게 나타나게 하라는 것입니다. 진리의 말씀도 자신의 마음 안에서 성령으로 깨닫고 전하는 수준을 만들라는 것입니다. 그렇게 되려면 자신을 바라보아야 합니다. 자신의 내면에 집중해야 합니다. 하나님은 관심을 가지고 찾는 자에게 찾아오시고 역사하십니다. 자신 안에 자신의 전인격을 성전삼고 주인으로 계셔도 찾지 않고 관심 갖지 않으면 주무신다는 것을 깨닫고 알아야 합니다. 자신 안에 주인으로 계시는 하나님을 찾으십시오. 주님을 마음 안 내면으로 경험하십시오. 외적인 능력과 은혜는 사모하면 누구나 받을 수 있습니다. 민감한 체질이면 더 쉽게 여러 가지를 경험 할 것입니다. 그러나 진정 자신을 주님께 드리고 진정 그 분이 없으면 세상을 살아갈 수가 없다는 의식으로 변화되지 않는다면 그분을 내적으로 경험하지는 못합니다. 항상 내면이 부실한 사람들이 됩니다. 방황하게 됩니다. 진정 자신의 욕망과 겉 사람을 십자가에 못박고, 오직 주님을 기쁘시게 해드리겠다는 일념과 헌신만이 외적으로 나타나는 일시적인 능력이 아닌 참된 주님과의 교통으로 사람으로 성숙되어 가는 것입니다

내적능력과 내적지혜는 어디에서 나올까요? 그 원천은 많겠으나 무엇보다 자기를 관찰하는 노력에서 나온다고 봅니다. 자기를 알아야 합니다. 자신이 얼마나 무능한지를 깨달아야 합니다. 자신의 능력으로 아무것도 할 수 없다고 깨달아야 합니다. 밖으로 나타나는 현상에 치유치지 않고 자신의 내면을 정확하게 보는 눈이 열려야 합니다. 백전백승의 전제조건인 지피지기도 자기를 관찰해야만 얻을 수 있습니다. 만약, 내가 어떤 사람에게 거북한 요구를 받았다고 생각해 보겠습니다. 그 요구가 싫으면 싫은 것일수록 자신은 제3자에게 같은 요구를 해서는 아니 됩니다. 그 요구에 기분이 나빴다는 곧 자기 관찰이 있었다면 남에게 똑 같은 요구를 하지는 않을 것이기 때문입니다.

이런 행동을 계속하면서 자신을 성찰하며 교정해감으로 내면이 강해지는 것입니다. 내가 싫은 것은 남도 싫은 것이라는 것을 깨닫는 것이 중요합니다. 세상에는 자기가 하는 일은 무조건 옳다고 생각하는 사람들이 있습니다.

내면의 능력과 내면의 지혜가 부족하기 때문에 저지르는 죄악입니다. 자신을 들여다보는 자기 성찰의 시간을 가질 시간이 없는 미완성인간이기 때문에 저지른 것입니다. 내면의 능력은 예수님의 능력입니다. 예수님은 대중들에게 지탄을 받는 일은 절대로 하지 않으셨습니다. 내면이 강하셨기 때문입니다. 하나님께서 함께 하셨기 때문입니다. 내면의 능력은 주변사람들에게 환영을 받는 능력도 포함이 됩니다.

내적인 능력은 죄와 싸워서 이길 수 있는 힘입니다. 육체의 소욕을 따르지 않고 성령을 좇아 행할 수 있는 것(갈 5:16-18)이 곧 성령 충만으로 말미암는 내적인 능력입니다. 이것은 자기를 부인하는 일과 하나님을 믿고 맡기는 생활에서 구체적으로 나타납니다. 스스로 체험하고 깨달아야 강해지는 것입니다. 자신을 정확하게 성찰하여 자신의 무능함을 인정해야 강해지는 능력입니다. 예수님은 이렇게 말씀하십니다. "또 무리에게 이르시되 아무든지 나를 따라 오려거든 자기를 부인하고 날마다 제 십자가를 지고 나를 좇을 것이니라(눅 9:23)"

예수님은 당신을 따르고자 하는 많은 사람들에게 미리 말씀하셨습니다. 그러나 제자들마저 이 말씀에 부응하지 못했습니다. 진정한 말씀의 뜻을 깨닫지 못했기 때문입니다. 저들은 죽음의 공포와 자기 목숨에 대한 애착을 끊지 못했기 때문입니다. 자기를 부인하는 것은 인간 스스로가 극복하기 힘든 과정임에 틀림없습니다. 반드시 스스로 체험해야 극복할 수가 있는 것입니다. 자신의 나약함을 인정해야… 자신이 없어져야 가능한 것입니다. 자신이 없어지려면 자신이 얼마나 나약한 존재인지 체험해야 가능한 것입니다. 스스로 자기를 부인하는 것은 많은 세월이 걸리는 것입니다. 자신의 능력과 지혜로 세상을 살아가다가 많은 시행착오와 고통을 당해보아야 비로소 자신을 바르게 알 수 있기 때문입니다.

그러나 성령이 임하시고 난 후에는 사정이 달라졌습니다. 주님께서 십자가에 못 박히신 후 불과 50일이 지났을 뿐입니다. 부활하신 예수께서는 승천하시기까지 40일을 제자들에게 나타나사 하나님 나라의 일을 말씀하셨습니다(행 1:3). 제자들이 기도하면서 성령 세례를 기다린 시일은 겨우 10여 일 정도였습니다.

이 사실로 미루어 볼 때 오순절 날 임하신 성령님은 변화의 주체이시요, 내면의 능력 그 자체라는 것을 알 수 있습니다. 한마디로 성령님이 믿는 자들의 생각과 행동이 100% 바뀌는 것이라는 것을 알 수가 있습니다. 부정적인 사람들이 긍정적인 사람으로 바뀌는 계기가 된 것입니다. 그 어디에도 인간의 노력이나 공로를 가미할 구석이 전혀 없습니다. 전혀 기도에 힘썼다고 합니다. 그렇다면 그 기도의 내용이 무엇이었을까를 스스로 생각해 보시기를 바랍니다.

주님이 승천하셨을 때 제자들에게 남은 유일한 소망은 예수님이 약속하신 말씀이 이루어지는 때를 바라보고 기다리는 일이었습니다. 이제 더 이상 자신들의 의지와 결심을 믿을 수 없었습니다. 오직 성령님이 오셔야 했습니다. 그럴 때 이 어둠과 온갖 무지가 사라질 것이기 때문입니다. 자기의 지혜와 능력과 노력으로 산다는 생각이 없어지기 때문입니다. 자기가 없어지니 내면에서 성령의 능력과 지혜가 자신을 주장하게 되는 것입니다.

성령 세례는 먼저 제자들의 속을 새롭게 만들었습니다. 그야말로 새 영으로 인해 새 마음을 입은 것입니다. "또 새 영을 너희 속에 두고 새 마음을 너희에게 주되 너희 육신에서 굳은 마음을 제하고 부드러운 마음을 줄 것이며(겔 36:26)" 믿는 사람들의 내면이 바뀌는 것입니다. 하나님의 능력과 지혜가 나타나는 사람들이 되는 것입니다.

모든 것이 하나님을 찾는 자들과 순종하는 자들에게 주어진 것입니다. "저가 또한 우리에게 인치시고 보증으로 성령을 우리 마음에 주셨느니라(고후 1:22)" 순종하는 자들에게 성령으로 인을 쳐서 보증하여 주신 것입니다. 하나님은 순종하는 자들에게 이렇게 말씀하십니다. "주께서 가라사대 그 날 후로는 저희와 세울 언약이 이것이라 하시고 내 법을 저희 마음에 두고 저희 생각에 기록하리라 하신 후에 또 저희 죄와 불법을 내가 다시 기억하지 아니하리라 하셨으니(히 10:16-17)" 그 결과 자기 부인이 가능해졌습니다. 무능한 자기를 신뢰하지 않는 자들이 되었습니다.

그렇다면 "외부(율법)로부터 오는 명령"과 "자발적으로 순종하는 마음"의 차이는 무엇일까요? 그것은 옛 언약과 새 언약을 바로 이해하는 데서부터 시작이 됩니다. "나 여호와가 말하노라 보라 날이 이르리니 내가 이스라엘 집과 유다 집에 새 언약을 세우리라…. 나 여호와가 말하노라 그러나 그 날 후에 내가 이스라엘 집에 세울 언약은 이러하니, **곧 내가 나의 법을 그들의 속에 두며 그 마음에 기록하여** 나는 그들의 하나님이 되고 그들은 내 백성이 될 것이라(렘 31:31,33)"

"새 언약이라 하셨으매 첫 것은 낡아지게 하신 것이니 낡아지고 쇠하는 것은 없어져 가는 것이니라(히 8:13)" 옛 언약은 기록된 율법입니다. 새 언약은 복음으로서 예수님을 믿고 성령으로 거듭난 새 마음을 뜻하는 것입니다. 새 언약 복음은 성령으로 깨닫는 말씀입니다. 개별적으로 깨달아야 믿을 수 있습니다. 성령께서 주인 된 마음입니다. 마음에 성전삼고 임재하신 하나님이십니다. 마음 안에 주인으로 계시는 하나님께서 우리에게 주시는 것은 새로운 율법이나 윤리체계가 아닙니다.

후안 카를로스 오르티즈 목사는 "제자입니까"라는 그의 책에서 이렇게 말했습니다. "새 언약은 우리가 무엇을 하는 것이 아니다. 하나님의 계명들을 암송하고 배울 수는 있지만 그것을 다 행할 수는 없다. 어떤 사람들은 회심한 후 새 마음을 받아 소유하고 있음에도 옛 속성을 그대로 간직하고 있다. 하지만 하나님의 말씀을 쌓는 새로운 토대를 가진 사람 즉 새 마음을 가진 사람은 마침내 하나님의 요구를 행할 수 있다. 그러나 그것은 오로지 하나님의 은혜로만 가능한 일이다. **이 은혜는 관념적이거나 이론적이지 않고 오히려 실천적이다.** 옛 언약은 마땅히 복종해야 할 성문법에 기초하고 있다. **그러나 새 언약은 반드시 따라야 할 성령을 주심에 근거하고 있는 것이다. 성령님은 옛 언약처럼 하나님의 뜻의 일부가 아닌 전부이다.** 새 마음을 부여 받은 제자들은 이제 율법의 요구를 뛰어 넘는 삶을 살기 시작했다.” 성령으로 새 마음을 부여 받은 성도들은 성령의 지배와 인도를 받는 삶을 살게 된 것입니다.

크리스천의 내적인 모든 능력은 이 새 마음속에 있습니다. 새 마음인 성전 속에 하나님께서 주인으로 계시기 때문입니다. 하나님은 이렇게 말씀하십니다. “우주와 그 가운데 있는 만물을 지으신 하나님께서는 천지의 주재시니 손으로 지은 전에 계시지 아니하시고, 또 무엇이 부족한 것처럼 사람의 손으로 섬김을 받으시는 것이 아니니 **이는 만민에게 생명과 호흡과 만물을 친히 주시는 이심이라**(행 17:24-25)” 하나님은 인격이시라, 벽돌로 지은 예배당과 교통하실 수가 없습니다. 하나님은 믿는 자를 성전삼고 계십니다. 새 마음 안에 성전삼고 계시는 하나님으로부터 내면의 능력이 분출되는 것입니다. 그래서 자신이 없어지면 질수록 내면의 능력과 지혜가 강해지는 것입니다. 자신의 내면이 성령의 지배속에 들어가니 영력이 강해지는 것입니다.

나면서 앉은뱅이 된 사람을 고친, 베드로를 에워싸는 백성들을 향한 그의 고백은 사뭇 충격적입니다. “나은 사람이 베드로와 요한을 붙잡으니 모든 백성이 크게 놀라며 달려 나아가 솔로몬의 행각이라 칭하는 행각에 모이거늘 베드로가 이것을 보고 백성에게 말하되 이스라엘 사람들아 이 일을 왜 기이히 여기느냐 우리 개인의 권능과 경건으로 이 사람을 걷게 한 것처럼 왜 우리를 주목하느냐(행 3:11-12)" 세상 사람들은 베드로가 앉은뱅이를 고친 줄로 알고 모여듭니다.

그러니까, 베드로가 자신이 한 것이 아니라, 자신을 성전삼고 주인으로 계시는 하나님께서 하신일이라고 담대하게 말합니다. 내안에 주인으로 계시는 하나님의 능력으로 이 사람을 고쳤다고 외칩니다. "그 이름을 믿으므로 그 이름이 너희 보고 아는 이 사람을 성하게 하였나니 예수로 말미암아 난 믿음이 너희 모든 사람 앞에서 이같이 완전히 낫게 하였느니라(행 3:16)" 성령께서 자신을 통하여 하신 것이라는 것입니다.

이전의 인간적이고 기고만장하던 베드로가 아닙니다. 자신을 부인하고 도리어 예수님과 부활을 증거하는 증인으로 담대히 외치고 있습니다. 오순절 날 성령으로 세례를 받고 베드로가 완전하게 바뀐 것입니다. 내면의 능력은 자신이 없어지고 하나님께서 주인 된 것은 담대하게 선포할 때 강해지는 것입니다. 한마디로 인격이 바뀌어야 가능한 것입니다. 인격을 누가 바뀌게 합니까? 성령께서 하시는 것입니다. 성령님이 아니고서는 인격이 바뀔 수가 없습니다. 인간적인 노력으로 인격이 바뀔 수가 없습니다. 대통령이 되어도 바뀔 수가 없습니다. 아니 인간성이 더 나빠질 수가 있습니다. 그러나 성령으로 세례

받은 베드로는 순간 바뀌었습니다. 유대인들과 관원들의 무리도 더 이상 두려워하지 않습니다. 사람을 두려워하지 않습니다.

"베드로와 요한이 대답하여 가로되 하나님 앞에서 너희 말을 듣는 것이 하나님 말씀을 듣는 것보다 옳은가 판단하라. 우리는 보고 들은 것을 말하지 아니할 수 없다 하니 관원들이 백성을 인하여 저희를 어떻게 행할 도리를 찾지 못하고 다시 위협하여 놓아 주었으니 이는 모든 사람이 그 된 일을 보고 하나님께 영광을 돌림이러라(행 4:19-21)"

나아가 이스라엘의 공회 앞에서도 여전히 담대하기만 합니다. 하나님께 영광을 돌립니다. 오히려 기쁨으로 고난을 감당하고 있습니다. 이런 놀라운 변화야말로 새 마음으로 말미암은 내적인 능력에서 비롯된 것입니다. 베드로의 내면이 성령으로 바뀌니까, 내면의 능력이 강해진 것입니다. 성령님이 베드로를 통하여 나타나십니다. "사도들은 그 이름을 위하여 능욕 받는 일에 합당한 자로 여기심을 기뻐하면서 공회 앞을 떠나니라. 저희가 날마다 성전에 있든지 집에 있든지 예수는 그리스도라 가르치기와 전도하기를 쉬지 아니하니라(행 5:41-42)"

이러한 일로 당황한 것은 도리어 대제사장들과 공회였습니다(행 4:13-14). 불과 며칠 전만 해도 유대인들을 두려워했던(요 20:19) 모습은 어느새 온데간데없이 사라졌습니다. 그리고 "날마다 제 십자가를 지고" 주님을 끝까지 따라갔습니다. 사도들의 삶은 내적 변화와 진정한 능력이 무엇인지를 새삼 생각하게 합니다.

이렇게 베드로와 같이 개별적으로 체험하고 깨달아야 내면이 강해지고 내면의 능력으로 살아갈 수가 있는 것입니다. 깨달음이란 자신의 내면을 강화하는 근본입니다. 베드로가 성령으로 세례를 받고 완전하게 변했습니다. 자신이 지금 어떤 위치에 있으며 누가 함께하고 있는지 바르게 깨달았기 때문입니다. 깨달음이란 생명보다 더 위대한 것입니다. 그리고 육안으로 보거나 육신의 도구로 만질 수 있는 것보다 더 위대한 것을 아는 과정입니다. 깨달음이란 그런 것보다 더 위대한 것, 즉 우리 내면에 있는 우주의 진정한 통치자를 알기 시작하는 순간입니다. 이는 반드시 성령으로 되는 것입니다. "오직 하나님이 성령으로 이것을 우리에게 보이셨으니 성령은 모든 것 곧 하나님의 온몸 것까지도 통달하시느니라. 사람의 일을 사람의 속에 있는 영외에 누가 알리요, 이와 같이 하나님의 일도 하나님의 영외에는 아무도 알지 못하느니라(고전 2:10-11)"

　개별적인 깨달음은 내면의 각성을 뜻합니다. 자신이 매일 쓰고 있는 것보다 훨씬 위대한 힘이 자신에게 있다는 것을 인식하는 것입니다. 예수를 믿고 성령으로 세례를 받은 연후에 깨달아지기 시작합니다. 무엇보다도 성령으로 세례를 받는 것이 중요합니다. 하나님은 영이십니다. 살아계신 성령으로 나타내시고 일하시는 분입니다. 그러기 때문에 성령으로 세례를 받아야 내면에 어떤 능력이 있는지 깨달아지기 시작할 수가 있는 것입니다. 바울도 성령으로 세례를 받은 후에 완전하게 뒤바뀐 인생을 살게 된 것입니다.

4장 기도하면 심장혈관이 안정되니 영력이 강화

(눅22:39-40)"예수께서 나가사 습관을 따라 감람산
에 가시매 제자들도 따라갔더니 그 곳에 이르러 그들
에게 이르시되 유혹에 빠지지 않게 기도하라 하시고"

마음의 상처 스트레스는 심장과 혈관의 적입니다. 심장과 혈
관은 온도 차이만큼 스트레스에 민감합니다. 일상생활에서 긴
장된 상태가 지속되거나 스트레스를 많이 받으면 교감신경이
작용해 혈관이 수축됩니다. 스트레스는 혈전 생성을 빠르게 합
니다. 혈전이 많아지면 혈관이 수축되고 혈액순환이 되지 않습
니다. 체온이 떨어져서 여러가지 질병이 발생합니다. 고로 마음
의 상처 스트레스는 말씀과 성령의 역사로 매일매일 정화하며
해소하며 부교감신경을 강화하면서 살아야 합니다.

이렇게 마음의 상처와 스트레스는 혈관에 영향을 끼칩니다.
마음의 상처가 혈관에 노폐물이 끼이게 하고, 림프에 노폐물이
끼이게 하여 혈액과 물이 온몸으로 순환하는데 지장을 초래하
기 때문입니다. 혈액순환이 잘되지 않으면 정상체온을 유지하
는데 방해 요소로 작용을 합니다. 마음의 상처가 쌓이면 얼굴이
화끈거리고 입으로는 열이 나오는 데 아랫배와 손발은 차갑게
됩니다. 이것을 울화라고 합니다. 체온은 건강에 밀접한 관계
가 있습니다. 35℃ 이하 저체온 증상일 때 암세포 증식 가장 많
아진다고 합니다. 저체온일 때 암세포가 빨리 증식한다는 연구

결과가 있습니다. 물론 염증이 활발하게 발생합니다. 저 체온은 암세포에게 대사 작용을 활발하게 해주는 좋은 환경입니다. 암이나 류머티즘 관절염, 폐질환, 심장질환, 뇌질환, 혈액순환장애, 소화기 장애, 생식기(자궁·난소·전립선) 질병에 걸리지 않으려면 항상 정상 체온을 유지하는 것이 예방법입니다.

노년층이 제일 두려워하는 질환인 치매도 혈관 건강과 연관이 있습니다. 혈관성 치매는 뇌에 피를 보내는 혈관이 딱딱해지거나 노폐물이 쌓여 발생합니다. 영양분이 혈관을 통해 뇌에 제대로 전달되지 않아 뇌세포가 죽기 때문입니다. 치매를 예방하려면 말씀과 성령으로 마음의 상처를 정화하여 혈관을 깨끗하게 해야 합니다. 온몸 기도를 지속적으로 하면 치매가 예방되고 지연시킬 수가 있습니다. 동시에 뇌세포에 제대로 영양을 공급하게 합니다. 이는 필자가 우리 교회 치매 증상이 있는 성도들을 대상으로 온몸기도하게 하여 임상적으로 체험한 사실입니다.

혈관질환은 마음의 상처, 스트레스, 콜레스테롤, 당뇨, 과도한 음주나 흡연, 잘못된 식습관, 운동부족 등 다양한 원인으로 인해 발생할 수 있습니다. 평소 혈관 건강을 지키려면 영과 진리로 예배하며 성령으로 기도하며 유산소 운동으로 혈액 속 노폐물 생성을 막고, 기름진 식습관을 피하며 불포화지방산이 풍부한 아보카도, 견과류 등을 섭취하는 것이 좋습니다. 성령의 인도가운데 60분 이상 복식호흡하며 마음으로 명상기도하고, 하루 30분 이상 꾸준히 운동하면 정상보다 약간 높은 37℃ 유지하면 노폐물 방출 활발하고 혈액도 정화가 된다는 것입니다.

우리 몸의 정상체온을 유지하는 것이 성령으로 온몸 기도를 하는 것입니다. 성령으로 기도하면 영-혼-육의 상태가 정상이 됨으로 체온이 36.5이상 유지가 되는 것입니다. 그러므로 항상 기도하는 습관이 중요합니다. 항상 기도하는 습관에 대해서 말씀드리겠습니다. 많은 크리스천들이 혼자서 기도를 하는 것이 너무 어렵다고들 토로합니다. 많은 분들이 혼자서 하는 기도로는 운전하다가 신호에 걸렸을 때 하는 기도 정도라고 말합니다. 기도를 하기 위해서 깊은 산 속에 있는 기도원을 찾아 가거나, 기도 모임에 나가 여럿이 함께 공동으로 기도를 하거나, 혹은 뜨거운 성령기도회를 찾아보는 것도 좋은 일이지만, 마음을 정비하고 정화하는 기도를 하기 위해서는 꼭 특별한 장소를 찾아가야 한다거나 여러 사람들이 모여야만 한다고 생각한다면 좀 문제가 있습니다.

예수께서도 "진실로 다시 너희에게 이르노니 너희 중의 두 사람이 땅에서 합심하여 무엇이든지 구하면 하늘에 계신 내 아버지께서 그들을 위하여 이루게 하시리라"(마태18:19)라는 말씀도 하셨지만, 제자들에게 기도하는 법을 알려주실 때는 "골방에 들어가 보이지 않는 하나님 아버지께 기도하라"(마태6:6)고 말씀하셨습니다. 골방은 자신 안 마음입니다. 또 당신 스스로도 자주 "조용히 기도하시려고 군중을 보내신 뒤에 산에 올라가 날이 저물 때 까지 혼자 계셨습니다"(마태14:24).

제 아무리 훌륭한 설교를 듣고 깊이 감동했다 하여도, 제 아무리 많은 사람들이 모여서 며칠 밤을 세워가며 철야기도를 한다 해도, 제 아무리 신묘한 기적을 보고 신앙이 뜨거워졌다고 하더라도 내 자신 안에서 깊이 있게 성령으로 내면화되지 않는다면 그러한 외적인 차원의 경험들이 과연 며칠을 갈 수 있을까요? 그러한 외적인 차원의 경험들이 과연 나를 얼마만큼이나 변화시킬 수 있을까요? 우리들의 모든 신앙의 체험들을 내 마음 깊숙이 내면화시키고 내 몸 가득히 채워서 진정으로 나를 변화시키기 원한다면 우리는 먼저 혼자 성령으로 기도하는 습관을 들여야 합니다. 혼자 있으면서 조용히 눈을 감고 보이지 않는 하나님과 만나서 그 분의 음성을 듣고 따라야 합니다. 학생의 실력이 학교에서 배운 바를 이해하고 심화시키는 자율학습을 통해서 나날이 성장하듯이 성도로서의 깊이, 성도답게 마음이 변화하는 기도는 주님의 가르침을 깨닫기 위해 혼자서 조용히 눈을 감고 앉아있는 시간에 달려있습니다.

공부는 안하면서 성적이 오르기만을 기대하는 자녀와 그를 바라보는 부모님···. 기도는 안하면서 마음이 안정되고 변화가 찾아오기만을 바라는 크리스천들과 그를 바라보는 하나님 아버지···. 그 마음이 어떨까요? 아마 안타까울 것입니다.

하나님과 동행하는 표현을 바꾸어 말하면 하나님과 절친한 사람을 말합니다. 성경에는 하나님과 절친한 사람들의 삶을 드라마틱하게 그리고 있습니다. 지하 교도소에서 죽음을 기다리는 노예의 몸에서 당대 최고의 강대국의 국무총리의 자리에 앉게 되고, 호호백발 할머니의 몸에서 건강한 아들이 태어납니다. 평범한 농부의 말째아들이 어린나이에 거인 용사를 단숨에 물리치고 온 국민이 추앙하는 국왕이 되고, 형에게 쫓겨 도망간 사기꾼이 고생 끝에 성공하고 거부가 되어 금의환향합니다.

이렇게 성경은 하나님이 기뻐하는 자녀에게 초자연적인 5차원의 능력을 주고 기름진 땅의 축복과 영혼이 잘되는 하늘의 축복까지 아낌없이 주신다고 약속하고 있습니다. 그렇지만 우리는 이 땅에서조차 그러한 하나님의 약속을 누리지 못하고 있고 삶의 고단한 덫에 걸려 힘들고 어렵게 살고 있습니다. 그 이유는 간단합니다. 전지전능하신 하나님과 절친한 삶을 살지 않기 때문입니다. 하나님은 영이시므로 온몸으로 교제를 나누는 방법은 무시로 기도하는 수밖에 없습니다. 그렇지만 영적인 교통이 없는 기도는 아무런 쓸모가 없습니다. 여태껏 하나님의 능력을 경험하지 못했다면 무능한 기도가 이유일 것입니다.

1. 항상 기도하는 습관이 필요한 이유. 마음의 정비와 정화를 위하여 항상 기도하는 습관이 중요합니다. 성경이 요구하는 기도의 모습을 한마디로 말하자면 쉬지 말고(살전 5:17), 항상(행 10:2), 습관을 좇아(눅 22:39)기도하는 것입니다. 그렇지만 세상에 새벽기도회에 참석하기도 쉽지 않은 판에 하루 종일 쉬지 않고 기도하는 사람이 어디 있을까요?

그래서 우리는 삶에 적용할 수 없는, 성경에만 있는 성경말씀으로 치부합니다. 마치 공룡화석처럼 그 옛날 쥐라기나 백악기 시절에 살았던 생물이지만 지금은 멸종된 동물로 생각하는 것처럼 말입니다. 그렇지만 하나님은 우리가 도저히 할 수 없는 것을 가르쳤을 리는 없습니다. 지금 우리의 관행이나 생각으로 할 수 없다고 여기는 것뿐입니다.

그래서 사도바울의 놀라운 능력을 얻고 싶지만 그가 가르친 쉬지 말고 기도하는 것을 배우려 하지 않습니다. 고넬료는 이방인인 로마 군인으로서 최초로 성령세례를 받은 인물입니다. 그가 항상 기도하였던 것을 하나님이 기뻐 받으셨다고 성경은 전합니다. 하나님의 아들이신 예수님조차 기도하는 습관을 가지셨지만, 우리는 여전히 여기에 관심조차 없습니다.

기도란 노동이며 의무이고 괴롭고 고통스러운 시간이라는 인식이 우리를 지배하고 있기 때문입니다. 우리의 생각이 어떻든 간에 우리는 성경의 하나님의 뜻을 행하지 않기 때문에 기도의 능력이 없고 하나님의 도우심이 내려오지 않는 것입니다.

운동이 건강에 필수적이라는 걸 모르는 사람은 없지만 규칙적으로 운동하지 않는 사람이 더 많습니다. 학교를 졸업하면 책을 읽는 것도 같이 졸업입니다. 습관을 들이지 않았기에 한두 번 시도해보다가 이내 포기하고 맙니다. 기도도 마찬가지입니다. 크리스천이라면 하나님을 만나는 유일한 통로인 기도를 성실하게 해야 하겠지만, 이 역시 습관을 들이지 않았기에 겨우 주일예배만 참석하는 것으로 만족합니다.

삶의 덫에 빠진 사람은 보통 사람보다 기도하기가 더 어렵습니다. 불안과 두려움, 절망과 자포자기의 감정이 들어차 있는데 기도할 마음이 들겠습니까? 그렇기에 기도하는 습관을 들여야 합니다. 이미 어린 시절부터 양치질을 하는 습관을 들였기에 어른이 되어서도 실행하고 있으며, 자기 전에 몸을 씻고 잠자리에 들었기에 씻지 않으면 잠이 오지 않는 것입니다. 이렇게 습관의 힘은 놀랍습니다. 우리가 기도하는 습관을 들이지 않았기에 오랫동안 예수님을 믿고 교회를 다니고 있어도 여전히 개인적인 기도의 시간을 못 갖고 있습니다.

항상 기도하는 습관적인 기도는 마음으로 묵상기도(묵상의 자료를 가지고 하는 기도)를 습관으로 들여야 합니다. 틈틈이 일상생활 중에서도 기도를 해야 하는데 통성으로 할 수는 없을 것입니다. 묵상기도는 고도의 집중력이 요구되는 기도의 방법입니다. 눈만 감으면 잡념이 어느 틈에 들어오고 어느새 졸고 있는 자신을 발견합니다.

이처럼 묵상기도는 집중하는 훈련이 선행되어야하며 성령의 인도하심이 없다면 지속할 수 없습니다. 묵상기도는 오랜 시간 경건의 훈련을 통해 습관을 들여야 하는 시간이 필요합니다. 필자도 쉼 없이 기도하는 기도를 할 수 있게 된 것은 목회자가 되고 나서도 무려 3년의 시간이 필요했습니다. 이처럼 묵상기도의 습관을 들이는 것은 만만치 않습니다. 그렇지만 이를 건너뛸 수도, 돌아서 지나칠 수도 없습니다. 성령님의 도우심을 의지해서 이 강을 건너야 할 것입니다.

묵상기도나 침묵기도(침묵기도란 외적인 소리에 관심을 끄고, 내면에서 올라오는 잡념도 관심 끄고, 오로지 예수님만 부르면서 침묵하는 기도)를 자주 하는 사람은 기도에 몰입하기가 쉽습니다. 묵상기도와 침묵기도에 대하여는 뒤에 자세하게 설명이 됩니다.

　온몸 기도에 몰입된다면 성령이 주시는 평안과 기쁨을 누리므로 기도가 즐겁습니다. 몰입하는 기도를 아는 사람은 기도보다 즐거운 일을 세상에서 찾을 수 없기에 틈만 나면 기도하려고 합니다. 그렇지만 평소에 기도를 하지 않았던 사람은 기도를 시도하는 것조차 버겁게 됩니다.

　부익부 빈익빈의 법칙이 여기에도 적용되는 셈입니다. 성경에 이렇게 기록 되어 있습니다. "이것이 곧 적게 심는 자는 적게 거두고 많이 심는 자는 많이 거둔다 하는 말이로다."(고후 9:6). 기도하는 것에 시간을 많이 투자한 사람은 빨리 항상 기도하는 사람으로 변할 것이고, 기도하는 것에 적게 시간을 투자하는 사람은 변화되는데 오래 걸린다는 뜻입니다.

　그렇지만 시작이 반이라는 말이 있습니다. 평소에 기도를 하지 않았기에 기도의 습관을 들이는 것이 어렵지, 막상 기도를 자주 시도한다면 그 다음부터는 수월할 것입니다. 항상 기도하는 기도의 습관도 처음에 들이기가 어렵지 어느 정도 시간이 지나 몸에 배고 나면 즐겁고 재미있습니다.

　더구나 삶의 덫에 빠진 사람은 찬밥 더운밥을 가릴 처지가 아닙니다. 기나긴 역경의 수렁에서 벗어날 수만 있다면 그보다 더한 것도 무릅쓰고 해야 할 것입니다. 필자는 이런 말을 자주합니다. 문제가 생긴 다음에 이리 뛰고 저리 뛰지 말고 미리미리 기도하며 준비 하라고 강조합니다. 그래서 성경에 쉬지말고 기도하라고 하시는 것입니다.

2. 항상 기도할 수 있는 환경을 조성해라. 시간이 없어서 기도하지 못한다는 사람이 적지 않습니다. 시간이 부족해서라기보다 다른 시간에 비해 우선순위가 떨어진다는 게 더 정확한 이유일 것입니다. 삶의 고단한 덫에 빠진 사람은 전쟁터에 나간 병사입니다. 총알이 빗발처럼 쏟아지는 그곳에서는 오직 살아야 한다는 생각밖에 없습니다. 밥맛이 없어 반찬투정을 부리는 일도, 무료해서 TV 채널을 이리저리 돌리는 일도, 심지어는 먹고 살 걱정조차 없습니다.

지금 여기에서 살아나가야 한다는 일념뿐입니다. 그렇다면 고단한 삶의 덫에서 빠져나갈 수 있는 유일한 해결책은 기도의 달인이 되는 것뿐인데, 다른 핑계를 대는 것은 아직 상황의 긴박함을 제대로 느끼지 못했거나 나름대로 자신의 능력을 믿고 있어서가 아닐까요? 그것도 아니라면 자포 자기한 심정으로 인생이 떠내려가는 것을 무기력하게 지켜보고 있는 것일 것입니다. 지금은 자다가 깰 때입니다(롬13:11).

늘 기도할 수 있는 환경을 조성하는 것은 항상 기도하는 기도를 습관으로 붙이는 데 절대적입니다. 아무리 열심히 노력한다 해도 환경이 암울하고 주변에서 도와주지 않는다면 성공하기에 힘들 것입니다. 누구나 기도할 수 있는 시간은 많지 않습니다. 기도하는 시간을 새롭게 만드는 것은 다른 시간을 희생해야 한다는 것을 뜻합니다. 처음에는 어렵겠지만 기도의 숙달단계에 올라가면 아침저녁으로 1시간 이상씩 그리고 적어도 낮 시간에 1시간 정도는 기도하며 살아갈 것입니다. 습관이 중요합니다.

즉 하루에 3시간 이상을 기도하는 것은 지금까지의 삶을 확 바꾸지 않으면 안 된다는 것을 의미합니다. 아침과 잠자기 전에 기도하는 습관을 들이려면 밤늦은 TV시청이나 컴퓨터 게임, 친구들과의 늦은 만남 등을 끊어야합니다. 또한 등산이나 낚시 등의 많은 시간을 소비하는 운동이나 취미도 끊거나 줄여야합니다. 그래서 일찍 잠자리에 들고 머리를 복잡하게 만드는 무의미한 일상의 패턴을 바꾸어야 합니다. 즉 지금까지의 라이프 스타일을 서서히 바꾸어서 기도시간을 최우선으로 하는 삶으로 만들어야 할 것입니다. 오직 시간만 나면 기도를 시도하고 기도에 몰입하는 삶이 되어야 합니다. 아니 일을 하면서도 하나님을 찾아야 합니다. 그렇지만 미리 걱정하지 않아도 됩니다.

항상 기도하는 습관이 중요하지 습관만 되면 걸어가면서도 기도할 수가 있고, 전철을 타고가면서도 기도할 수가 있고, 차를 운전하면서도 기도할 수가 있고, 가계를 운영하시는 분은 손님이 없을 때 기도할 수가 있고, 농사를 지으면서도 기도할 수가 있습니다. 문제는 항상 기도하는 습관을 들이는 것입니다.

성령이 충만한 상태인 평안과 즐거움을 느끼는 단계까지가 어렵지, 그런 상태를 자주 경험한다면 세상의 다른 어떤 행위보다 기도하는 게 더 즐거워지므로 누가 시키지 않아도 기도를 찾아서 하는 자신을 발견하게 될 것입니다. 그 단계까지 가는 과정에서 스스로 습관을 들이는 기도훈련의 시간이 필요한 것입니다. 본인의 의지가 중요합니다.

우리가 기도하는 곳은 사방이 조용한 교회나 숲속에서의 기도원이 아닙니다. 그곳이라면 누구나 쉽게 기도에 집중하기 쉽겠지만, 일상의 삶에서 쉬지 않고 기도하려면 그런 일상 환경에서 기도하는 것에 빨리 적응해야합니다. 아무 곳에서나 기도할 수 있어야 합니다. 기도하는 장소의 개념이 기도를 더 어렵게 만듭니다. 그렇다면 기도를 도와주는 도구를 활용하는 것도 필요합니다. 도시에서의 삶은 소음 공해와 시선을 끄는 것들이 즐비합니다. 사방이 온통 시끄러운 상태에서 묵상으로 기도에 집중하는 것은 어려운 일입니다. 그래서 필자는 시내거리를 걸어갈 때에는 마음으로 하나님을 찾는 기도를 합니다. 하나님께 집중하면서 하나님을 찾는 것입니다.

걸으면서 마음으로 기도하는 습관을 들이라는 것입니다. 걷기를 시작하려면 바른 자세부터 익혀야 합니다. 바른 자세가 중요한 이유는 첫째로 뇌가 활성화됩니다. 바른 자세로 걸으면 근육이나 감각기관에서 신경계로 전달되는 정보량이 많아져서 대뇌가 더욱 자극을 받기 때문입니다. 둘째로 걸음걸이가 바르면 걷기 편하고 쉽게 지치지 않습니다. 즉, 편하게 걸을 수 있고 피로감을 줄여주는 보법으로 걷다 보면 바른 자세에 이르게 됩니다. 셋째로 걸음걸이가 바르면 남 보기에 좋고, 뼈가 건강하며, 밝고 활달하며 자신감 있는 이미지를 심어줄 수 있습니다.

그러면 바른 보행 자세란 어떤 것일까요? 꼭두각시 인형처럼 머리 꼭대기에 실이 연결되어 하늘에서 끌어당긴다고 의식하라는 것입니다. 그러면 후두부, 등, 엉덩이의 가장 높은 부분이 일직선을 이루고 두 팔은 겨드랑이를 따라 자연스럽게 내려집니다. 그 자세로 서 있는데 누군가 허리 부분을 강하게 민다고 상상하라는 것입니다.

그러면 오른발이 크게 한보 앞으로 나갑니다. 이때 상체를 똑바로 유지하면 앞으로 내디딘 오른발은 발뒤꿈치부터 착지하고 뒤에 놓인 왼발이 지면을 차는 느낌을 받습니다. 이런 동작을 연속하여 걷는 것이 바른 보행 자세입니다.

자세만큼 중요한 것이 바로 호흡법입니다. 걷기는 유산소 운동이므로 산소를 충분히 받아들이며 호흡하지 않으면 그 효과가 나타나지 않습니다. 그러면 어떻게 호흡해야 혈중 산소가 충분해질까요? 호흡의 '호'가 '숨을 내쉬다.'라는 뜻이라는 데서 알 수 있듯 내쉬는 숨이 먼저입니다. 일단 폐에서 이산화탄소를 한껏 내뱉지 않으면 산소를 받아들일 수 없습니다.

따라서 걸을 때는 먼저 숨을 내쉬는 데 의식을 집중해야 합니다. 호흡의 리듬이 발걸음과 조화를 이루어야 합니다. 오른 발은 내디디면서 숨을 들이쉬고, 왼쪽 발을 내디디면서 숨을 내쉬고, 좌우지간 본인이 하기 쉬운 방법으로 걸으면 됩니다. 이 방법이라면 호흡과 보행의 리듬을 맞추기 쉽습니다.

그렇게 걸으면서 마음으로 성령님을 생각하거나 부르면서 걷는 것입니다. 필자는 십 수 년을 이렇게 실천하며 걷고 있습니다. 마음속에 세상 것들이 들어오지 않고 영감이 풍성해지는 효과가 있습니다. 집중력이 좋아집니다. 폐활량이 강해집니다. 심장이 튼튼해집니다. 스트레스를 받지 않습니다. 생활 속에서 운동하는 습관이 되어야 건강을 유지할 수가 있습니다.

성령으로 기도하며 마음을 정화하고 유산소운동을 하면 근육에서 열이 만들어지고 이들 열에너지는 혈액에 의해 온몸의 세포 곳곳에 분배됩니다. 특히 영과 진리로 예배를 드리면서 성령으로 기도하면 영-혼-육체가 정상적인 기능을 유지함으로 혈액순환과 림프의 물 순환이 정상적으로 되도록 성령께서 오장육부 기능을 지배하십니다. 자연스럽게 노폐물이 끼이지 않고 건강하게 되는 것입니다. 면역력은 강하게 되는 것입니다.

거기다가 운동은 몸이 움직이면서 산소를 취하여 노폐물인 이산화탄소와 일산화탄소, 휘발성 유해물을 폐에서 방출합니다. 또 산소는 지방, 콜레스테롤, 불필요한 노폐물 등을 태워버리고, 혈액을 정화시켜 암과 같은 질병을 예방합니다.

이런 점에서 영과 진리로 예배를 드리면서 성령으로 온몸 영의 기도를 하여 마음을 정화하며 하루 30분씩 일주일에 5일 이상 꾸준히 운동할 것을 권유합니다. 하지만 현대인들은 운동하는 시간보다 컴퓨터나 텔레비전 앞에 앉아 있는 시간이 더 많습니다. 움직이지 않고 오랫동안 앉아 있으면 신진대사 율이 떨어져 열량이 몸에 비축되고 이는 비만으로 이어지기 쉽습니다. 이는 혈액순환 방해로 이어져 저체온의 원인이 됩니다.

기도가 깊어지면 심장과 혈관이 안정이 되니 영력과 면역력이 강해지는 것입니다. 심장이 안정이 된다는 것은 1분에 55-70회 정도로 뛴다는 것입니다. 심장이 1분에 55회 정도 뛰는 사람은 70-80뛰는 사람보다 건강하고 오래 산다고 합니다. 거북이는 1분에 6회 정도 뛴다고 합니다. 거북이의 수명은 평균 150년입니다. 성령으로 온몸 기도가 되어야 기도를 하면서 마음을 정화하니 영-혼-육체가 자기 기능을 발휘하는 것입니다. 이렇게 되니 자연스럽게 면역력이 강화되어 코로나19를 물리치는 성도가 되는 것입니다. 그런데 잠감잠간하는 기도로는 마음이 정화되지 못하고 치유되지 못합니다. 적어도 1시간은 해야 마음이 정화되고 치유되기 시작하는 것입니다.

그래서 우리교회 집회 시에 80분간 기도하는 것입니다. 집중 치유기도 시에는 150분 이상 기도합니다. 이렇게 집중하여 오래 기도해야 마음의 상처도 치유되고, 환경의 문제도 해결이 되고, 심장과 혈관도 안정이 되고, 면역력도 강화되고, 영력이 강하고 성령의 권능이 나타나는 것입니다. 문제가 일어나면 잠간 기도하는 습관으로는 마음을 정화할 수가 없습니다. 성령으로 온몸 기도를 할 수 있는 성도가 되려고 노력해야 합니다.

결론적으로 마음의 상처가 무의식에 쌓이지 않도록 해야 합니다. 이는 영과 진리로 예배를 드리면서 걸어 다니는 성전이 되어 항상 마음으로 하나님을 찾으면서 성령 충만하게 지내야 합니다. 그렇게 하여 마음에 상처가 쌓이지 않게 해야 합니다. 마음의 상처가 쌓이면 스트레스를 계속 받으면 '오메가3'를 먹어도 효과가 미미하고 혈액과 물이 온몸으로 순환하지 못하게 됨으로 체온이 떨어져서 육체가 정상적으로 제 기능을 발휘하지 못함으로 운동도 할 수가 없게 됩니다. 필자는 성도님들에게 자신의 영-혼-육체의 관리에 관심을 가지면서 지내시기를 권면 드립니다. 관심을 가져야 건강하게 지낼 수가 있습니다.

5장 온몸 기도하면 하늘나라가 되니 권능이 강화

(계 21:2-4)"내가 들으니 보좌에서 큰 음성이 나서
이르되 보라 하나님의 장막이 사람들과 함께 있으매
하나님이 그들과 함께 계시리니 그들은 하나님의 백성
이 되고 하나님은 친히 그들과 함께 계셔서 (4) 모든 눈
물을 그 눈에서 닦아 주시니 다시는 사망이 없고 애통
하는 것이나 곡하는 것이나 아픈 것이 다시 있지 아니
하리니 처음 것들이 다 지나갔음이러라."

성령으로 온몸 기도를 하면 하나님의 나라가 됩니다. 성령으
로 기도하니 성령하나님으로 자신의 전인격이 가득 채워지기
때문입니다. 많은 교회예배당에서 성령으로 충만 받으라고 합
니다. 성령으로 충만해야 하나님의 나라, 천국이 되기 때문입니
다. 성령으로 충만하려면 아무렇게나 기도해서는 안 됩니다. 반
드시 성령으로 세례를 받아 성령의 이끌림을 받으면서 기도를
해야 성령으로 충만할 수가 있는 것입니다. 성령으로 충만해지
면 자신의 전인격이 하나님의 나라가 됨으로 영력과 면역력이
강화되는 것입니다. 이는 체험하신 분만 이해할 수가 있습니다.
면역력은 무엇일까요 면역력이란 외부에서 들어오는 병균에
저항하는 힘이라고 명시되어 있습니다. 예를 들면 지금 같은 코
로나19 시대에 있어서 면역력은 매우 중요한 역할을 하고 있는

셈입니다. 영력과 면역력이 중요하기 때문에 이 책을 집필하는 것입니다. 그렇다면 이 코로나19 및 외부로부터 방어할 수 있는 힘을 면역력이라고 합니다.

영력과 면역력을 높이기 위해서는 무엇을 해야 할까요? 첫째로 예수님을 주인으로 영접해야 합니다. 왜냐하면 예수님을 믿을 때 죽고, 예수님으로 살아야 하늘나라 천국이 되기 때문입니다. 자신의 전인격이 하늘나라가 되어야 영력과 면역력이 강화되어 코로나19를 이길 수가 있는 것입니다. 면역력이 약화되는 원인은 영적인 문제이기 때문입니다. 몸과 마음이 세상이 됨으로 상처와 스트레스를 받게 되는 것입니다. 마음에 쌓인 상처 스트레스가 면역력을 약화시키는 것입니다.

둘째로 영과 진리로 예배를 드려야 합니다. 지금 코로나19로 인하여 비대면 시대입니다. 그렇기 때문에 자신이 살고 있는 집이나 학교나 직장이나 사업장 등에서 거룩한 산 제물이 되어 영과 진리로 예배를 드리면 예배를 드리면서 성령님이 자신 안에 충만해짐으로 하늘나라 천국이 되는 것입니다. 예배는 예배 시간에만 드리는 것이 아니라 자신이 하는 모든 일과 생활을 하나님께 드리는 예배가 되게 해야 합니다.

셋째로 성령으로 온몸 기도를 해야 합니다. 성령으로 온몸 기도를 함으로 자신의 영-혼-육체의 전인격이 성령으로 충만해짐으로 하나님의 나라가 되니 세상에서 들어온 상처 스트레스가 정화되고 치유됨으로 면역력이 강화되는 것입니다. 영력과 면역력 강화를 위해서 성령으로 온몸 기도가 아주 중요합니다. 기도해야 마음 안에 쌓인 노폐물이 정화되면서 전인격이 하나님의 나라가 되니 자연스럽게 영력과 면역력이 강화되는 것입니다. 온몸 기도에 대해서는 6장에서부터 상세하게 알려드립니다.

넷째로 잠을 잘 자야합니다. 요즘은 스마트폰, 컴퓨터, 바쁜 일상생활 때문에 수면에 문제가 많습니다. 하지만 그럼에도 불구하고 잠은 꼭 7시간 이상 주무셔야합니다.

다섯째로 운동을 해야 합니다. 말로는 쉽지 운동하기란 쉽지 않습니다. 하지만 면역력은 저희를 봐주지 않습니다. 노력한 만큼 면역력이 높아지는 것입니다.

여섯째로 안 좋은 음식은 가려 먹고 건강한 음식을 찾아 먹어야 합니다. 건강한 음식이라 함은 자신에게 맞는 음식을 찾고 면역력도 높이는 음식이 좋습니다.

이중에 제일 중요한 것이 성령으로 온몸 기도를 하는 것입니다. 온몸으로 기도해야 성령으로 충만해져서 하나님의 나라가 되기 때문입니다. 우리 크리스천들은 기도를 하되 성령으로 숨을 쉬는 것과 같이 해야 합니다. 숨을 쉬는 것과 같이 자신 안에 주인으로 계시는 하나님을 찾는 것입니다. 이는 습관이 되어야 합니다. 생명이 있는 사람이라면 저녁에 잠을 자면서도 숨을 쉽니다. 코를 골면서 자는 사람도 있습니다. 이는 자면서도 숨을 쉰다는 증거입니다. 이와 같이 예수를 믿어 성령으로 거듭난 성도는 숨을 쉬는 것과 같이 성령으로 기도해야 합니다.

우리는 기도를 바르게 알아야 합니다. 기도는 하나님과 사귀는 것입니다. 하나님과 친밀해지는 시간입니다. 하나님과 함께 시간을 보내는 적극적인 행위입니다. 하나님과 사랑을 나누는 시간입니다. 하나님의 음성을 듣는 시간입니다. 하나님께 사랑을 고백하고 감사하는 시간입니다. 하나님의 눈으로 자신을 보는 시간입니다. 자신 안의 성전을 견고하게 세우는 시간입니다. 자신의 영혼에 성령으로 충만하게 채워서 마음의 안에 성전을 깨끗하게 하는 시간입니다. 우리의 삶에서 가장 깨어있는 시간, 하나님의 소리를 듣는 시간입니다. 자신을 치료하는 시간입니다. 세상에서 받은 스트레스를 정화하는 시간입니다. 면역력을 강화시키는 시간입니다. 자신이 하나님의 나라 성전이 되는 시간입니다. 예수를 믿는 성도가 하는 기도는 세상 사람들이 하는 기도와 다릅니다. 자신이 매일 철야하며 기도하고 새벽기도를 해도 하늘나라 성전이 되지 못하고 면역력이 약한 것은 세상적인 기도를 하기 때문입니다. 예수를 믿는 성도가 하는 기도는 다음과 같은 원칙을 가지고 해야 하늘나라 천국이 되는 것입니다.

1. 기도를 성령으로 해야 한다. 하나님은 기도를 성령으로 하라고 하십니다. 성령으로 기도해야 영이신 하나님과 교통할 수가 있기 때문입니다. 기도의 대상이 하나님이시기 때문입니다. 크리스천의 기도는 참으로 중요합니다. 기도를 통하여 모든 영성활동이 좌우되기 때문입니다. 필자가 그동안 성령사역을 하

면서 체험한 바로는 크리스천들이 기도를 바르게 하지 못한다는 것입니다. 또, 기도에 대하여 관심을 갖지도 않는 것이 보통입니다. 이유는 자신은 지금 기도하고 있기 때문이라는 것이지요. 이러한 생각 때문에 기도한 만큼 전인적인 변화가 있어야 하는데 그러하지 못하다는 것입니다. 이는 이성적으로 자신만 알아주는 기도를 하기 때문입니다. 기도는 온몸으로 해야 합니다. 온몸으로 하는 기도가 될 때 기도하면서 마음의 상처를 치유하며 육체적이고 정신적인 질병을 치유할 수가 있습니다.

그럼 어떡해야 온몸으로 기도할 수 있습니까? 목으로 생각으로 말로 기도하지 말고 성령으로 기도해야 합니다. 물론 기도의 시작은 자신이 해야 합니다. 온몸 기도할 때 주의해야 할 것은 생각이나 머리나 목에서 올라오는 소리로 기도하지 말라는 것입니다. 배꼽 아래 15센티에 의식을 두고 아랫배에다가 힘을 주고 들이쉬고 힘을 빼고 내쉬면서 기도하는 습관을 들이는 것입니다. 배에서 올라오는 소리로 기도하라는 것입니다. 이것이 제일 중요한 것입니다. 이렇게 하다가 보면 자연스럽게 온몸으로 기도하게 되어 기도하면 할수록 귀신이 쫓겨나가고, 전인격이 치유가 되고, 면역력은 강화되고, 성령의 권능은 강해지고, 예수님의 성품으로 변화를 체험할 것입니다.

육적으로는 심장이 튼튼해집니다. 장이 건강해집니다. 언어가 배속에서 올라옴으로 말을 많이 해도 성대가 상하지 않습니다. 성령의 권능, 영력이 강해지는 것입니다. 면역력이 강해지는 것입니다. 온몸으로 기도하는 비결은 차차 이 책을 읽어가면서 자동으로 터득하게 될 것입니다. 제일 중요한 것은 지금까지 기도하는 습관으로 기도하지 않는 것입니다. 빨리 잘못된 기도의 습관을 바꾸려고 의지적인 노력을 해야 기도한 만큼 영육의 변화를 체험하게 될 것입니다. 자신의 기도를 정확히 분별하여 하나님의 보좌와 연결되는 기도를 해야 합니다.

기도가 바뀌어야 합니다. 무조건 많이 한다고 잘하는 기도가 아닙니다. 성령으로 바르게 해야 합니다. 기도가 바르지 못하니까, 10년 동안 믿음 생활을 해도 변화되지 않는 것입니다. 영육의 치유를 체험하지 못하는 것입니다. 성령으로 바르게 기도를 하면 변화되지 말라고 해도 변화될 수밖에 없습니다. 왜 30년 동안 열과 성의를 다하여 믿음생활을 열심히 하고, 천일을 철야하고, 영육의 문제 해결을 받으려고 10년 이상 30군데 이상을 다니고, 정신적이고 육적이고 영적인 질병을 치유 받으려고 성령의 역사가 강하다는 30군데를 교회를 15년 동안 다니고, 권능을 받으려고 20년을 성령 사역하는 곳을 다녀도 변화가 없고 치유되지 않고 능력이 나타나지 않는 것일까요? 기도를 바르게 하지 못하기 때문입니다. 온몸으로 기도하지 않기 때문입니다. 교회나 성령 사역하는 곳에 가서 말씀 듣고 기도합시다. 하면 자신이 지금까지 하던 식으로 기도를 하기 때문입니다.

이렇게 기도하니 성령의 역사가 자신 안에서 일어나지 않기 때문에 변화가 일어나지 않는 것입니다. 성령의 역사가 자신 안에서 일어나야 치유도 되고 능력도 나타나고 문제도 해결이 되는 것입니다. 이를 방지하기 위하여 우리 충만한 교회같이 기도할 때 담임목사가 돌아다니면서 기도를 교정하여 성령의 역사가 성도의 마음 안에서 일어나게 해야 합니다. 성도의 마음 안에 있는 성전에서 분출되는 기도가 되도록 안수하면서 교정하여 주어야 합니다. 자기가 종전에 하던 습관적인 기도를 몇 시간씩 해도 변화되지 못합니다. 자신 안에 있는 상처가 습관적인 기도에 적응이 되어있기 때문입니다. 기도를 바꾸지 않으면 절대로 귀신을 쫓아내고 마음의 상처를 치유하고 변화를 체험하지 못합니다. 그래서 모든 크리스천은 기도를 클리닉 해보아야 합니다. 이렇게 성령으로 기도하면 귀신이 떠나가지 말라고 해도 떠나가고, 마음의 상처가 치유되지 말라고 해도 치유가 되고, 면역력이 강화되지 말라고 해도 강화되고, 전인격이 변화되지 말라고 해도 변화가 되는 것입니다. 성령께서 하십니다.

2. 기도하는 장소를 바르게 해야 한다. 필자가 어느 날 새벽에 기도하니까, 성령하나님께서 이렇게 감동하시는 것입니다. "왜 무당들이 유명한 산에 올라가 장구치고 북치고 하면서 기도하는지 알고 있느냐" 잠시 생각을 해보니까, 유명한 산에 역사하는 산신령을 접신 받으려고 유명한 산을 찾아 기도한다는 생각이 떠올랐습니다. 그래서 "산에 역사하는 산귀신을 접신 받으려고 산에 가서 기도하는 것입니다." 했더니 성령께서 "그

렇다. 산에 역사하는 강한 산신령을 접신 받으려고 산에 가서 기도하는 것이다." 이렇게 감동하시는 것입니다.

"그러면 너는 어디에서 기도해야 하느냐?" '예! 하나님께서 제 마음 안에 주인으로 계시니까 마음 안에 관심을 집중하고 하나님을 부르며 온몸으로 기도해야 합니다.' "맞는 말이다. 이 사실을 목회자들이나 성도들에게 알려주어 기도 장소의 개념을 바르게 알고 기도하도록 하라"고 말씀하셨습니다. 크리스천은 기도는 성전된 자신의 마음 안에 주인으로 계시는 하나님께 집중하여 기도하게 하라는 것입니다. 기도는 자신 안에 계신 하나님께 기도하시기를 바랍니다. 우리 성도들의 의식이 기도하려면 "기도원가야 한다. 산에 가야한다. 교회에 가야한다." 로 고정되어 있기 때문에 자신의 마음 안에 관심을 두지 않습니다.

자신의 마음 안에 관심을 두지 않기 때문에 예수를 믿으면서도 변화되지 못하는 것입니다. 그렇다고 교회예배당이나 기도원에 가서 기도하지 말라는 말로 이해하면 안 됩니다. 교회에 가서 기도에 대하여 바르게 배우고 바르게 온몸으로 해야 합니다. 교회에 가서 성령으로 세례도 받아야 합니다. 필자는 자신 안에 계신 하나님께 관심을 가지고 기도하라는 것입니다.

기도는 자신 안에 계신 하나님께 기도하여 자신이 하나님의 입장이 되어 자신이 하나님의 길을 제대로 따라가고 있는지, 바르게 가고 있는지, 돌아가고 있는지를 보는 것입니다. 그리고 자신 앞에 있는 문제를 하나님께 기도하여 하나님의 해결 방법을 알아내는 것입니다. 그리고 알려주신 해결방법대로 순종하기 위해서 기도하는 것입니다. 기도는 하나님께 무엇을 얻어내려고 하는 것이 절대로 아닙니다. 자신의 상처를 치유하고, 성령으로 충만하며, 하나님과 대화하기 위하여 기도하는 것입니다.

지친 영혼의 쉼을 얻기 위하여 기도하는 것입니다. 기도는 영-혼-육이 쉼을 얻는 시간이라고 생각하며 성령으로 해야 합니다. 기도가 노동이 되면 안 됩니다. 이 중요한 기도가 잘못되면 먼저 영혼이 만족을 누리지 못하는 것입니다. 다음은 혼이 만족을 누리지 못하니 정신이 안정되지 못하고 산란한 것입니다. 따라서 몸속 잠재의식에 상처 스트레스가 쌓여서 예수를 믿으면서도 세상 사람들과 똑 같은 영육간의 고통을 당하고 사는 것입니다. 이러한 경우를 세상 한의학에서는 몸에 독이 싸여있다고 합니다. 사람의 몸에 독이 싸이는 원인 제공자는 스트레스, 환경의 영향, 음식이라고 합니다. 독소가 증상별로 1단계부터 6단계까지 나눠집니다. 독소의 1~2단계에서 주로 느끼는 것이 만성피로와 어깨 결림입니다. 아마 현대인이라면 다 있을 것입니다. 해독이 필요한 가장 초기단계의 증상입니다. 독소 1~2단계를 방치해서 3~4단계로 진행되면 몸이 붓듯이 살이 찝니다. 물만 먹어도 자꾸 살이 찝니다. 그리고 배설, 소화가 잘 안 됩니다. 비오는 날에 몸이 쑤시고 아픕니다. 5~6단계의 경우 중증질환이 되는 경우가 많은데 5단계 이상에서는 각종 병원검사 수치상에도 이상이 나타납니다. 제일 애매한 분들이 4단계 환자들이라고 합니다. 이렇게 되는데 상당히 많은 시간이 걸린 것입니다. 자신이 자각적으로 느끼는 통증이나 불편은 대단히 많은데 병원에 가면 이상이 없다고 하고 일반 병원이나 한의원에 가도 부분적인 통증치료나 증상환화 치료만 받는 경우가 많습니다. 세상에서 근본적인 해독을 통해서 몸이 좀 더 한 단계 업그레이드되는 방법을 찾기가 대단히 쉽지 않습니다. 몸속의 독소는 잠재의식에 쌓여있기 때문에 인간방법으로는 해결이 불가능 합니다. 반드시 성령으로 온몸 기도하며 성령의 지배를 받아야 치유됩니다.

우리는 예수를 믿음으로 치유받기가 쉽습니다. 먼저 성령으로 세례를 받아야 합니다. 마음을 열고 성령으로 온몸 기도를 해야 잠재의식에 형성된 독소가 배출되고 치유되는 것입니다. 상처를 치유하는데 이성적인 치유가 아니라 성령의 역사로 잠재의식의 치유를 받아야 합니다. 마음의 무의식 치유도 기도가 바르게 되어야 성령으로 충만 되어 상처가 치유되는 것입니다.

3. 성령으로 기도하라는 것입니다. 성령께서 감동하시고 인도하시는 대로 기도하라는 것입니다. 우리에게 자의적인 기도를 하는 습관이 있습니다. 자의적인 기도란 내 생각대로, 내 욕심대로, 내 마음대로 기도하는 것을 말하는 것입니다. 성령으로 기도하라는 것은 내 영이 성령 안에 잠긴 것처럼 성령이 그 영성과 지성과 감성을 따라서 기도하는 것, 그것이 바로 우리가 지향하는 이상적인 성령으로 하는 기도입니다. 예를 들어서 설

명 드립니다.

　이미 세월이 지나서 다 잊어버리셨겠지만, 부모님들이 어린 자녀들을 키울 때, 자녀들이 막 글자를 깨우쳐 갈 나이일 때 글씨 쓰는 법을 가르쳐 주지 않습니까? 그때 어떻게 가르쳐 주셨어요? 아이가 글자를 삐뚤삐뚤 쓰니까 엄마나 아빠가 아이를 품안에 안고 아이의 작은 손을 내가 손으로 잡고 연필을 쥔 아이의 손을, 내가 붙잡아서 글자를 써갑니다. 마찬가지로 기도할 줄 모르는 우리들의 마음을 열게 하시고 성령께서 안으시고 품으시고, 나의 작은 손을 그 권능의 손으로 붙드셔서 내게 기도하는 법을 가르쳐 주신다는 것입니다. 부모가 어린자녀든 장성한 자녀든 자녀를 위해서 밤낮 기도하듯이 성령께서 우리에게 오셔서 나는 의식도 하지 못하는데, 나는 느끼지도 못하는 사이에 나를 위하여 말할 수 없는 탄식으로, 그 많으신 성령의 사랑의 생각을 갖고서, 하나님의 뜻에서 합치된 방향으로 나를 위하여 기도하고 계시는데 내가 그것을 깨닫고 성령의 인도를 따라 기도하는 것이 바로 성령 안에서 기도하는 것입니다.

　그것이 그토록 중요한 이유는 우리가 성령 안에서 기도하게 되면, 우리가 중언부언 하는 기도는 하지 못하죠. 여전히 우리는 내 짧은 욕심이 들러붙은 그런 마음의 손을 가지고 기도를 하는데, 우리가 점차적으로 성령 안에서 변화를 받게 되면, 우리가 마음속에 품게 되는 소원과 우리가 하나님께 아뢰는 기도의 제목들이 하나님의 뜻에 합치되는 방향으로 내 그 기도가 바꿘다는 것입니다. "이와 같이 성령도 우리의 연약함을 도우시나니 우리는 마땅히 기도할 바를 알지 못하나 오직 성령이 말할 수 없는 탄식으로 우리를 위하여 친히 간구하시느니라." 우리의 기도가 성령 안에서 온몸으로 드려지게 되면 우리가 간구하는 것이 하나님의 뜻에 맞게 되니까 하나님께서 하나님의 뜻을 이루어주시지 않겠습니까?

로마서 8장 28절에 보면 "우리가 알거니와 하나님을 사랑하는자 곧 그 뜻대로 부르심을 입은 자들에게는 모든 것이 합력하여 선을 이루느니라." 하셨습니다. 우리 기도가 성령 안에서 드려지는 기도, 우리의 뜻이 하나님의 뜻에 합치되는 방향으로 변화 받게 되면, 우리가 기도하는 바를 하나님이 응답해 주실 뿐만 아니라, 우리에게 둘러싼 삶의 환경을 하나님께서 절대주관 가운데 품으시고, 붙드시고, 변경하시고, 조정하셔서 모든 것들을 합력하여 선을 이루게 해 주신다는 겁니다. 그러니까 로마서 8장 28절에 '성도의 모든 것을 합력하여 선을 이루신다'는 구절은, 문맥상 26절과 연결해서 해석할 때, 성령 안에서 기도하는 성도에게, 모든 것이 합력해서 선이 이루어진다는 뜻입니다. 즉 28절의 '성도의 모든 것이 합력해서 선을 이루는' 은총은 26절의 성령 안에서 기도하며 살아가는 자에게 주어지는 축복입니다. 시편 37편 4절 말씀에도 "또 여호와를 기뻐하라. 저가 내 마음의 소원을 이루어 주시리로다."라고 하셨습니다.

우리 기도가 성령 안에서 기도하는 것으로 점차로 바뀌어서 우리가 성령 안에서 하나님을 기뻐하며 살아가게 될 때, 성령님께서 우리 마음속 안에 있는 모든 소원들을 아시고 헤아리시고 살피셔서, 우리로 하여금 하나님께 기도드려서 그 소원들을 다 이루게 해주시기 때문에 성령 안에서 기도하는 것이 그토록 중요합니다. 성령의 영성과 지성과 감성에 내가 편입되어서 내가 그 의미를 다 모르고 기도하는 사이에도 내가 성령 안에서 기도하는 것으로, 나의 기도가 바뀔 수가 있습니다.

4.하늘나라가 되는 온몸 기도에 들어가는 방법. 온몸기도를 성령의 이끌림을 받아 하다가 보면 지금 살아서 하나님의 나라 천국을 느끼고 체험하는 것입니다. 이 세상을 하직한 다음에 하늘나라가 되는 것이 아닙니다. 지금 몸과 마음이 하늘나라 천국이 되어야 합니다. 온몸으로 기도하면 마음의 상처와 스트레스가 정화되고 영-혼-육체에 역사하는 불안전요소들이 치유가 됩니다. 성령님이 온전하게 전인격을 지배하시게 됩니다. 성령님이 지배하시니 몸과 마음으로 느끼고 체험하는 하나님의 나라가 되는 것입니다. 찬송가 438장에 보면 "내 영혼이 은총 입어 중한 죄 짐 벗고 보니 슬픔 많은 이 세상도 천국으로 화하도다. 할렐루야 찬양하세 내 모든 죄 사함 받고 주 예수와 동행하니 그 어디나 하늘나라"

"주의 얼굴 뵙기 전에 멀리 뵈던 하늘나라 내 맘 속에 이뤄지니 날로날로 가깝도다. 할렐루야 찬양하세 내 모든 죄 사함 받고 주 예수와 동행하니 그 어디나 하늘나라"

"높은 산이 거친 들이 초막이나 궁궐이나 내 주 예수 모신 곳이 그 어디나 하늘나라 할렐루야 찬양하세 내 모든 죄 사함 받고 주 예수와 동행하니 그 어디나 하늘나라"가 지금 생명이 살아서 숨쉬며 몸으로 마음으로 느끼고 체험하게 되는 것입니다. 성도들이 바르게 알아야 할 것은 지금 살아있을 때 마음이 천국이 되어야 한다는 것입니다. 성령으로 온몸기도가 되어야 지금 천국을 누리면서 상처와 스트레스를 치유하며 영력과 면역력이 강하게 됩니다. 자신이 예수님을 믿을 때 죽었고 다시 예수님으로 태어났기 때문입니다. 천국이신 예수님이 자신의 주인으로 계시니 지금 천국이 되는 것입니다. "하나님의 나라는 너희 안에 있느니라"(눅17:21). 지금 자신 안에 천국이 있습니다.

필자는 내적치유를 일 년을 받고 온몸으로 하는 깊은 기도 훈련을 받았습니다. 온몸으로 하는 기도에 대한 이론을 숙지하고 직접 온몸기도를 숙달하는 개인 훈련을 약 7개월 동안 주야 불문하고 마치 미친 사람같이 예수님을 부르면서 마음으로 기도를 하고 다녔습니다. 그러다가 숙달하게 되었습니다. 온몸으로 기도하다가 영적인 상태에 들어가는 것은 노력과 수고가 있어야 합니다. 체험은 수고의 대가로 주어지는 것입니다. 성도나 목회자가 영적으로 바꾸어지는 것이 그렇게 대충 쉽게 되는 것이 아닙니다. 많은 목회자 분들이 대충해서 변화되고 능력을 받으려고 하는데 마음부터 바꾸어 먹어야 합니다. 꼭 내 것으로 만들겠다는 의지와 노력이 필요합니다. 온몸기도를 하여 영적인 상태에 들어가면 이런 현상이 나타납니다.

마음속에서 성령의 불이 올라오는 것을 느낍니다. 얼굴이 성령의 불로 화끈 거리기도 합니다. 손에서 성령의 불이 나오는 것을 느끼기도 합니다. 그러면서 마음에 참 평안이 찾아옵니다. 자는 것도 아니고, 그렇다고 쉬는 것도 아닌 몽롱하고 황홀한 현상이 찾아옵니다. 너무너무 평안해집니다. 하나님의 나라 천국이 몸과 마음으로 느껴집니다. 그러면서 온몸을 성령께서 만져주십니다. 뭉친 근육도 풀어주시고, 어깨도 만져주시고, 목덜미도 만져주시고, 관절과 관절 사이의 아드레날린도 풀어주시고, 허리 디스크 어긋난 곳도 허리를 돌리면서 흔들어 맞추어 주시고, 막힌 영의 통로도 뚫어 주시면서 제체기도 하게 하시고, 하품도 나오게 하시고, 입에서는 계속 성령의 불이 나오고, 얼굴은 성령의 불로 화끈 거리고, 몸은 가누지를 잘못합니다.

그러니까, 잘 모르는 성도는 목사님이 기도는 안하시고 주무신다고 할 정도로 몸이 가누기가 힘듭니다. 좌우지간 무아지경에 빠지게 됩니다. 살아서 하늘나라 천국을 온 몸과 마음으로 느끼고 체험합니다. 이렇게 깊은 임재에 들어가 있을 때 누가 자나가면서 좋지 못한 말을 하는 것 까지 다 느낍니다. 예를 들어 우리 사모가 저 양반 기도 한다더니 자고 있고만, 하는 사모의 생각까지 감지하게 됩니다. 이러한 현상을 말로 표현한다는 것이 좀 그렇습니다. 어찌하든지 체험해 보면 이해하게 됩니다. 그러면서 성품이 변하고 세상 욕심이 없어지고 영육의 건강이 회복됩니다. 그러므로 온몸으로 영적인 상태에 들어가는 기도를 하면 영육의 건강에도 무척 도움이 됩니다. 성령의 인도를 받으면서 온몸기도를 숙달하여 보시기를 바랍니다. 그러면 길게 설명을 하지 않아도 성령 안에서 온몸기도하면 하늘나라 천국을 몸과 마음으로 느끼고 체험한다는 것이 믿어질 것입니다.

결론적으로 성령의 이끌림을 받으면서 온몸 기도하는 이유는 지금 생명이 살아있으면서 숨을 정상으로 쉬면서 자신의 전인격이 천국이 되게 하기 위함입니다. 하나님의 나라 천국이 되니까, 무의식의 상처와 스트레스가 정화되고 영-혼-육의 질병들이 치유됩니다. 자연스럽게 권능과 면역력이 강해지는 것입니다. 반드시 온몸기도를 하되 성령의 지배와 인도를 받으면서 해야 자신의 전인격이 하나님의 나라 천국이 되는 것입니다.

충만한 교회에서는 매주 사전 전화(02-3474-0675) 예약하여 개별 집중기도 내적치유 시간이 있습니다. 대상자는 온몸기도로 면역력을 강화하실 분/ 여기서도 저기서도 치유와 능력을 받지 못한 분/ 병원에서 포기한 질병을 치유 받을 분/ 코로나19 후유증으로 고생하는 분/ 방언기도를 포함한 성령의 은사와 권능을 단기간에 받고 싶은 분/ 마음이 불안하고 두려워서 고통 하는 분/ 불치병, 귀신역사를 빨리 치유 받을 분/ 목, 허리디스크, 허리어깨통증, 근육통, 온몸이 아프고 무거움에서 치유해방 받고 싶은 분/ 자녀나 본인의 우울증, 공황장애, 조울증, 불면증을 빨리 치유 받을 분/ 가슴이 답답하고 기도하기가 힘이 드는 분/ 생업과 목회로 영육의 탈진에 빠져서 고통당하시는 분/ 성령의 불세례를 체험하고 싶은 분/ 최단기간에 성령치유 능력 받고 싶은 분이 참석하시면 쉽게 단 기간에 만족한 효과를 거둘 것입니다.

2부 성령의 권능이 강해지는 온몸기도 방법

6장 성령의 권능이 강해지는 기도를 하라

(눅 11:1)"예수께서 한 곳에서 기도하시고 마치시매
제자 중 하나가 여짜오되 주여! 요한이 자기 제자들에게
기도를 가르친 것과 같이 우리에게도 가르쳐 주옵소서"

왜 성령으로 온몸 기도하면 면역력이 강화될까요? 면역력이
떨어지고 건강이 나빠지는 것은 상처 스트레스라고 합니다. 상
처 스트레스를 사람의 방법으로 해결할 수가 없습니다. 세상
약도 상처 스트레스를 해소하는 약은 없습니다. 그래서 세상
의학에서 말하기를 면역력을 강화하려면 상처 스트레스를 받
지 말아야 한다고 합니다. 상처 스르레스를 받지 않고 살수가
없습니다. 상처 스트레스를 해소하고 면역력을 높이기 위하여
①마음을 편안하게 해야 합니다. ②잠을 충분하고 깊게 자야합
니다. ③잘 먹어야 합니다. ④몸을 움직여야 한다고 말합니다.
이것이 보통 세상에서 말하는 면역력을 높이는 방법입니다.

그러면 왜 성령으로 온몸 기도하면 면역력이 강화되는지 조
금은 깨달을 수가 있을 것입니다. 면역력을 강화하려면 상처
스트레스를 받지 말아야 합니다. 상처 스트레스를 받았더라도
그때그때 해소해야 합니다. 사람이 상처 스트레스를 받으면 교
감신경이 강화됩니다. 교감신경이 강화되면 인체 리듬이 깨어

지기 때문에 면역력이 약화되는 것입니다. 면역력을 강화하기 위하여 부교감신경을 강화해야 하는데 부교감 신경이 강화되는 것은 하나님께서 사람을 창조한 당시로 돌아가는 것입니다.

하나님께서 사람을 창조한 당시 에덴동산으로 돌아가면 마음이 안정이 되면서 마음이 천국이 되면서 부교감 신경이 강화되는 것입니다. 앞에서 면역력을 강화하기 위하여 ①마음을 편안하게 해야 합니다. ②잠을 충분하고 깊게 자야합니다. ③잘 먹어야 합니다. ④몸을 움직여야 한다고 말합니다. 기도를 성령으로 하면 하나님께서 사람을 창조한 당시로 돌아가는 것입니다. 이렇게 되면 세상에서 말하는 면역력을 강화하는 적극적인 방법이 되는 것입니다. 기도를 무조건 많이 한다는 것이 아니고 반드시 성령으로 온몸 기도를 해야 면역력이 강화되는 것입니다. 기도를 하면 할수록 영-혼-육체가 하나님의 나라 천국이 됨으로 자신도 모르게 받았던 상처와 스트레스가 정화되면서 성령의 권능과 면역력이 강화되어 건강한 사람이 되는 것입니다.

성도들은 온몸 기도를 통하여 자신을 다스리는 주체가 자신에게서 주님에게로 옮겨가게 됩니다. 내 자신이 점점 작아지며, 주님이 점점 내 안에서 커지게 됩니다. 이것이 '내가 주안에'의 의미입니다. 이렇게 되면 성령님에 취해서, 성령님으로부터 에너지를 공급받아서 믿음 생활과 세상에서 일을 할 수 있습니다. 이러한 온몸 기도가 모든 것의 기본입니다. 온몸 기도를 통하여 내외적 치유가 되고, 믿음생활과 살아가는 것이 행복하고 재미있게 됩니다. 온몸 기도를 하면 특별한 내적 치유가 필요 없게 됩니다. 은사가 흘러나오고, 성령의 기름부음이 임하게 됩니다. 물질까지도 풍성하게 됩니다. 삶의 에너지가 흘러넘치게 되는 것입니다. 다만 의지를 가지고 끝장 보는 기도를 하겠다고 다짐해야 합니다.

의지가 중요합니다. 이 기도는 인내력이 강한 사람이 할 수 있는 기도입니다. 절대로 쉽게 되지 않습니다. 쉽게 되지 않는다고 중간에 포기하지 말고 자꾸 하다가 보면 자신도 모르는 사이에 숙달이 되어 기도할 때 성령의 불이 임하고, 마음에서 성령의 불이 올라오는 온몸 기도가 될 것입니다. 성령으로 충만하여 영으로 온몸 기도를 하여 성령의 불이 임하고, 성령의 불이 마음에서 올라오는 온몸 기도를 하시기를 바랍니다.

그런데 왜 온몸으로 기도가 되지 않고 기도를 해도 마음의 상처와 스트레스가 치유되어 정화되지 않고 영력과 면역력이 강화되지 않을까요? 온몸 기도가 되지 않기 때문입니다. 하나님께서는 성도들의 마음의 상처를 치유하여 주시기를 소원하십니다. 그런데도 마음의 상처가 치유되지 않는 원인이 무엇일까요? 원인이 없는 문제는 없기 때문에 반드시 마음의 상처가 치유되고 스트레스가 정화되지 않아 영력과 면역력이 약한 것입니다. 자신이 영력과 면역력을 강화하고 천국이 되려고 노력을 하는데 마음대로 되지 않는 것은 다음과 같은 원인이 있습니다.

1. 성령안에서 온몸기도를 하지 못하기 때문입니다.

기도는 아무렇게나 하는 것이 아닙니다. 성령 안에서 온몸으로 해야 합니다. 많은 성도들이 자신이 기도를 열심히 하고 있으니 기도에 대한 관심을 갖지 않는 것이 보통입니다. 기도에 대하여 바르게 알아야 합니다. 많은 성도들이 문제가 있으면 무조건 기도하면 상처가 치유되고 문제가 풀어지는 줄로 알고 있습니다. 무조건 해달라고 갈구하는 기도는 자신이 기도하는 것입니다. 분명하게 성도는 예수를 믿을 때 죽었고, 예수님으로 다시 태어나 예수님의 인생을 사는 것입니다. 이제 다시 사신 예수님께서 자신을 통하여 기도해야 합니다. 물론 처음은 자신이 마음을 열고 말로 소리 내어 기도하려고 애를 써야 합니다. 그래야 성령께서 역사하시기 시작하기 때문입니다.

마음이 열리지 않으면 처음부터 성령께서 기도를 이끌어가지 못합니다. 자신이 주여! 주여! 하면서 마음을 열어야 비로소 성령께서 기도를 이끌어 가시는 것입니다. 방언기도도 자신이 마음을 열고 소리 내어 기도를 할 때 방언기도가 터지는 것입니다. 마음을 닫고 입을 열어 소리 내지 않고 가만히 있으면 절대로 방언기도가 열리지 않습니다. 이렇게 시간이 지나면 자신이 기도하는 것이 아니라 성령으로 기도하는 것입니다. 성령으로 기도하여 영의 상태가 되어야 내적인 상처도 치유되고, 귀신도 떠나가고, 불치병도 고쳐지고, 문제도 해결되고, 권능도 면역력도 강해지고 하나님의 계시도 들을 수가 있는 것입니다.

성령으로 기도하는 것은 성령의 지배가운데 성령 안에서 기도하는 것을 말합니다. 마음으로 기도하여 마음의 문이 열리면 온몸으로 기도하게 되는 것입니다. 온몸으로 기도하는 것이 성령으로 기도하는 것입니다. 그렇기 때문에 먼저 마음의 문을 열어야 온몸으로 기도할 수가 있는 것입니다. 마음의 상처는 무의식에 쌓여있습니다. 무의식의 상처는 자신의 노력으로 인간적으로 돌무더기 앞에서 빌며 기도하는 식으로 열심 있게 기도하면 상처는 치유될 수가 없습니다. 반드시 성령으로 자신의 영 안에서 올라오는 기도를 해야 무의식의 상처가 치유되는 것입니다. 상처 뒤에는 4차원의 초인적인 귀신이 역사하고 있기 때문입니다. 인간적인 기도는 3차원입니다. 그래서 인간적인 기도에 4차원의 귀신이 꼼짝하지 않는 것입니다. 성령으로 기도해야 5차원의 초자연적인 상태가 되니 무의식의 상처가 치유되고 귀신이 떠나가는 것입니다. 기도가 바르지 못하면 절대로 상처는 치유되지 못하여 면역력이 약해지는 것입니다.

2. 주변 사람을 의식하기 때문입니다. 앞에서 상처는 무의식에 쌓여있고 상처 뒤에는 4차원의 초인적인 존재가 있다고 말씀드렸습니다. 그렇기 때문에 자신의 의식이 살아서 주변 사람을 의식하는 상태에서는 무의식의 상처가 치유될 수가 없는 것입니다. 주변 사람을 의식한다는 것은 내가 이렇게 울면서 소리를 내면서 눈물 코물을 흘리면서 악을 쓰면서 기도하면 주변 사람들이 나를 이상한 사람으로 보지 않을까, 하는 생각을 따르는 인간적인 기도를 한다면 3차원의 인간적인 상태가 되기 때문에 4차원의 무의식의 상처가 치유되지 못하는 것입니다.

제일 문제가 되는 것이 부부간에 치유받기 위하여 같이 온

경우입니다. 성령의 역사가 일어나 울고불고 눈물 코물을 흘리면서 악을 쓰면서 기도하게 되면 남편이나 부인이 속으로 저것이 저렇게 상처가 많이 있었기 때문에 혈기를 잘 내고 성격이 좋지 못했구나. 하면서 자신은 약점을 잡히지 않으려고 마음의 문을 꼭 닫고 점잖게 기도하는 것입니다. 절대로 무의식의 상처가 치유될 수가 없습니다.

그래서 필자는 부부간에는 멀리 떨어져서 기도하라고 합니다. 그 다음은 부모가 자녀를 데리고 와서 치유를 받으려는 경우입니다. 우리가 알아야 할 것은 자녀들이 마음상처로 문제가 생기는 것은 대부분이 부모에게 받은 상처 때문입니다. 자녀를 성령께서 장악하시면 부모에게 받은 상처를 말할 수가 있습니다. 혈기나 분노를 발할 수도 있습니다. 악을 쓰면서 기도할 수도 있습니다. 그러면 부모가 야~ 너를 내가 어떻게 길렀는데 그렇게 소리를 지르면서 기도할 수가 있어…. 그러는 경우가 다반사입니다. 이렇게 되면 자녀가 마음의 문을 닫아 버리기 때문에 무의식이 치유되지 못하는 것입니다. 마음이 열려야 성령의 역사로 무의식이 치유됩니다.

또 자녀가 치유를 받고 집에 와서 부모에게 좋지 못한 행동을 하면 치유기관 대표에게 전화를 해가지고 대관절 어찌했기에 아이가 더 나빠졌느냐고…. 우리 아이는 평소에 말대꾸 한 번도 하지 않고 자랐는데 거기 가서 잘 못되었다고 따집니다. 자녀에게도 질책을 합니다. 이러면 자녀가 마음의 문을 닫기 때문에 무의식을 치유할 수가 없습니다. 이는 이렇게 넓게 생각해야 자녀를 치유할 수가 있습니다. 자녀가 마음을 열고 기도하니 성령께서 역사하셔서 무의식에 쌓인 상처가 드러난 것입니다. 상처치유를 받다가 보면 더 나빠지는 경우가 다반사입니다. 상처가 의식 위로 드러났기 때문입니다. 드러난 상처는 치유되려고 드러났으니 조금만 인내하면 모두 떠나갑니다. 잠시 잠간 하루 이틀만 기다리면 자녀의 무의식이 치유되니 평안해집니다. 유순해집니다. 절대로 잘못된 것이 아닙니다. 조급하지 말고 기다리면 성령의 역사로 치유가 됩니다.

3. 인간적인 방법으로 치유하려고 하기 때문입니다.

인간적인 방법이란 어떤 곳에서 하는 식으로 페티 병을 두들기면서 한다든지, 구룹별로 모여서 상처에 대하여 토론을 하면서 치유하려고 하는 것입니다. 이는 상처가 있다는 것을 알아낼 수가 있을지 몰라도 치유는 불가능 합니다. 이런 구룹토의 하면서 기절을 하는 사람도 있습니다. 드러난 상처를 밖으로 배출하지 않았기 때문에 과정을 끝내고 돌아와서 불면증이나 우울증이나 마음의 불안으로 고통을 당하다가 우리 충만한교회 오셔서 치유 받고 가시는 분도 있습니다. 상처를 의식위로 드러냈으면 반드시 밖으로 배출해야 전인격이 온전해지는 것입니다. 그래서 마음의 상처 치유는 사람의 인간적인 방법이나 기교로는 치유할 수가 없습니다. 반드시 성령의 역사가 무의식보다 깊은 곳에서 일어나 상처를 보게 하고 마음을 여니 성령께서 밖으로 배출하는 것입니다. 5차원의 초자연적인 성령의 역사가 일어나야 무의식의 상처가 치유되는 것입니다.

4. 단기간에 치유 받으려는 욕심 때문입니다.

마음의 상처는 마음 안의 무의식에 쌓여있어서 의식위로 드러내어 치유하는 일에도 상당한 기간이 걸립니다. 치유 받은 후에 면역력을 기르는데도 시간이 걸리는 일입니다. 그런데 내적치유 집회 몇 번 참석하고, 축사 몇 번 받아서 치유 받으려는 분들이 많습니다. 조금 편안해지면 그만 자신의 관리를 등한히 하는 분들이 있습니다. 병원에서도 수술을 한 다음에 몇 년을 관리합니다. 지속적인 치유와 자기 관리를 해야 마음상처로부터 자유 함을 누릴 수가 있습니다.

마음의 상처와 스트레스로 발생한 질병을 치유하려면 성령으로 충만하여 하나님의 나라 성전이 되어야 치료가 가능한 것입니다. 그렇다고 세상 약을 먹지 말라는 것으로 받아드리지 말고 담당 의사가 처방한 약을 먹으면서 성령으로 마음으로 온몸으로 기도하면서 하나님의 나라 성전이 되게 하면 아무리 불치의 질병이라고 할지라도 치유가 되는 것입니다. 이는 **"불치질병 이리하면 완치된다."** 책을 읽으시면 깨닫게 됩니다. 필자가 병원에 능력전도 다니면서 체험한 것은 병원 약을 먹으면서 온몸으로 기도하니 더 빨리 질병이 치유되었습니다.

질병이 자신에게 나타났다면 며칠 몇 개월 만에 생인 것이 아닙니다. 당뇨를 예를 든다면 당뇨라고 진단을 받게 되면 전문 의사들의 말에 의하면 적어도 5-10년이 경과된 상태라는 것입니다. 즉 5-10년 전부터 자기 몸에서 당뇨병의 증상들이 자라고 있었는데 모르고 지났다는 것입니다. 그렇기 때문에 치유를 하는데 자신의 생각과 같이 몇 달 만에 치유되지 않는 다는 것입니다. 이유는 자신의 전인격과 췌장을 건강할 때로 만들기 위하여 최대 5-10년이 걸릴 수가 있다는 것입니다.

　영적-정신적-육체적인 문제도 마찬가지입니다. 예수님을 믿고 죽고, 예수님으로 다시 태어나 살아간다고 하더라도 적어도 5-10년 전부터 자신의 무의식에 상처와 스트레스가 누적되기 시작하여 지금의 상태가 된 것입니다. 그렇기 때문에 완천치유하려면 5-10년의 절반 3-6년이 되어야 온전한 하나님의 나라 성전이 될 수가 있는 것입니다. 자신의 성격대로 빨리 빨리가 아니라, 하나님의 시간표에 맞추고 성령님을 따라서 느긋해야 합니다. 이사야서 11장 6-9절을 성령의 지배가운데 묵상하여 보시기를 바랍니다. 하나님의 나라 평안의 나라는 모두 평안한 상태입니다. 이는 마음의 상태를 말하는 것입니다. 즉 상처와 스트레스를 받지도 않고 쌓이지도 않는 다는 것입니다. 말씀에 나오는 상태는 하나님의 나라가 된 것입니다. 그렇기 때문에 하나님께서 세상을 창조하여 아담에게 지키고 누리라고 주신 에덴동산의 상태입니다. 자신의 전인격을 성령님이 지배하시는 하나님의 나라가 되었다는 것입니다.

5. 성령으로 세례를 받지 못했기 때문입니다.

　마음의 상처를 치유 받으려면 먼저 성령으로 세례를 받는 것이 필수입니다. 성령으로 세례를 받는 다는 것은 예수님을 믿을 때 마음 안에 오신 성령께서 마음을 열고 기도하니 순간 폭발하여 자신의 전인격을 5차원의 초자연적인 성령께서 자신을 지배하는 상태를 말하는 것입니다. 성령께서 전인격을 지배하시니 무의식의 상처가 드러나고 마음을 열고 기도하니 상처가 배출이 되면서 상처 뒤에 역사하던 초인적인 4차원인 귀신이 떠나가는 것입니다. 그렇기 때문에 성령의 세례 없이는 마음의 상처가 치유될 수가 없습니다. 내적치유에 대한 이론을 정통하여 박사학위가 있다고 내적 치유를 잘하는 것이 아닙니다.

많은 성도들이 미국에서 내면치유 박사학위를 받고 와서 내적치유를 한다고 하면 거기 가서 치유 받고 배우려고 합니다. 이는 지극히 세상 논리입니다. 박사가 성령으로 세례를 받고 성령으로 충만한 가운데 성령의 인도를 받으면서 내적치유 한다면 이상이 없습니다. 그러나 박사학위로 인간적인 지식으로 내적치유 한다면 마음상처를 치유할 수가 없습니다. 마음상처는 무의식에 있기 때문에 사람의 이론이나 기교로 치유가 불가능합니다. 마음의 상처를 치유하려면 성령으로 세례를 받는 것이 선행되어야 합니다. 성령께서 마음의 상처를 치유하기 때문입니다. 성도는 예수님을 믿을 때 죽었고, 예수님으로 살고 있기 때문에 성령께서 마음의 상처를 치유하시는 것입니다. 성령께서 직접하시는 내적치유라야 상처의 뿌리가 빠지는 것입니다. 성령의 역사로 마음의 상처와 스트레스가 정화되어야 면역력이 강화되어 여러가지성인병이나 코로나19를 물리칩니다.

6.성령의 인도에 순종하지 않기 때문입니다.

그리스도인은 성령에 의해 태어난 사람으로 성령은 그 사람 안에서 중생의 사역을 이루십니다. 성령으로 거듭나서 하나님의 자녀가 되는 것입니다. 그러나 사람이 성령에 의해 거듭났지만, 성령으로 세례 받지 못한 경우도 있습니다. 그러므로 중생과 성령세례는 동의어가 아니라는 뜻입니다. 불같은 성령으로 세례를 체험하시기를 바랍니다. 체험이라는 것은 내가 하나님의 역사하심을 직접 몸으로 느끼고 눈으로 보게 된다는 뜻입니다. 다른 사람도 자신이 성령세례를 받는 것을 볼 수가 있습니다. 성령의 세례를 받음으로 비로소 성령의 인도를 받을 수가 있습니다. 성령의 인도를 받아야 성령으로 온몸 기도를 할 수 있게 되는 것입니다.

성령으로 온몸 기도를 함으로 성령의 불이 임하고, 마음에서 성령의 불이 올라오는 온몸 기도를 할 수 있는 것입니다. 성령의 세례는 성령의 불로 사로잡히는 것이기 때문입니다. 기도는 내 안에 계신 하나님에게 하는 것입니다. 하나님은 영이시기 때문에 성령의 인도를 받아야 합니다. 그래서 기도는 영혼의 호흡이요 하나님과의 대화라 합니다. 이것은 가장 깊숙한 곳에 거하는 영의 흐름이 외부적으로 흘러나오는 것입니다. 영력이 흘러나오고 영적 권위 생명이 흘러나옴으로 영에 몰입됨으로 인하여 성령 안에서 온몸으로 기도할 수 있게 되는 것입니다.

우리 몸의 지성소인 영속에 임재하시는 하나님의 성령이 흘러나오는 방편이기에 우리가 하나님을 만나기 위해서는 이 성령을 통하여 하나님으로부터 주어지는 각종 은혜와 능력과 응답을 받게 되는데, 이러한 기도를 통하여 하나님으로부터 주어지는 생명이 우리의 심령을 거룩하게 만들어가고, 영적인 생명과 능력을 키워 나갑니다. 열매가 맺어지고 영적인 지각이 예민해지고 영성이 개발되어집니다.

그러므로 성령 안에서 온몸으로 기도하는 훈련이 필요합니다. 우리의 간구는 마음의 소원이나 원하는 바를 구함으로 성령 안에서 기도하기가 심히 어렵습니다. 그러나 영으로 기도하고 마음으로 기도하면 성령 안에서 기도하기가 쉬워집니다. 성령에 몰입되어 아무런 자신의 생각이나 욕심도 없이 오로지 하나님으로부터 주어지는 것을 받게 되는 기회가 되기 때문에 성령으로부터 주어지는 각종 은혜와 은사가 넘치게 됩니다.

영적인 기능과 지각이 발달됨으로 성령의 인도함을 따르게 됩니다. 성령 안에서 기도하기 위하여 성전 뜰에서 먼저 육신의 생각으로 기도하지만, 시간이 흐르고 마음이 안정이 되고, 생각이 주님의 사랑과 말씀을 묵상하면서 진지하고 순전한 마음으로 하나님의 성소에서 깊어지는 기도를 하게 됩니다.

그러나 하나님이 찾아오시는 경우에는 다르겠지만, 내가 하나님께 나아가는 경우가 대부분이기에 이때는 지성소로 나아가야 하는 것입니다. 내 생각과 구하는 것까지 모두 저 버리고, 오로지 성령 안에 깊이 사로잡히는 경지에 들어가서, 기도 줄을 잡고, 시간도 의식하지 않는 깊은 경지에 몰입되어지는 상태에서 주님과 더불어 주거니 받거니 하거나, 성령님과 주거니 받거니 하는 기도는 성령의 인도함을 따르는 가장 기본적인 훈련이 되는 것입니다. 숙달하는데 많은 시간이 필요합니다.

7. 성령의 지배와 장악이 되지 못했기 때문입니다.

성령으로 세례를 받아 성령으로 기도하면서 성령으로 충만하면 성령의 불이 자신 안에 계시는 성령님으로부터 나오는 것입니다. 그러면서 성령께서 자신을 지배하시고 장악하시는 것입니다. 자신 안에서 나오는 성령의 불의 역사로 무의식의 상처가 치유되고 면역력이 강해지는 것입니다. 성령의 불이 나오면서 상처 뒤에 역사하는 귀신들을 몰아내시는 것입니다. 성경에 보면 "나는 너희로 회개하게 하기 위하여 물로 세례를 베풀거니와 내 뒤에 오시는 이는 나보다 능력이 많으시니 나는 그의 신을 들기도 감당하지 못하겠노라 **그는 성령과 불로 너희에게 세례를 베푸실 것이요.**"(마 3:11). 라고 말씀하고 있습니다.

지금 예수님은 어디에 계십니까? 예수님은 우리 마음 안 지성소에 계십니다. **그렇기 때문에 자신의 마음 안 지성소에 계시는 예수님으로부터 성령의 불이 나오는 것입니다.** 일부 목회자들이 "불 받아라 불 받아라." 하면서 설명을 해주지 않으니까 불이 하늘에서 오는 것으로 인식하여 손을 펴고, 입을 벌리고 밖에다만 관심을 집중하고 성령의 불을 받으려고 하는 경우가 있습니다. 그러나 성령의 불은 파란 하늘에서 밖에서 내리는 것이 아닙니다. **성령의 불은 자신 안 지성소에서 나오는 것입니다.** 자신 안에서 성령의 불이 나와야 무의식의 상처가 치유되고 귀신이 떠나가는 것입니다. 그래서 성령 안에서 온몸으로 기도하니 성령의 권능과 면역력이 강해지는 것입니다. 바르게 알고 바르게 행해야 무의식의 상처가 치유되고 상처 뒤에서 역사하는 귀신이 떠나가는 것입니다.

온몸으로 하는 영의기도는 처음에 막연하고, 허무하고, 공백 상태 같고, 시간낭비, 게으름 같은 느낌을 가집니다. 그러나 그렇게 생각하지 말아야 됩니다. 자꾸 하면 할수록 자신의 영성과 성품의 변화를 체험적으로 느끼게 됩니다. 의지를 가지고 숙달하여 보시기를 바랍니다. 평소에 삶의 대부분을 정신 활동에 익숙해 왔기 때문에 마음의 활동이 무의미하거나, 이상하게 느껴질 수도 있습니다. 그러나 꾸준히 계속하면 놀라울 정도의 영적 발전을 하게 됩니다. 중요한 것은 성령님의 불씨를 얼마나 귀하게 간직하고 키우는가 하는 것입니다. 지속적인 훈련이 중요합니다. 절대로 중간에 훈련을 놓치지 말아야 합니다.

온몸으로 하는 영적 기도는 참으로 신앙생활의 보물이요 금맥입니다. 하나님의 많은 것이 이 온몸으로 하는 영적 기도를 통해 옵니다. 익숙해질 때까지 감각, 감정, 지성, 이성, 의지, 상상력을 최대한으로 중지한 상태에서 기도하다보면, 자신의 깊은 곳에서 무엇인가 새롭고 신비스러운 능력이 활동하며, 그러는 사이에 자신도 모르는 사이에 내적, 육체적 상처가 치유되며, 성품이 새로워지며, 삶의 소망과 기쁨이 넘치며, 영성이 발달되며 영감과 지혜가 발달되며, 신앙의 궁극적 목적인 하나님을 뜨겁게 사랑하게 됩니다. 영력도 강해지게 됩니다.

7장 성령의 권능이 강화되는 침묵기도

(마6:7)"또 기도할 때에 이방인과 같이 중언부언하
지 말라 저희는 말을 많이 하여야 들으실 줄 생각하느
니라."

영력이 강화되려면 자신의 전인격이 하나님의 나라가 되어
야 합니다. 하나님의 나라가 되려면 밖에서 들리는 소리에 관심
을 접고, 자신 안에서 올라오는 잡념에 관심을 두지 않아야 합
니다. 외적인 침묵과 내적인 침묵이 되어야 온몸 기도하는 시간
동안이라도 하늘나라가 되어 영력이 강화되는 것입니다.

침묵기도는 자신 안을 정화시키는 것입니다. 코로나19에 걸
리지 않기 위하여 창문을 열고 환기를 자주 하라고 합니다. 이
유는 방안이나 사무실이나 교회예배당 안에 침체되고 묵은 공
기가 쌓여있으면 건강에 좋지 못하고 호흡기에 악영향을 미치
니까, 주기적으로 창문을 열고 밖에 있는 신선한 공기를 방안이
나 사무실이나 교회예배당 안에 들어오도록 하면 내부가 새로
운 신선한 공기로 순환되는 것입니다. 침묵기도는 자신 안을 성
령으로 정화시키는 적극적인 방법입니다.

침묵은 자신 안에 주인으로 계신 하나님의 존전으로 나가게
하는 기초적인 수단입니다. 온몸 기도를 숙달하여 영력을 강화
하려면 침묵기도를 먼저 숙달해야 합니다. 침묵은 침묵을 통해
서만 이해할 수가 있습니다. 그런데 일부 목회자나 성도들이 침

묵기도를 마음의 기도와 영의 기도와 묵상기도가 거의 침묵기도라고 알고 있습니다. 이는 침묵기도의 개념을 이해하지 못하고 하는 말입니다. 침묵이란 세상 소리에 귀를 기우리지 않는 것에서부터 시작이 됩니다. 자신의 내면에서 올라오는 잡념에도 관심을 기우리지 않는 것을 침묵이라고 하는 것입니다.

그러므로 침묵이 없이는 온몸 기도와 깊은 영성에 들어갈 수가 없습니다. 침묵 없이 아무리 오래기도해도 영력이 강화되지 못합니다. 침묵의 기도야말로 영성을 발전시키는 깊이 있는 기도라고 할 수 있습니다. 기도 속에서 나의 연약함을 보고, 기도 속에서 하나님을 만나고, 기도 속에서 나의 영을 치료하는 기도입니다. 마음 안 성령하나님이 나타나게 하는 기도입니다.

성숙한 삶은 이러한 침묵의 기도에 의하여 이루어집니다. 도시화, 산업화에 따른 혼잡과 시끄러움으로 우리의 영혼이 상처를 입고 있습니다. 산업화, 기계화로 말미암아 정신적인 피로를 풀 수 있는 기회가 없어지게 됩니다. 이러한 삶은 쉽게 스트레스와 상처를 받고 넘어지는 연약한 삶이되기 쉽습니다. 이러한 영의 상처는 성령의 강한 임재 하에 침묵과 자연의 소리로 치유함을 얻어야 합니다. 그리함으로 영적인 삶, 권능의 삶, 승리하는 삶, 성숙한 삶을 살아야 합니다. 뇌만 사용하고 마음은 사용하지 않음으로 우리의 뇌는 점점 더 스트레스를 받고, 마음은 굳어집니다. 뇌(이성)는 감정에 직접 연결되어 있습니다. 뇌를 쉬게 해야 감정을 제어할 수 있습니다. 영성 있는 성도는 뇌는 쉬고 마음을 활성화시키는 성도가 영성 있고 영적인 성도입니다.

뇌는 판단할 뿐이지 아무런 힘도 없습니다. 감정은 무식한 힘입니다. 그러므로 영의 활동으로 뇌와 감정을 제어하게 해야 합니다. 뇌와 감정을 죽이고, 쉬게 하고, 마음을 활성화시켜야 영성이 강한 성도가 되어 세상을 이길 수가 있습니다. 성령으로 영을 활성화시키려고 하시기를 바랍니다. 영은 지혜의 무한한 힘이 됩니다. 이를 위해서 내 안에, 내 마음에 계시는 성령님을 자꾸 찾으세요. 그분이 주인되고 활동하시게 하세요. 눈을 감고 마음에 집중함으로 성령님이 주인되시게 해야 합니다.

적어도 하루에 한 시간, 두 시간, 될 수 있는 한 많은 시간을 침묵의 시간으로 보내면서 영을 활성화시키는데 사용하세요. 성령님을 만나는 시간을 가져 보세요. 그러면 당신의 영성과 성품에 많은 변화가 있을 것입니다. 하나님을 믿고만 있지 말고, 자신 안에 주인이시고 살아계신 하나님과 연결되어야 합니다. 하나님과 하나가 되어야 합니다. 그리하여 그분으로부터 올라오는 은혜를 받아야 합니다. 침묵은 하나님께 접근하는 첫걸음입니다. 침묵은 자신의 본질로 돌아가는 것입니다. 영적인 존재, 영적인 가치를 되찾는 것입니다. 침묵 그 자체가 하나의 세계입니다. 침묵은 내면의 무한한 세계를 향한 출발입니다.

침묵에서 새로운 말을 배우게 됩니다. 내면의 말, 진정 필요한 지혜로운 말을 배우게 됩니다. 침묵은 기도이며, 평화이며, 자유 함입니다. 침묵은 가장 효과적인 휴식입니다. 침묵은 인간의 시야를 넓혀주는 적극적인 수단이 됩니다. 침묵할 때 마음의 소리가 떠오르게 됩니다. 침묵이 시작되면 혼란, 무질서와 공허의 안개가 걷히고 깊은 지혜가 떠오릅니다. 침묵과 묵상기도는 온몸 영의기도와 연결해서 할 수 도 있고 별도로 할 수도 있습니다. 그런데 우리가 주의해야 할 것은 영의 통로와 영계가 열리지 않은 성도가 침묵기도와 묵상기도를 하는 것은 무리가 있습니다. 영계가 열려야 한다는 것은 자신 안에 영적세계가 공존하고 있다는 것을 깨닫는 것입니다. 자신의 마음 안에 5차원의 초자연적인 성령의 역사도 있을 수가 있고, 4차원의 귀신 역사도 있을 수가 있고, 3차원의 인간적인 사람의 역사도 있다는 것을 알고 깨닫고 느끼고 인정하고 성령의 역사만을 유지할 수 있는 상태를 영계가 열렸다고 말하는 것입니다. 침묵기도는 반드시 자신 안의 하나님과 영의통로를 열린 다음에 해야 합니다.

우선 통성으로 기도하여 영의 통로가 열리고 영계가 열린 다음에 하는 것이 필자의 경험으로 보아서 맞는다고 생각합니다. 잘못하면 내 안에 있는 상처와 혈통으로부터 내려온 악한 영과 자아가 연합하여 심령에 단단하게 악한 영의 견고한 진을 구성하여 자기 치유와 면역력강화 영성발전에 큰 지장을 초래할 수가 있습니다. 여기서 제가 권면하고 싶은 것은 아직 통성기도를 유창하게 하지 못하고 영의 통로가 완전하게 뚫리지를 않아서 예수 생명이 심령에서 올라오지 못하는 성도는 먼저 영의 통로가 열리는 통성기도를 한 다음 어느 정도 숙달이 되고 영계가 열린 다음에 하는 것도 늦지 않으니 통성기도 훈련을 받은 다음에 침묵기도와 묵상기도로 넘어가 숙달할 것을 권면 드립니다.

침묵과 묵상기도를 바르게 하면 뇌파가 안정이 되어 영의 상태인 세타파가 됩니다. 뇌파란 뇌에 나타나는 전기적인 신호입니다. 우리는 뇌파 분석으로 내면의 정신상태가 어떠한지 측정할 수 있습니다. 평상시 우리가 일상생활을 영위할 때 나타나는 뇌파는 베타파입니다. 베타파는 거친 의식, 안정을 모르고 이리저리 요동하는 의식, 산란하고 분산된 의식을 나타냅니다. 이렇게 몰입이 되지 않은 상태에서는 좋은 답을 얻을 수 없습니다.

베타파보다 훨씬 고요하고 편안하고 집중된 뇌파가 바로 알파파입니다. 알파파가 활성화한 뇌는, 최적의 조건에서 공부를 하고 생각을 진행할 수 있습니다. 몸과 마음이 편안하고 쾌적하여 집중적인 생각을 하기에 최적입니다. 알파파가 지속되는 한 이러한 상태를 유지하면서 자유롭게 공부하고 연구할 수 있습니다. 이 단계에서 몰입이 더욱 가속화되어 시간이 지나면 이제 세타파가 나타나기 시작합니다. 세타파는 신비의 뇌파로 슈퍼의식의 5차원의 초자연적인 영감이 극도로 발휘되는 뇌파단계입니다. 세타파에 이르게 하는 훈련이 온몸 기도의 단계입니다. 이 단계에서 우리는 놀라운 영감과 창조적인 답안을 얻을 수 있습니다. 우리가 언제 어디서든지 자유롭게 몰입할 수 있다면, 뇌파를 자유롭게 조절할 수 있습니다. 몰입으로 뇌파를 고요하게 할 수 있다면, 우리의 뇌 전체를 활성화 시킬 수 있습니다.

좌우지간 제가 지금까지 성령치유사역과 온몸 기도 훈련을 통하여 체험한 바로는 침묵과 묵상기도를 통해서 강한 영성의 개발과 무의식의 상처의 치유, 성품의 변화를 경험할 수 있는 좋은 기도임이 분명하다는 것을 밝히고 싶습니다.

1. 온몸 기도에 들어가는 침묵기도.

1) 외적 침묵: 말하고 듣는 것을 절제함을 말합니다. 밖에서 무슨 일이 생기더라도 거기에 마음을 빼앗기지 않고, 오직 침묵에 몰입할 수 있는 안정된 심령을 말합니다.

2) 내적 침묵: 습관적인 생각과 편견(아픔, 상처)등을 모두 씻어버리게 함으로 성경의 말씀에 고요히 귀 기울이게 하는 것이며, 나의 모든 것을 하나님에게로 집중하며 인도하는 것입니다. 침묵의 목적은 하나님의 말씀을 보다 잘 듣고, 하나님에게 집중하고, 그 분의 살아계신 현재 존재 안에 머무르는 것입니다. 말을 하지 않고 듣지 않는 것은 물론이고 생각이나 상상, 기억 등을 절제하는 것이 내적 침묵입니다. 나쁜 기억 등을 예수 이름으로 몰아내고 성령을 채우는 것을 침묵기도라고 합니다.

3) 침묵 기도 진행요령.

① 좌정한 상태(의자, 방석: 의자는 등을 대지 말고): 최대한 편안한 자세가 좋습니다. 시간이 걸리기 때문입니다.

② 손을 무릎에 올려놓고, 손바닥은 자유롭게 해도 됩니다.

③ 성령께 도움을 구하는 기도를 드립니다. 일단 주여! 주여! 하면서 통성으로 자신 안의 주인이신 예수님을 부르면서 마음의 문을 여는 기도를 한 후, 코로 호흡을 아랫배까지 깊게 들이쉬고 내쉬면서 마음으로 예수님!을 부르던지, 주여! 주여! 하든지 기도하며. 내면에서 성령님의 역사를 일으킵니다.

④ 코로 호흡을 아랫배까지 깊게 들이쉬고 내쉬면서 악습과 마음의 짐, 집착 등을 내보내고, 마음으로 예수 이름을 부르면서 하나님으로부터 오는 것을 받아들입니다. 밖의 공기가 뱃속 온몸 곳(배꼽 아래)에까지 들어가고 올라오게 이것이 잘되어야 됩니다. 배꼽 아래까지 호흡이 잘 안 되는 것은 무엇이 잘못된 것입니다. 성령의 역사로 정화되어야 할 불순물입니다.

⑤ 호흡을 가다듬으면서 (들이쉬고 내 쉬면서) 차츰 고요 속으로 들어갑니다. 계속 마음으로 예수 이름을 부르면서(예수님 사랑합니다) 15-20분 정도, 이때 안과 밖에서 들려오는 소음을 감지하더라도 그것들이 고요를 방해하는 문젯거리라고 생각 말고, 그 소음으로부터 마음을 이탈하려고 노력해야 합니다. 생각, 기억 등을 하나씩 내보냅니다. 하나님에게 드립니다. 마음을 비우고 하나님의 영으로 채웁니다.

⑥ 지속적으로 내 안에서 일어나는 말과 소리를 계속 마음 중심에서 밖으로 내보냅니다. 내 안에서 일어나는 말과 소리는 의도적으로 밖으로 내보내려고 하지 않아도 성령으로 충만해지면 성령의 능력으로 자동으로 밖으로 나가게 됩니다. 그것들에 대한 생각에서 자신을 이탈시키고 자신 안 깊은 곳에 계시는 살아계신 하나님 존전으로 가는 것입니다.

⑦ 마음 중심에서 일어나는 생각이나 상상, 기억 등을 하나씩 마음 중심에서 자꾸 내보냅니다. 점진적으로 마음을 비워가며 성령으로 충만하게 채웁니다. 그래서 지속적으로 성령님이 주인된 황홀한 상태에 머물게 합니다. 이렇게 진행이 되면 속에서

평안하고 뜨거운 기운이 속에서 올라옵니다. 이때 하나님에게 아뢸 것을 아뢰고 응답을 받을 수도 있습니다.

⑧ 끝내야겠다고 생각하면 끝내고 느낀 점을 기록하는 것이 좋습니다. 계속적으로 실천해야 합니다. 절대 단시일 내에 효과를 기대하지 말고 의지를 가지고 꾸준히 해야 효과를 볼 수가 있습니다. 효과는 집중이 잘 됩니다. 사람의 심령이나 현재 일어나는 일의 문제를 정확히 판단할 수 있습니다.

반드시 침묵기도가 된 다음에 묵상기도로 옮겨가야 합니다. 침묵기도가 잘 되어 안정한 심령이 된 다음에 묵상기도나 온몸기도의 단계로 가야 합니다. 왜냐하면 침묵기도가 잘되지 않는다고 하면 잡념이 많다는 것입니다. 잡념은 상처에서 올라오는 것도 있습니다. 마귀 귀신이 온몸 기도에 들어가지 못하도록 방해 할 수가 있습니다. 조치하는 방법은 잡념에 신경을 쓰지 말고 하나님을 계속적으로 부르고 찾는 것입니다.

그래서 침묵 기도가 잘되지 않는 사람은 호흡을 들이쉬고 내쉬면서 주여! 주여! 주여! 를 하면서 기도하는 편이 훨씬 좋습니다. 하나님은 우리가 호흡을 들이쉬고 내쉬면서 주여! 주여! 주여! 를 하면서 기도해도 우리의 심령을 밝히 아시는 하나님이십니다. 절대로 잡념이 있는데 온몸 기도에 들어가지 말기를 부탁드립니다. 왜냐하면 저의 체험으로 보면 절대로 잡념이 많으면 온몸 기도가 되지를 않습니다. 잡념이 없어지고 외적침묵과 내적침묵이 된 다음에 묵상기도도 하고 온몸 기도도 해야 합니다. 성령의 이끌림을 받아야 합니다.

8장 성령의 권능이 강화되는 묵상기도

(시 62:5)"나의 영혼아 잠잠히 하나님만 바라라 무
릇 나의 소망이 그로부터 나오는도다"

영력이 강화되는 것은 아담이 하나님께 죄를 범하기 전, 에
덴동산의 상태로 돌아가는 것입니다. 성령으로 기도하면서 강
화된 교감신경을 낮추고 부교감신경을 강화하는 것입니다. 부
교감신경은 성령으로 충만하여 마음이 안정되고 평안해야 강
화되기 때문입니다. 묵상기도는 부교감 신경을 강화하여 영-
혼-육체의 상태가 정상으로 돌아가 영력과 면역력을 강화하기
위해서 하는 기도입니다. 침묵기도와 묵상기도의 차이점은 침
묵기도는 아무런 자료 없이 마음 안의 예수님을 찾으면서 침묵
의 상태로 들어가는 것이고, 묵상기도는 묵상의 자료를 가지고
하는 것이 다릅니다. 반드시 외적침묵 내적침묵이 된 다음에
묵상기도로 들어가야 합니다. 그렇기 때문에 묵상기도는 침묵
기도를 숙달한 다음에 하는 것이 맞습니다.

1. 단순묵상기도

언어나 다른 수단을 사용하지 않고 단순한 마음으로 자신 안
에 주인이신 하나님에게 집중하는 기도로서 묵상을 통하여 하
나님의 사랑 안에 머무는 것입니다. 세상은 육체의 본능과 이

성을 자극함으로 자연히 이 부분이 활성화됩니다. 그러나 하나님은 우리의 마음만이 활성화되기를 원하십니다. 하나님은 우리의 마음을 달라고 하십니다. 우리는 기도로 이 벽을 넘어야 합니다. 묵상기도는 절대로 시간낭비가 아닙니다. 묵상기도는 비록 제목기도가 아니라도 절대로 시간낭비가 아닙니다.

잠자는 것이 시간낭비가 아니듯, 묵상기도에서 제목기도를 안했더라도 오히려 우리의 영을 강하게 하는 매우 유익한 것입니다. 묵상기도, 온몸기도, 창문 앞 기도, 이 모든 것이 매우 유익한 시간을 보내고 있다는 사실을 기억하시기를 바랍니다.

어머니 품안의 갓난아이들은 잠을 많이 자면서 순진하고, 맑게 자랍니다. 주님은 우리에게 어린 아이가 되라고 하십니다. 순수해지고, 단순해지며, 오직 하나님만 바라보라는 것입니다. 세상에 영향을 받지 말고, 복잡해지지 말며, 혼잡해지지 말라는 것입니다. 오직 하나님만을 사랑하고 하나님만을 바라보라는 것입니다. 이런 상태의 훈련을 받아야 하나님을 진정으로 사랑하게 됩니다. 그렇지 않으면 하나님을 믿을 수는 있으나, 진정 하나님을 사랑하기는 어렵습니다. 단순 묵상 기도 속에서 하는 대부분이 하나님을 사랑한다는 고백입니다. 우리의 이성은 사랑의 기능이 없습니다. 사랑은 마음이 하는 것입니다. 굳어진 상처 받은 마음은 하나님을 사랑할 수 없습니다. 하나님을 진정으로 사랑하는 것은 내면이 깨어나야만 합니다.

사랑하는 하나님을 위하여 무슨 일을 할까? 하나님이 주시고자 하는 것이 많은데, 그것을 어떻게 받을까? 전에는 하나님과의 관계가 그냥 수박 겉핥기식의 관계였는데, 하나님과의 깊은 관계, 친밀한 관계가 이루어지고, 하나님을 만나게 되고, 하나님을 사랑하게 되고, 하나님의 사랑을 받게 되면, 그 동안의 많은 스트레스, 고정관념들, 무의식의 불안들이 치유가 됩니다. 전에는 내 차원에서 다 해결하려고 함으로 힘이 들었지만, 이제는 더 온몸 차원에서 해결함으로 자연스럽게 됩니다.

2.묵상기도 순서

1) 몸과 마음의 준비: 정해진 장소에서 초보자는 전화, 사람, TV, 인터넷, 소음 등등으로 방해받지 않는 장소를 선택해야 합니다. 소음은 묵상기도에 방해가 되기 때문입니다.

2) 준비한 묵상자료를 천천히 읽습니다. 성경 말씀이나 미루어 상상하는 등등의 방법으로 뒤에 설명이 됩니다.

3) 성령께 도움을 구하는 기도를 드립니다. 침묵이 된 상태에서 마음으로 기도하며, 성령님 사랑합니다. 성령님 도우소서. 성령님 인도하소서.

4) 상상과 추리를 통해 말씀 안으로 들어갑니다. 자료에 따라서 하는 것입니다.

5) 예수님 사랑합니다. 나도 너를 사랑한다. 예수님 감사합니다. 그래 나도 너를 귀하게 여긴다. 예수님 도와주세요. 내가 너를 도우리라. 상상과 추리를 통해서 이렇게 주님과 대화를 할 수도 있습니다.

6) 주님을 집중하며 바라봅니다. 이는 내안에 주님이 계신다고 믿고 주님을 바라보라는 말입니다. 애정 어린 눈으로 주님을 바라보면서 그분의 현존 안에 들어갈 수 있습니다.

7) 하나님이 주시는 말씀에 귀 기울입니다. 성령의 감동을 받기도 합니다. 분별력이 있어야 합니다.

8) 말씀생활로 연결하고 적용합니다. 감동받은 내용을 말씀으로 분별하여 적용하라는 것입니다.

9) 실천을 위한 결심을 합니다. 그리고 지속적으로 실천합니다. 의지를 가지고 숙달 될 때까지 해야합니다.

10) 감사기도를 드린 후 묵상을 마칩니다.

11) 묵상일지에 묵상내용을 기록하고 실천하려고 노력합니다. 이론보다 실천하여 체험하는 것이 중요합니다.

묵상의 가장 좋은 방법은 스스로가 터득하는 방법입니다. 어느 누구도 묵상기도에 대가가 없습니다. 그리고 확실한 비법도 없습니다. 단지 본인이 스스로 묵상기도를 하면서 터득하는 것입니다. 의지를 가지고 스스로 터득하려고 하시기를 바랍니다.

3.성경을 통한 복음 묵상 훈련

말씀을 읽고 묵상하면서 말씀에 깊이 잠기어서 말씀의 참뜻과 하나님의 뜻을 찾는 기도입니다. 말씀 한마디 한마디를 깊이 음미할 때, 같은 단어를 여러 가지 다른 단어를 사용하여 표현하는 것입니다. 그리함으로 그 내용을 나의 마음에 자꾸 더 확실하게 심어주고 새겨주는 것입니다. 다음 성경말씀을 성령의 지배 인도 가운데 묵상해 보시기를 바랍니다.

(시 23:1-6)"여호와는 나의 목자시니 내게 부족함이 없으리로다 (2) 그가 나를 푸른 풀밭에 누이시며 쉴 만한 물 가로 인도하시는도다 (3) 내 영혼을 소생시키시고 자기 이름을 위하여 의의 길로 인도하시는도다 (4) 내가 사망의 음침한 골짜기로 다닐지라도 해를 두려워하지 않을 것은 주께서 나와 함께 하심이라 주의 지팡이와 막대기가 나를 안위하시나이다 (5) 주께서 내 원수의 목전에서 내게 상을 차려 주시고 기름을 내 머리에 부으셨으니 내 잔이 넘치나이다 (6) 내 평생에 선하심과 인자하심이 반드시 나를 따르리니 내가 여호와의 집에 영원히 살리로다."

1) 예수님께서 로마 병사들로부터 모욕과 채찍을 당하심을 묵상합니다(마27:26-30).
2) 예수님께서 십자가를 친히 짊어지시고 골고다로 올라가심을 묵상합니다(요19:17).
3) 예수님께서 십자가위에 못 박히심을 묵상합니다(눅23:33, 요19:18).
4) 예수님께서 십자가에서 고통당하는 것을 묵상합니다(요19:28-30).
5) 예수님께서 십자가에서 숨을 거두심을 묵상합니다(막

15:33).

　6) 예수님께서 무덤에 묻히심을 묵상합니다(요19:38-42).

　7) 예수님이 부활하심을 묵상합니다(눅24:46).

　8) 부활하신 후 갈릴리 바다에 가서 베드로를 부르시는 상황을 묵상합니다(요21:15-18).

4.추리묵상기도.

　예수님을 부르면서 마음으로 기도하여 성령이 충만한 평온한 상태에서 시작을 합니다. 하나님이 주신 은혜를 상상을 통해서 마음속에서 영상화하는 것입니다. 이렇게 하면 차츰 상상한대로 좋은 상황이 일어납니다. 나의 변화된 모습을 상상하세요. 정결해져 있는 모습, 모든 사람을 사랑으로 포용해주는 모습, 하나님께 헌신하는 모습, 하나님이 원하시는 나의 모습을 상상하세요. 나를 향한 하나님의 마음을 읽으면서 그 모습을 영상화하세요. 그 모습에서 하나님을 만나세요. 이러한 기도는 진실로 보물창고가 됩니다. 이러한 묵상기도의 바다는 깊고 넓습니다. 들어갈수록 더욱 풍성하고 아름다운 것을 발견하고 꺼낼 수가 있습니다.

　1) 성경의 장면을 추리할 수도 있습니다.

　2) 성경의 말씀 속에 들어가는 추리도 할 수가 있습니다.

　3) 상상하고 미루어 생각하는 추리도 할 수가 있습니다. 나무가 사시사철 변하고, 교회가 성장하고, 사업이 발전하고, 성

경의 장면이 변하는 모습을 상상하면서 추리할 수도 있습니다.

4) 자신의 삶을 돌아보면서 추리할 수도 있습니다. 지난 세월 동안 하나님의 함께 하심을 묵상하며 추리할 수도 있습니다. 자신이 살아온 세월의 뒤를 돌아보면서 해도 됩니다.

5) 자신의 하루의 삶을 묵상할 수도 있습니다. 출근하여 직장에서 일을 하고 집에 도착하는 과정을 묵상하는 것입니다.

6) 생활의 변화로 연결하고, 자신이 변화되는 모습을 그리면서 추리할 수도 있습니다.

5. 대화묵상기도.

부부나 친구가 마주 앉아서 대화하는 것처럼 묵상 중에 주님과 대화하는 기도입니다. 진실하고 순수한 믿음으로 하나님이 지금 나와 가장 가까운 거리에 계심을 믿고 진실하게 고백, 회개하며, 마음으로 그분의 반응, 응답을 받는 것입니다. 실제적인 일을 가지고, 말씀을 가지고 묵상하세요. 하나님의 결정, 하나님의 의견, 하나님의 뜻을 받게 됩니다. 그 일과 나를 분리시키세요. 3자의 위치에 서게 하세요. 그리할 때, 하나님으로부터 오는 뜻을 받게 됩니다. 마리아의 남편 요셉의 결정은 감정으로 처리하지 않고, 성령의 지배가운데 묵상 중에 하나님의 뜻을 받은 후에 내린 것입니다. 성령의 지배하의 묵상은 하나님의 지혜를 받게 해줍니다. 살아계신 성령님이 자신을 지배하고 장악하여 주인되게 하는 좋은 시간입니다.

6.묵상기도 준비.

1) 시기: 가장 좋은 시간을 선택합니다.

2) 시간: 초보자 30분 정도, 적극적 1시간 정도. 더해도 좋습니다(시간을 지키라).

3) 장소: 방해 받지 않는 곳. 전화, 사람. 등등.

4) 자료준비: 성경이나 필요 자료, 노트를 준비하세요.

5) 묵상방법의 선택: 자신에게 알맞은 것을 택하여 하면 됩니다. 다른 성도를 따라할 필요는 없습니다.

6) 자세: 편안하게, 의자나 방석에 앉아서. 허리를 곧게 펴고 의자에 기대지 말고 하는 것이 좋습니다. 왜냐하면 시간이 많이 소요되고, 집중을 해야 하기 때문에 자세가 중요합니다. 잘못하면 조금 지나서 잠을 잘 수도 있기 때문입니다.

7.묵상 기도할 때 유의사항.

1) 졸음을 예방하세요.

2) 잡념을 제거하세요. 외적침묵 내적침묵을 유지하세요.

3) 성경 말씀에 나오는 사람과 같이 되려고 하지말고, 성령님이 자신을 변화시키게 말씀으로 자신을 비추어 회개합니다.

4) 묵상에 특별히 재능을 가진 자가 있을 것이라는 생각을 버려야 합니다. 묵상은 누구나 할 수 있는 것입니다.

5) 어려워도 지속적으로 합니다. 의지를 가지고 해야 숙달할

수 있습니다.

6) 아무런 느낌을 얻지 못해도 때를 얻기 위해서 계속합니다. 계속하다가 보면 자신의 변화되는 모습을 스스로 발견하게 될 것입니다. 시간이 필요합니다. 자신이 성령의 사람이 되는 대는 시간이 필요한 것입니다. 서두르지 말고 인내하세요.

8.묵상 잘되지 않을 때 점검

1) 침묵 상태를 살핍니다. 외적 내적 침묵이 지켜지지 않으면 묵상을 잘 할 수 없습니다.

2) 지나치게 피곤하지 않는가, 몸의 상태를 살핍니다.

3) 준비가 부족하지 않는 가 살핍니다.

4) 자세가 나쁘지 않는 가 살핍니다.

5) 묵상을 너무 잘하겠다는 의욕이 너무 강하거나 건강 상태가 나쁘지 않는가 살펴봅니다.

9.묵상기도의 실천.

1) 조용한 장소에서 식사전후를 피한 1-2시간의 시간을 내세요. 졸음으로 묵상기도를 망칠 수도 있기 때문입니다.

2) 편안한 자세를 취해야 합니다. 오래해야 되기 때문입니다.

3) 조용한 찬양으로 마음을 안정시키시오. 그래야 쉽게 성령의 깊은 지배 임재 가운데 영적인 상태에 들어갈 수 있습니다.

4) 하나님이 함께 하신다는 믿음으로 성령님의 임재하심을 간구하며 기다리세요.

호흡을 깊게 들이쉬고 내쉬면서 '성령님 임하여 주옵소서' '성령님 도와주옵소서' '성령님 역사하여 주옵소서'

5) 어떤 생각의 물결도 일으키지 말고 마음을 호수의 표면처럼 잔잔하게 하세요. 호수에 자신의 모습이 비추이지 않는 이유는 호수의 표면이 출렁거리고 있기 때문입니다. 어떤 생각의 물결도 일으키지 말고 마음을 호수의 표면처럼 잔잔하게 하세요. 이 상태가 성령의 온전히 지배한 영적인 상태입니다.

6) 성령님을 만날 것. 성령님의 체험을 기다리라. 침묵은 침묵으로만 이해됩니다.

묵상기도는 반드시 침묵이 된 다음에 해야 합니다. 묵상기도는 지속적으로 많이 해보아야 합니다. 처음에는 무료하게 느낄 수도 있습니다. 그러나 포기하지 않고 지속적으로 하다보면 자신의 몸에 베이게 될 것입니다. 처음부터 묵상기도의 대가는 없습니다. 많이 해보면서 시행착오를 겪어보아야 합니다.

많이 하다가 보면 숙달하게 되어 있습니다. 예수님의 영성은 단 시간에 목표에 도달할 수가 없습니다. 지속적으로 하다가 보면 어느 날부터 묵상이 쉽게 되는 것을 느끼게 될 것입니다.

절대로 몇 번 해보다가 포기하지 말고 지속적으로 해 보시기를 바랍니다. 그러면 숙달하게 됩니다. 시간을 투자하여 하면 할수록 자신의 마음이 안정이 되고 마음 안에 쌓인 상처가 치유되고 영력이 강화되어 성령님이 주인되는 성도가 됩니다.

9장 성령의 권능을 강화하는 온몸 기도

(시131:2)"실로 내가 내 영혼으로 고요하고 평온하게 하기를 젖 뗀 아이가 그의 어머니 품에 있음 같게 하였나니 내 영혼이 젖 뗀 아이와 같도다."

예수님께서는 온몸으로 기도하기를 소원하십니다. 온몸 기도는 성령의 지배와 인도를 받으면서 몸과 마음과 정신과 생각을 자신 안에 주인으로 계시는 예수님께 집중 몰입하여 기도하는 것을 말합니다. 더 쉽게 설명하면 부부가 침실에서 부부관계할 때를 생각하면 쉽게 이해가 될 것입니다. 부부가 성관계하는 것에 만 집중하고 몰입하니 쾌감을 느끼고 환희를 느끼다가 결정적인 오르가즘에 도달할 수 있는 것입니다. 그런데 성관계를 하면서 다른 생각을 한다든지, 정신을 다른 곳에 둔다든지, 다른 이성을 생각한다든지, 잡념에 빠진 다든지 하면서 집중을 못하면 만족한 결과를 얻지 못할 수가 있습니다. 온몸 기도도 마찬가지입니다. 기도 중에 잡념에 사로잡히고 다른 생각을 하면서 기도한다면 온전하게 예수님께 집중하지 못하고 예수님의 은혜를 받을 수가 없을 것입니다. 온몸으로 기도하면 자신이 전인격이 하나님의 나라가 됨으로 상처가 치유되고 스트레스가 정화되면서 면역력이 강화되는 것입니다. 그러나 온몸기도는 잠간잠간 기도해서 숙달할 수가 없습니다. 이 책에서 제시되는 기법들을 숙지하시고 의지를 가지고 숙달 될 때까지 해야 합니다.

우리가 온몸기도의 단계에 들어가기 전에 통과해야 할 관문이 있습니다. 이는 부르짖는 기도의 단계입니다. 부르짖는 기도를 하지 못하는 성도가 온몸기도를 하면 영이 막힐 수가 있습니다. 반드시 부르짖는 기도를 하여 막힌 영의통로를 연 다음에 온몸기도의 단계에 들어가야 한다는 것을 강조하고 싶습니다. 부르짖는 기도를 너무나 어렵게 생각할 필요는 없습니다. 호흡을 코로 배꼽아래까지 들이쉬고 내쉬면서 주여! 하면서 연속적으로 하면 영의 통로가 열리게 됩니다. 호흡을 코로 배꼽아래까지 들이쉬고 내쉬면서 주여! 주여! 주여! 를 연속적으로 하면 성령의 역사로 영의통로가 열리게 되는 것입니다.

온몸으로 하는 기도는 "쏘다, 던지다, 또는 숨쉬다, 호흡하다."에서 나온 말로 하루에 몇 번이라도 화살을 쏘듯이 하나님께 바쳐 올리는 짧은 기도, 한 번 숨쉬고, 두 번 숨 쉬는 가운데 호흡처럼 함께 계속적으로 자연스럽게 반복하여 온몸으로 기도하는 것입니다. 온몸기도에 이르는 방법은 이렇습니다. 깊어져 가는 순서에 따라 3단계로 구분합니다. 온몸으로 하는 기도의 첫 단계는 소리를 내며 기도하는 육의 기도입니다. 두 번째 단계는 마음으로 하는 마음의 기도 단계입니다. 세 번째 단계는 온몸기도의 마지막 단계로서 두 번째 단계 마음의 기도를 계속하여 마음의 기도에 몰입할 때 자신도 모르는 순간에 자신의 전인격이 성령의 지배가운데 들어가서 온몸으로 기도하는 기도입니다. 온몸기도는 자신의 영-혼-육체의 전인격이 성령의 지배가운데 성령의 이끌림을 받으면서 기도하는 것입니다.

1.온몸으로 하는 기도 1단계

자신 안에서 성령의 불이 나오고 성령의 권능이 강하고 면역력이 강해지는 온몸기도의 1단계는 소리 내어 하는 기도입니다. 온몸기도의 첫 단계는 소리를 내어 또박또박 천천히 기도하는 것입니다. 이때 급하게 하지 말고 정신을 집중하여 기도문장의 의미를 깊이 의식하면서 반복해야 합니다. 이 단계는 [영] [혼] [육]중에서 "육으로 기도하는 단계"입니다. [영] [혼] [육]이란, 사람을 삼등분(삼분)하여 표현한 말입니다. "평강의 하나님이 친히 너희를 온전히 거룩하게 하시고 또 너희의 온 영과 혼과 몸이 우리 주 예수 그리스도께서 강림하실 때에 흠 없게 보전되기를 원하노라."(살전 5:23)

이는 앞으로 온몸기도를 배우는데 핵심적이고 가장 중요한 요소이며 구별하고 알기가 무척 어려운 부분입니다. 필자가 기도문을 온몸기도를 숙달하기 위하여 훈련할 때 현실 수행에 맞게 효과적으로 만들어 사용한 기도문입니다. "하나님 사랑합니다." "하나님 도와주세요." "하나님 용서해 주세요." "하나님 감사합니다." 이 4문장 만 숙달하시면 됩니다. 기도문이 간단해야 온몸기도에 도달할 수가 있습니다.

여러 문장을 가지고 기도해 보았으나, 너무 길어서 효율이 떨어지고 나중에 자동으로 반복할 시에도 장애가 됩니다. 한번 자신이 정한 문장을 자주 바꾸면 반복하는데 어려움과 습관화 시키는데 오랜 시간이 걸리므로 한번 정할 때에 간단명료하게 정하고 자주 바꾸지 말아야 합니다. 나중에 이 "한번 기도하는

데 걸리는 시간"이 "걸을 때에 오른발과 왼발을 한번 내딛는데 걸리는 시간"과 또는 "호흡 시 들이쉬고 내쉬는 시간"과 잘 맞아야 합니다. 그래서 필자가 바로 전에 말씀드린 간단한 기도문이 적절하다고 생각합니다. 자기 나름대로 기도문을 만들어 사용해도 됩니다. 자주 바꾸지는 마세요. 나중에 힘들어집니다. 이 소리내어 하는 음성기도는 무의식에 심기어 자동으로 반복되어지는 것을 경험할 때까지는 계속되어야 합니다. 나중에 2, 3단계 기도에 어려움이 생길 때에는 다시 1단계의 음성기도로 돌아와서 집중력을 길러 다시 올라가야 합니다.

2.온몸으로 하는 기도 2단계

자신 안에서 성령의 불이 나오고 성령의 권능이 강하고 면역력이 강해지는 온몸기도 2단계는 마음의 기도입니다. 온몸기도 2단계 기도를 숙달 할 때 "호흡법"을 기도와 연결하면 쉽게 습관화시킬 수 있습니다. 즉 숨을 들이쉬고 내쉬는 동작을 한 사이클로 해서 반복합니다. 조용하고 편안한 곳, 기도에 방해받지 않고 집중하여 기도할 수 있는 자세를 취하시기를 바랍니다. 의자 등거리에 등과 엉덩이를 밀착하여 앉거나, 무릎을 꿇고 하는 것도 좋습니다. 본인이 하기 좋고, 편안하고, 자기를 낮추어 겸손하게 만드는 자세를 취하는 것이 좋습니다. 예를 들면, 숨을 코로 아랫배까지 들이쉬면서, "하나님!" 하고, 숨을 천천히 내쉬면서 "사랑합니다." 하세요. 숨을 내쉴 때에 더 천천히 하여, "사랑합니다." 라고, 말한 뒤에도 계속 기도 내용에 집중하여 머물러 있으면 좋습니다. 또 다른 방법은 숨을 들이쉬면서, "하나님 도와주세요." 하고, 숨을 천천히 내쉬면서 "하나님 용서해 주세요." 이렇게 하는 것은 특별한 왕도가 없고 본인이 편안하고 오래 집중적으로 할 수 있으면 됩니다. 절대로 남이 그렇게 했다고 따라서 할 필요는 없다는 것입니다.

2단계는 목소리를 죽이고 우리 머리의 생각을 죽이고 마음에 고도로 집중하여 기도합니다. 즉 우리의 '마음' 을 이용하여 하는 기도입니다. 1단계 음성기도가 깊어지면 2단계 마음의 기도는 자연스럽게 반복됩니다. 오랜 시간 기도할 때 소리 내어 기도하는 발성기도로 오래하면 피곤하고 지치므로 1시간은 발성기도, 1시간은 마음의 기도를 하면 서로 조화를 이루는 기도가 됩니다. 마음을 열고 마음으로 기도할 때 성령님이 감동하시어 충만하게 하시기 때문입니다.

이 마음의 기도가 안 되고 정신이 산란해지면 발성기도로 다시 돌아가야 합니다. 잘못하면 잡념에 사로잡히고 기도문이 막히는 경우도 생깁니다. 잡념을 해결하는 방법은 소리를 내어 발성 기도를 하든지, 계속적으로 예수님을 찾든지, 또는 찬양을 계속해서 부르든지, 성경을 읽고 잡념을 몰아내든지, 지옥이나 예수님의 십자가 죽음을 묵상하든지 등등으로 해결책을 찾아야 합니다. 필자는 계속해서 예수님을 찾아서 성령충만하게 하여 잡념이 떠나가게 합니다. 잡념의 원인은 내 안의 죄악과 세상에 대한 정욕들 상처 스트레스 때문입니다. 회개하고 용서하고 겸손해지면 잡념은 물러갑니다. 그렇지 않으면 예수 이름으로 대적하는 방법도 있습니다. "예수 이름으로 명하노니 잡념은 물러갈지어다." "자꾸 잡념에 빠지게 하는 악한 영은 예수 이름으로 명하노니 떠나갈지어다." 그러나 이 방법은 사용하지 않는 것이 좋습니다. 일시적으로 잠잠해지기 때문입니다. 기도를 방해하던 악령들이 순간 숨기 때문에 영원하지 못합니다. 세상에서 말하는 사이다와 같은 상태가 됩니다.

3.온몸으로 하는 기도 3단계

자신 안에서 성령의 불이 나오고 성령의 권능이 강하고 면역력이 강해지는 온몸기도 3단계는 가장 어려운 단계로 온몸이 성령으로 지배되어 성령으로 하는 기도입니다. 온몸으로 기도하는 단계입니다. "정신의 핵심" 영이 거처하는 마음 안에 내려가 영과 하나가 되는 성령의 기도입니다. 즉 혼의 가장 깨끗한 핵심 부분인 "누스"(마음-정신-지성)가 영과 결합하여 성령으로 드리는 온몸기도입니다. 이 기도는 1,2단계 기도가 충분히 발전되어 자동으로 온몸 기도가 24시간 쉼 없이 이루어질 때에 일어납니다. 쉬지 않고 하나님을 찾으며 기도하는 단계입니다. 항상 성령의 지배와 임재 가운데 있는 상태입니다. 즉 회개와 겸손과 희생으로 영-혼-육이 충분히 정화되고 성령의 조명을 받을 때에 일어납니다. 이때에 하나님을 대면하며 그의 현존과 임재를 느끼며, 우리의 전인(영-혼-육)이 치유되고 통합되는 신비한 체험을 합니다. 쎄오리아(Theoria), 즉 하나님을 "바라봄"(Contemplation: 봄, 임재 하심을 느낌, 현존을 체험)이라는 최고의 단계에 이릅니다. 이것은 어떤 부정적 의미의 신비주의나 엑스타시가 아니라, 내 전인이 변화를 받아 지혜와 사랑을 얻기 위한 성령하나님의 은총의 체험입니다. 이 바라봄의 결과로 하나님이 주신 성령의 불과 권능이 흘러나오며, 마음의 스트레스가 치유되며, 영력과 면역력이 강화되며, 하나님이 주시는 참 지혜가 생기며, 세상을 향해 베풀 수 있는 사랑을 하나님으로부터 받게 됩니다. 저는 이 기도를 통하여 저의 영육의 치유와 깊은 영성을 유지하며 사역을 하고 있습니다. 이 온몸기도 3단계에 의식적으로 들어가야 하겠다고 생각하면 절대 들어갈 수 없습니다. 2단계 마음의 기도를 집중적으로 몰입해서 계속하다가 보면 어느 순간에 온몸기도에 들어갑니다. 온몸기도의 최고의 경지로서 여러 가지 영적 변화를 느낄 수 있습니다. 이 단계에 들어가려면 많은 훈련과 의지와 노력이 필요합니다.

4.온몸으로 하는 기도를 숙달하는 여러 방법

1) 심장기도: 심장박동에 맞추어 온몸기도를 하는 것입니다. '예수여 나를 도우소서'라는 한 문장의 기도문을 심장 박동에 맞춤으로 기도에 다른 생각이 들어가지 못하게 하는 것입니다. 심장박동에 맞춤으로 생각과 마음을 분리시키는 것입니다. 그리고 이 간단한 문장에 트럭에 짐을 실어 보내 듯 문제를 실어서 자신 안의 예수님에게 보내시기 바랍니다.

① 자신의 심장박동에 정신을 집중하세요.

② 손을 심장부분에 대어서 박동을 감지하세요.

③ 심장의 박동에 한 단어 또는 절반을 실어서 마음으로 기도문을 외우세요.

④ 기도문을 박동에 실어서 규칙적으로 기도하세요. 짧게 또는 길게 하여도 무방합니다.

2) 시계 초침 소리에 맞춰서: 코로 숨을 아랫배까지 들이쉬고 내쉬면서 예수님…. 사랑합니다…. 반복하며 기도. 먼저 십자가에 달리신 주님과 부활하신 주님을 생각하세요. 영광중에 다시 오실 예수님을 상상하세요. 모든 권세를 예수님은 지니고 계십니다. 그 분을 내 마음에 담고 내 마음에 충만히 거하시게 하며 예수님의 사랑을 마음에 가득히 소유하세요.

3) 호흡기도: 코로 호흡을 아랫배까지 들이쉬고 내쉬는 것입니다. 기도문을 호흡을 할 때, 숨을 가만히 아랫배까지 들어 마시면서 예수님을…. 길게 부릅니다. 그리고 잠간 호흡을 멈춘 후 호흡을 내 쉬면서 사랑합니다…. 계속 반복하면 마음이 안정되며, 정신이 맑아지며, 마음이 평안해지며, 자신의 영-혼-육체의 온몸 곳곳에서 주님의 임재 지배가 시작됩니다.

4) 걸으면서 기도: 한 발자국씩 걸을 때 '예수님' 다음 발자국에 '사랑합니다.' 이렇게 계속 걸어가면서 기도합니다.

5) 맥박 기도: 한 손을 가슴에 대거나 맥박을 느낄 수 있는 손목에 대거나 해서 한번 맥박이 뛸 때 예수님…. 다음번에 사랑합니다…. 를 반복하세요.

6) 잠자기 전에 잠자면서 기도: 음악을 잔잔하게 틀어 놓는

것이 좋습니다. 순수한 악기로만 연주된 찬양이 좋습니다. 가슴에 손을 얹고 예수님 사랑합니다. 를 반복하세요. 그리고 잠을 자는 것입니다.

7) 전철에서 기도: 전철을 타면 기차 레일에서 반복적으로 나는 소리에 한 번에 '예수님' '사랑합니다.'를 반복하세요.

8) 일을 하면서 하는 기도: 마음으로. 예수님 사랑합니다. 예수님 도와주세요. 우리의 모든 공간(생각, 마음, 영혼)을 거룩한 이름으로 가득히 채워야 합니다. 우리 안에 이름이 채워져 있으면 있을수록 혼돈, 무질서, 음란, 욕심, 불안함, 두려움, 좌절감과 같은 부정적이며 나에게 피해를 주는 나쁜 감정, 생각들이 나에게 영향을 주지 못하게 되고 주님이 주시는 평안과 위로와 소망이 늘 나의 마음과 생각을 주장하게 됩니다. 처음에는 온몸으로 하는 기도가 무료하게 느껴질 수 있습니다.

그러나 인내하며 계속하면 자신의 메마른 심령에서 맑은 물이 어디선가 흘러 들어오는 것을 느낄 수 있습니다. 내 영혼 온몸 깊은 곳에서 마치 새벽이 오는 것처럼 마음이 밝아오는 것을 내면에서 느껴집니다. 온몸 기도를 반복하여 자신의 영혼에 불을 피어나게 해야 합니다. 온몸으로 기도하여 치유를 받을 수 있다는 것은 자신 안에 주인이신 하나님과 관계가 열린 것입니다. 온몸 기도하며 마음의 상처와 스트레스를 정화하여 전인격이 하나님의 나라가 되면, 살아계신 하나님의 성전이 되면 자동으로 영력과 면역력이 강해지는 것입니다.

6. 온몸 기도의 실천.

성령님을 먼저 요청하세요. 손을 가슴에 얹고. 편안한 자세, 간편한 옷을 입고, 배가 고프지도 않고, 너무 부르지도 않은 상태에서, 조용한 시간으로 잠자기 직전, 직후의 1-2시간을 택해서 하면 좋습니다. 부부가 같이 하면서 서로 기도해 주면 더욱 좋습니다. 조용한 장소로서 소파 같은 곳, 약간 딱딱한 곳이 좋습니다. 찬양 음악이 있으면 좋습니다. 순수한 악기로만 연주된 찬양이 좋습니다.

시작 전에 조용한 찬양을 하거나 들으세요. 그러면서 성령님에게 집중하세요. 성령님을 자꾸 찾으세요. 단조롭게 성령님을 부르세요. 도움을 요청하세요. 감사와 사랑을 고백하세요. 그러면서 가만히 있으세요. 마음속에 성령님을 느끼세요. 호흡이 약간 빨라집니다. 긴장이 풀리면서 눈까풀이 떨거나 표정이 평안하게 됩니다. 불이 심령에서 올라오고, 약간 몽롱한 상태, 그러나 마음이 부풀어 오르는 것 같은 상태를 느낄 수 있게 됩니다.

포근함, 안락함, 짐을 내려놓은 느낌을 가지게 됩니다. 그러면서 계속 성령님을 찾으세요. '성령님, 저의 전인격을 사로잡으소서'하고 자꾸 성령님을 부르세요. 그러면서 시간의 개념으로부터 분리 되려고 해야 합니다. 외부적인 감각이 꺼지면서 내면의 활동이 강하게 됩니다. 그 자체가 이미 기쁨이 넘치며 많은 은혜가 임하게 됩니다. 온몸기도는 우리에게 신비한 체험을 하게 합니다. 온몸기도를 하여 마음의 상처를 치유하고 마음이 정화되고 영력이 강화되었다고 간증하시기를 바랍니다.

10장 영의통로를 열면서 성령 권능을 강화

(롬 8:26-28)"이와 같이 성령도 우리의 연약함을 도우시나니 우리는 마땅히 기도할 바를 알지 못하나 오직 성령이 말할 수 없는 탄식으로 우리를 위하여 친히 간구하시느니라 (27) 마음을 살피시는 이가 성령의 생각을 아시나니 이는 성령이 하나님의 뜻대로 성도를 위하여 간구하심이니라 (28) 우리가 알거니와 하나님을 사랑하는 자 곧 그의 뜻대로 부르심을 입은 자들에게는 모든 것이 합력하여 선을 이루느니라."

온몸으로 기도하며 권능과 면역력을 강화하려면 자신 안에 주인으로 계시는 하나님과 영의 통로를 열어야 합니다. 자신 안에 주인으로 계시는 하나님께서 성령의 불로 역사하시면서 기도할 때 마음의 상처가 정화되고 안정되어 영-혼-육체의 전 기능이 하나님의 나라가 되면서 영력이 강화되기 때문입니다.

하나님은 하나님과 영의 통로가 열려 하나님과 영으로 교통하기를 원하십니다. 하나님과 영의 통로가 열리면 온몸 기도를 할 때 성령의 불이 마음 안에서 올라오는 체험을 하게 됩니다. 하나님과 영의 통로가 열려 마음 안에서 성령의 불이 나오는 체험을 하시기를 바랍니다. 예수로 죽고 예수로 살아 하나님의 성전 되어 성령의 인도를 받는 성도라도 육체를 가지고 있습니다. 그렇기 때문에 본인이 마음을 열고 먼저 기도하려고 해야 성령께서 기도를 이끌어 가십니다. 마음이 먼저 감동을 해야 성령께서 역사하신다는 말입니다. 본인의 의지가 중요하고 본인의 의지에 따라 성령님도 역사하십니다. 성령님이 역사해야 온몸으로 기도하며 영이신 하나님과 교통할 수가 있습니다.

　그러므로 우리가 하나님과 교통하려면 성령으로 사로잡힌 영적인 상태가 되어야합니다. 영적인 상태가 되려면 자신 안의 주인이신 하나님과 영의 통로가 열려서 영으로 기도를 해야 하나님과 교통할 수가 있습니다. 많은 분들이 영의 통로라고 하면은 저 보이는 하늘나라에 계신 하나님과 영의 통로가 열려야 한다고 생각을 합니다. 그러나 잘못이해 하신 것입니다.

　하나님과 영의 통로가 열린다는 것은 예수를 믿을 때 내 영안에 주인으로 들어와 좌정하고 계신 살아계신 하나님과 영의 통로가 열리는 것입니다. 필자도 27년전 성도였을 때 하늘에 계신 하나님에게 기도해야 되는 줄 알고 한참 목사가 되지 않겠다고 버틸 때 산 기도를 많이 갔습니다. 다른 분들은 능력을 받아서 하나님의 일을 잘해 보겠다고 산 기도를 하시는데, 저는 반대로 목사를 하지 않겠다고 항변하며 산 기도를 했습니다.

　그때는 혈기 왕성하고 젊고 힘이 좋아서 산에 올라가 통성으로 기도하면 산이 쩌렁쩌렁 울렸습니다. 저는 그렇게 기도해야 하나님이 들으시고 응답해주신다고 믿었기 때문입니다. 왜냐하면 제가 20여년간 평신도 생활을 했는데 어떤 목사님 한 분도 기도를 내 안에 계신 하나님에게 한다고 알려주지 않았기 때문입니다. 아마 이 책을 읽는 분 중에서도 저와 같은 생각을 가지고 계시는 분들이 있을 것입니다. 우리교회에 오셔서 성령 치유와 영성훈련을 받으시는 분들 중에도 종종 하나님이 하늘에 계신 줄 알고 계시는 분들이 다수가 있습니다. 그래서 저에게 질문하는 분들이 있습니다. 그러나 하나님은 내 안에 계십니다. 내 안에 계신 하나님과 영의 통로를 여시기를 바랍니다.

1.영의 통로가 열리게 하려면 어떻게 해야 하나.

영의 통로가 열리게 하려는 그 조건과 상태는 여러 가지이지만 첫째 의지를 발동해야 합니다. 본인이 영의 통로를 열겠다는 의지를 발동하여 마음을 열어 불같은 성령으로 세례를 받는 것이 제1의 원리요, 그 다음은 말씀과 성령으로 내적 치유하는 것이 제2의 원리요, 성령의 역사로 귀신 추방의 제3 원리입니다. 귀신은 성령이 역사하면 자동으로 추방이 됩니다. 이 모든 것은 혼자의 영력이나 힘으로는 불가능합니다. 성령의 역사가 일어나는 장소에 가서서 성령 충만하고 체험이 많은 사역자의 도움을 받는 것이 좋습니다. 아니 그렇게 하는 것이 빨리 영의 통로가 열리게 할 수 있습니다.

그리하여 생각이 영적으로 바뀌고, 마음이 감동되어, 마음의 열리면 성령이 역사하시니 성령으로 발원한 믿음이 생겨서, 본인의 의지가 발동되어, 본인의 원하는 대로 기도가 되고 몸과 마음이 움직여지고, 적극적인 행동으로 옮겨지는 과정을 거쳐야 합니다. 이 영적 원리는 모든 것에 적용됩니다. 영적인 원리는 성령의 인도가운데 성경말씀을 보면 깨달을 수가 있습니다.

2. 영의 통로가 열려 불이 나오는 온몸기도를 하라.

1) 영의 통로가 열려 불이 나오는 기도는 어떻게 해야 합니까? 마음을 열고 주여! 하면서 소리내어 기도해야 합니다.

① 깊은 성령의 지배와 임재 하에 영육이 성령의 만지심을 느끼도록 하여야 합니다. 성령의 임재를 느끼는 현상은 사람마다 다양합니다. 성령의 임재를 못 느끼는 분들의 경우는 주님이 안 오시는 것이 아니라 단순히 못 느끼는 것입니다. 성령께서 만지심을 느끼도록 성령 충만한 기도로 마음이 영에서 올라오는 감동을 민감하게 느끼도록 훈련해야 합니다.

② 성령의 지배와 임재가 깊어지게 하려면 자신의 의지를 꺾고 단지 그분이 하시는 일을 가감 없이 받아들여야 합니다. 이 훈련을 지속적으로 해야 영적 지각능력이 배가 됩니다. 어디까지 받아들여야 하는가? 각자의 마음속까지 아니 뼛 속까지 가감 없이 그대로 받아들여야 합니다. 예를 들어 강한 역사가 일어나면 더 강하게 하면서 성령의 역사에 순종하며 따라가야 합니다. 뜨겁게 역사하시면 더 뜨겁게 역사하여 주소서 하며 아이고 뜨거워, 아이고 뜨거워하면서 반응을 순수하게 하면 성령님은 인격이시기 때문에 더 역사하여 주시는 것입니다.

③ 성령이 마음대로 일하시게 해야 합니다. 이때 성령께서 육체의 만지심의 느낌에 절대 순복하여야 합니다. 즉 반응에 절대 순종하고 환영하는 반응을 보여야 합니다.

④ 성령님의 지배와 임재에는 반드시 메시지가 있음을 명심하시기를 바랍니다. 제가 몇 년 전에 서울 강북구에 있는 성민

교회라는 곳에 가서 부흥회를 인도한 적이 있습니다. 밤 시간이었는데 한참 말씀을 전하고 있으니 어느 남자분이 그때서야 도착하여 말씀을 듣는 것이었습니다. 그리고 말씀을 다 전하고 기도 시간이 되었습니다. 기도를 하도록 인도하고 저는 기도 시간마다 아무리 성도가 많아도 개별 안수를 해드립니다.

안수기도를 한참 하다가 그 늦게 도착한 분의 차례가 되었습니다. 그래서 안수를 했습니다. 그러니까, 머리를 숙이면서 흐느끼는 것이었습니다. 저는 무슨 영문인지 모르고 그냥 머리를 들고 기도하시라고 조언하고 한 50분간 기도하고 마치고 집으로 돌아오려고 했습니다. 필자가 집에 돌아오려면 4호선 전철을 타야 하는데 전철역이 그 교회에서 상당히 멀었습니다.

그래서 전철역까지 누가 차로 좀 데려다 달라고 했더니, 담임 목사님이 밖에 나가시면 차가 대기하고 있으니 잘 돌아가시라고 했습니다. 그래서 대기하고 있는 차를 타니 아까 늦게 들어왔다가 기도하며 흐느끼던 그분이었습니다. 그분이 하는 말이 목사님 제가 오늘로 예수를 믿은지 13년이 되었는데 처음으로 울어보았습니다. 은혜 받게 해주셔서 감사합니다.

그래서 왜 우셨습니까? 예! 기도하는데 마음에서 성령의 불이 뜨겁게 올라오면서 내 속에서 뚜렷하게 "내가 너를 사랑한다. 내가 너를 사랑한다. 내가 너를 사랑한다." 하며 위로하여 주시는데 갑자기 성령의 불로 얼굴이 화끈 거리고 눈물이 쏟아져 나왔습니다. 이분은 제가 기도를 어떻게 하라고 알려주고 기도를 시키니까, 그대로 순수하게 따라서 하니 성령의 역사로 성령의 불로 세례도 받고 성령의 음성도 들은 것입니다.

이와 같이 기도를 성령으로 하면 반드시 하나님의 임재 현상이 나타나게 되어 있습니다. 임재현상이란, 성령세례로 진동을 한다든지, 음성이 들린다든지, 마음에 평안이 올라온다든지, 마음속에서 성령의 불의 뜨거움이 올라온다든지, 갑자기 기도문이 열려 뜨겁게 방언으로 기도하게 된다든지, 성령의 감동으로 나도 모르게 울음이 터진다든지, 나는 어떤 이유인지 모르겠는데 갑자기 웃음이 주체 못하게 터진다든지, 큰 소리가 터진다든지, 등등, 성도가 영으로 바르게 기도하면 반드시 살아 계신 하나님의 임재 현상을 체험하게 되는 것입니다.

2) 성령의 불이 임하고 나오는 기도방법

① 호흡을 코로 아랫배까지 들이 쉬면서 내쉬면서 방언이나 발성 기도를 하시면서 내 영 안에서 역사하는 성령의 불과 밖에서 역사하는 성령의 불을 내 것으로 만드는 기도 방법입니다. 성령은 내 영 안에 계시고, 우리 안에 계시고, 성령으로 충만한 상태에서 영으로 말씀을 듣거나 읽을 때 말씀 안에 계십니다. 이 성령의 역사를 일어나게 호흡을 들이쉬고 내쉬면서 방언기도나 발성 기도로 성령의 임재를 깊이 느끼고 유지합니다.

② 능동적으로 성령의 불을 끌어당기는 기도를 합니다. 숨을 깊이 들이쉬면서 밖에서 역사하는 성령의 불을 끌어들이는 것입니다. 코로 호흡을 깊게 들이쉬면서 성령의 불을 끌어들이시기 바랍니다. 이때 강하고 크게 자신의 육체의 한계를 넘어서

는 강력한 기도를 해야 합니다. 의지를 다해서 주여! 하면서 강력하게 해야 합니다. 절대로 힘이 든다고 나약하게 부르짖는 기도를 하면 더 강한 성령의 불을 끌어 들일 수가 없습니다. 이를 위해서 복식 호흡법을 활용하여 코로 숨을 아랫배까지 들이쉬고 내쉬면서 배에서 올라오는 소리로 힘껏 소리를 지르고 온몸으로 부르짖는 기도를 하여야 합니다(최소한 30분 이상). 그래야 목에 피로가 안 오고 목이 상하지 않습니다.

필자가 지금까지 수많은 기도 세미나를 인도했는데 이렇게 기도한 분들 절대로 목이 상하지 않았습니다. 기도하면서 목이 상하는 분들은 자신의 기도 방법을 빨리 바꾸어야 합니다.

③ 성령께서 하시는 일에 크게 반응해야 합니다. 몸에 이상한 현상이나 소리가 올라오더라도 움츠리거나 놀라거나 거부하거나 무서워하지 말라는 것입니다. 이때 말과 행동에 있어서 크게 반응하기 바랍니다. 성령께서 하라는 대로 순종하는 것이 좋습니다. 될 수 있으면 크게 반응을 하는 것이 좋습니다. 더 강하게, 으으으 아 뜨거워하면서 성령의 역사하심을 환영하고 받아들여야 합니다. 교역자는 강단에 서기전에 이 단계까지 기도하고 그 후에 강단에 서야합니다. 그래야만 예배와 설교 가운데 성령의 기름부음이 강해집니다.

그리고 교회의 직분자들 특히 강도사, 전도사, 장로님, 권사님, 안수집사님 등등은 모두 이정도로 기도를 해야 마귀를 이기고 하나님이 주신 사명을 감당할 수가 있는 것입니다. 알아야 할 것은 기도가 성령충만이고 기도하지 않는 성령충만은 없습니다. 기도가 영성이고 기도하지 않는 영성은 없습니다. 자신 안에서 성령의 권능과 불이 나오는 기도를 하여 성령으로 심령도 변하여 단물을 내는 모두가 되시기를 소원합니다.

3) 자신의 영적 치유기도는 어떻게 하나?

자신의 영육치유 없이는 영의 통로가 열리고 능력 오는 기도를 할 수가 없습니다. 먼저 알아야 할 것은 영성이 있는 자가 갖추고 준비할 기본사항은 이렇습니다.

① 내적 치유가 되어 감정정리를 잘해야 합니다. 무슨 일이 있어도 혈기를 내지 않는 것입니다. 자신의 내면이 잘 관리된 분들은 절대로 혈기나 분을 내지를 않습니다. 왜요, 혈기를 내면 자신의 마음에 상처 스트레스가 쌓여 해결하려면 시간이 걸리기 때문입니다. 그러니까, 자신의 영적인 생명의 근원인 마음의 관리를 위하여 스스로 그렇게 하게 되는 것입니다.

② 항상 마음이 안정되어 성령의 지배와 임재를 유지해야합니다. 온몸 기도로 심령에서 기도가 올라오면 마음에 말로 표현 못하는 평안이 올라옵니다. 그러므로 항상 성령님의 임재와 도우심으로 평안을 유지하고 마음에 안정을 유지 할 수가 있습니다. 예수를 믿고 성령으로 거듭난 성도의 영적인 생활은 절대로 마음이 안정되어야 합니다.

왜냐하면 마음이 안정이 되어야 내 영 안에 계신 성령님의 역사가 나를 장악할 수가 있습니다. 절대로 혈기나 분을 내면 영성은 감소되고 육성이 나를 사로잡게 됩니다. 그러므로 육성에 역사하던 마귀가 침입할 수가 있는 것입니다. 이것을 알고 자신의 마음을 안정된 평안한 마음으로 항상 만들 수 있는 성도가 영안이 열린 성도요, 마귀를 패주시킬 수 있는 성도입니다.

③성령의 지배와 임재 하심을 지속하기 위하여 아무리 큰일이 일어나더라도 거기에 빠지면 안 됩니다. 마음으로 성령의 음성을 들어야 합니다. 하나님은 성도들에게 온몸 기도로 안정된 전인격이 되라고 하시는 것입니다. 하나님은 보이지 않는 영이지만 살아계십니다. 우리가 하나님의 뜻을 따라서 세상을 살아가다가 보면 여러 가지 생각하지 못한 일들이 나옵니다. 그러나 그런 일들은 모두 하나님의 역사하심으로 해결할 수 있는 일들입니다. 문제는 우리가 성령으로 충만하여 마음이 안정이 되는 것이 문제입니다. 사람이 마음이 안정이 되어야 성령의 인도를 받는 영적상태가 쉽게 될 수가 있는 것입니다.

그러나 혈기를 낸다거나 보복의 칼을 품는다거나 분을 내면은 육성으로 돌아가기 때문에 하나님과 교통할 수가 없는 것입니다. 그래서 영안이 열리고 단련되고 연단된 성도는 자기가 자기 영을 지킬 수가 있는 것입니다. 그리고 자기가 자기 영을 지키는 영적원리를 체험을 통하여 깨닫게 되는 것입니다.

그래서 하나님은 연단되고 단련된 성도를 만드시려고 성도들을 훈련하시는 것입니다. 왜 그렇습니까? 하나님은 우리에게 소원을 두고 이 땅에 하나님의 나라를 만들어야 하기 때문입니다. 하나님의 훈련을 달게 받고 영성을 깊게 하기 위하여 온몸 기도를 숙달하시기를 바랍니다.

④ 사역자나 성도나 할 것 없이 율법적이 되어서는 절대로 안 됩니다. 진리가 자유하게 합니다. 은혜로 사랑으로 믿음 생활을 하시기 바랍니다. 항상 성도는 마음에 자유 함이 있어야 합니다. 그래서 필자는 기도를 할 때도 편한 자세로 하라고 합니다. 매인 것이 있어서는 사람이 육성으로 돌아가기가 쉽습니다. 우리의 육성으로는 하나님께 쓰임 받을 수가 없습니다. 하나님은 영이시기 때문입니다. 어찌 하든지 내 안에 계신 하나님과 영의 통로가 열려야 내가 권세 있는 성도가 되는 것입니다. 그래서 가지인 성도는 포도나무인 예수님에게 딱 붙어서 포도나무로부터 진액을 받아야 살아갈 수가 있는 것입니다.

4) 영의 통로가 열려 마음 안에서 성령의 불이 나오는 기도를 하기 위해서 성도가 자신에 대하여 알아야 할 사항입니다.

① 자신이 마귀의 공격을 받는 감정을 찾아내야합니다. 자신이 영성의 발전에 저해 요소를 찾아내어 제거 하라는 것입니다. 예로서, 잡념, 죄, 습관, 꿈, 생각, 잘 통제하지 못하는 것 등등을 찾아서 고쳐나가야 합니다. 어떻게 치유하느냐 말씀과 성령의 강력한 역사에 의한 내적 치유와 온몸 기도로 치유해야 합니다. 사람은 스스로 자기 통제가 가능하도록 만들어졌습니다. 그런데 오늘날 우리가 자기 통제를 못하는 이유는 죄성과 상처 스트레스 때문입니다.

그러므로 예수를 믿는 믿음과 성령의 은혜 안에서는 이 모든 것이 회복되기 때문에 자기 통제가 가능합니다. 이것을 다른 말로 하면 성령의 은혜로 말미암아 공격받는 감정을 치유할 수 있다는 의미입니다. 자신의 공격받는 분야를 찾아 내적 치유하시기를 바랍니다.

② 자신의 공격받는 분야를 꼭 찾아내야 합니다. 예를 들어 혈기나 분노의 경우 자신의 상처와 조상의 유전까지 찾아 들어가야 합니다. 부계와 모계 쪽으로 계속 추적하여 찾아내세요. 상처라고 하면 태아, 유아, 소년기, 부모 등 원인을 찾아내야 합니다. 그래서 성령의 지배가운데 치유해야 합니다.

③ 그 죄와 관련된 지속적이고 뚜렷한 경험들을 파고 들어가세요. 그리고 지식의 말씀의 은사와 지혜의 말씀의 은사를 통하여 해결하세요. ⓐ 그때의 감정을 뿌리를 찾아서 제거하세요. ⓑ 거기에 레마의 말씀과 성령의 능력과 주님의 피를 뿌립니다. ⓒ 뿌리 뒤에 역사하는 영을 찾아내야 합니다. 그 찾는 이유는 그때 그 사건을 통하여 들어온 귀신을 찾아야 하기 때문입니다. 분명히 그 때 타고 들어온 것이 있습니다. ⓓ 그 영의 정체를 드러내고 쫓아내고 몰아내고 반대 영을 공급합니다. 이 원리는 모든 영적인 전쟁을 할 때 적용되는 원리입니다. 이 원리를 적용하여 성령으로 영적인 전쟁도 하시기를 바랍니다.

자신이 살아서 자신의 힘으로 영적인 전쟁을 승리할 수가 없습니다. 영적전쟁 대상 귀신은 자신보다 한 차원이 높은 4차원이기 때문입니다. 영적전쟁을 이기려면 자신이 죽어 없어져서 성령으로 충만하여 5차원이 되어야 승리할 수가 있습니다.

3.영감을 증폭시키고 성령의 불이 나와 영력을 유지하는 여러 기도는 이렇게 하시기를 바랍니다.

1) 영의 통로를 열어 불이 나오게 하는 기도. 먼저 통성기도로 막힌 영을 뚫어야합니다. 호흡을 들이쉬고 내쉬면서 의지적으로 배에서 올라오는 주여! 주여! 소리를 내어 기도해야 합니다.

① 먼저 통성으로 발성의 기도를 하시기 바랍니다.

② 숨을 들이쉬고 내 쉬면서 아랫배에서 나오는 영의 소리로 주여! 주여! 하시기를 바랍니다.

③ 방언기도를 호흡을 코로 들이쉬고 내쉬면서 배에서 올라오는 방언으로 기도해야 합니다.

2) 성령의 불이 임하고 나오는 기도

① 먼저 성령의 지배와 임재를 유지해야 합니다.

② 성령의 임재가 충만해지면 이렇게 하시기를 바랍니다.

③ 배꼽 아래에 마음을 두고, 코로 숨을 들이쉬면서 마음으로 밖에서 역사하시는 성령을 끌어들이세요.

밖에 있는 불이 들어옵니다. 코와 입을 통한 호흡법을 활용해야 합니다. 숨을 코로 들이쉬고 내 쉬고….

④ 다시 배꼽 아래에 마음을 두고, 입으로 숨을 내품으면서 마음으로 성령을 끌어올리세요. 내 영 안에 있는 불을 끌어올린다는 상상을 하면서.

호흡법을 활용해야 합니다. 코로 숨을 아랫배까지 들이쉬고 내 쉬고….

3) 성령의 지배와 임재를 유지하기 위한 기도

찬양이나 마음으로 성령의 임하심을 받아들이세요. 숨을 코로 아랫배까지 들이쉬고 내쉬면서 방언이나 언어의 기도를 하라. 걸어 다니면서도 습관적으로 해야 합니다.

주의해야 할 것은 문제가 나타나더라도 거기에 마음을 **빼앗**기지 말아야합니다. 이유는 기도가 되지 않고 마음이 집중되지 않습니다. 항상 문제가 있는 곳에 하나님의 답이 있으니 성령의 지배하에 하나님에게 문의 하여 답을 찾아야합니다.

4) 강한 성령의 권능이 나타나기 위한 기도

성령의 지배와 임재를 요청하세요. 어느 정도 임재가 유지되면 방언으로 기도하세요. 이것도 호흡법을 활용하면 좋습니다. 성령치유 사역시 품어내기만 하면 쉽게 지치고 고갈 됩니다. 내 안에서 영력이 유지되게 하면서 기도하시기 바랍니다.

5) 성령치유 사역을 하거나 받거나 할 때 기도는 이렇게 하세요. 반드시 적용해야 자신의 영을 지킬 수가 있습니다.

① 성령치유 사역을 받을 때도 주의해야합니다. 내가 마음이 열려진 상태이므로 악한 영의 침입이 있을 수 있습니다. 그러므로 성령 충만이 나에게서 흘러나오도록 해야 합니다. 그래서 마음의 기도나 마음의 방언기도로 성령 충만을 유지해야 합니다. 십자가에 달려 피 흘리시는 예수를 그리면서 기도 받는 것도 좋습니다. 성령치유 사역자가 영적으로 의심스러우면 받지

않는 것이 좋습니다. 그러므로 성령과 말씀으로 치유 받은 공인된 성령치유 사역자, 영적지도자를 만나야합니다.

② 사역자가 사역을 할 때 피 사역자들에게 붙어있는 더러운 것들이 타고 올 수 있습니다. 그러므로 성령 충만이 내 영 안에서 흘러넘치게 해야 합니다. 저는 마음의 방언기도로 성령의 지배와 권능과 임재로 영감을 받아 가며 사역하는 것을 습관화하고 있습니다. 사역을 할 때 마음의 기도나 마음의 방언기도로 성령 충만을 유지하세요. 내가 성령 충만한 상태이므로 역사가 더 잘 일어납니다. 대부분 영력있는 사역자들은 품어내므로 고갈이 잘되어 심신에 타격이 옵니다. 고로 자신의 성령의 임재 유지의 방법을 개발하여 적용해야 합니다. 그러므로 성령치유 사역은 아무나 하는 것이 아닙니다. 저는 성령치유 사역을 하다가 영적피해와 육체에 손실을 당해서 사역을 못하고 병들어서 고통당하는 많은 사역자를 치유하고 있습니다.

③ 사역이 끝난 다음에도 자기 관리를 해야 합니다. 많은 치유사역자들이 치유 사역할 때 타고 들어온 악한 영의 영향으로 탈진 현상을 많이 겪고 있습니다. 이는 자신의 관리를 게을리 했기 때문에 당하는 것입니다. 그러므로 사역을 한 후에 성령의 깊은 임재 하에 배호흡 기도를 해서 제거해야 합니다. 저의 경우는 이렇게 제거합니다. 의식을 배꼽아래에 두고 호흡을 깊게 들이쉬고 내쉽니다. 이때 아랫배가 아픈 경우도 있습니다.

그러면 자신의 손을 통증부위에 두고 계속 강한 호흡을 하면 통증이 없어지면서 하품이나 기침이나 트림으로 빠져나갑니다. 조금 있으면 머리가 맑아지고 상쾌하여 집니다. 자신이 생각해서 마음이 평안하고 가볍다고 생각이 되면 다 빠져나간 것입니다. 우리 성도들이나 사역자들은 앞에 설명한 온몸 기도의 방법들을 터득하면 자신의 영성관리에 대단히 유익합니다.

영의 통로가 막히면 여러 가지 문제가 발생합니다. 가슴이 답답해집니다. 스트레스가 마음 안에 쌓입니다. 혈기나 짜증이 심해집니다. 여기저기 육체의 질병이 발생하기도 합니다. 부부 간에 의견충돌 불화와 대립이 심해집니다. 몸에 암이 발생하는 근본원인은 스트레스입니다. 스트레스를 받아 상처가 쌓이니 영-혼-육체의 균형이 깨어지기 때문입니다. 가정에 문제가 발생하기도 합니다. 인간관계가 꼬이기도 합니다. 사람은 영적이면서 육적인 존재입니다. 고로 영의 만족을 누려야 모든 것이 정상이 되는 것입니다. 모든 문제의 시발점은 영에서 시작이 되는 것입니다. 영에서 문제가 생기면 마음의 병으로 진전이 됩니다. 마음의 병이 깊어지면 육체의 질병으로 나타나는 것입니다. 이는 **"불치질병 이리하면 완치된다."** 책을 읽으시면 깨닫게 됩니다. 그러므로 육체의 질병이 생겼다면 영적인 문제가 깊어졌다는 증거가 되는 것입니다.

이때 제일먼저 해야 할 것이 자신 안의 하나님과 막힌 영의 통로를 뚫어야 합니다. 영의 통로는 혼자 기도해서 쉽게 뚫리지 않습니다. 성령으로 충만한 사역자의 도움을 받는 것이 빠릅니다. 빠른 시간 내에 영의 통로를 뚫어야 합니다. 이를 예방하기 위하여 온몸 기도로 항상 영의 통로를 열어야 합니다.

11장 성령의 권능을 강화하는 호흡기도

(요20:22)"이 말씀을 하시고 그들을 향하사 숨을 내
쉬며 이르시되 성령을 받으라"

자신의 전인격이 하나님의 나라 천국이 되어 성령의 권능이
강해지고 면역력을 강화하는 상태가 되는 것은 성령으로 온몸
기도를 할 때입니다. 성령으로 온몸 기도를 하면 심장 박동이
정상적이 됩니다. 심장박동이 불규칙하면 심장부정맥이라고
합니다. 의학으로 완전 치유가 불가능합니다. 성령으로 온몸
기도를 30분정도 하면 심장박동이 2-3회 적게 뜁니다. 심장
박동이 적게 뛰면 뛸수록 심장이 건강한 것입니다. 심장 박동
이 1분에 55-60회 정도로 유지 되는 사람은 오래 산다고 합니
다. 심장 박동이 느린 짐승이 오래 삽니다. 거북이는 심장이 1
분에 6회 뛴다고 합니다. 거북이 수명은 평균 150년이라고 합
니다. 이 책에서 설명되는 온몸 기도의 단계를 자기 것으로 숙
달하시어 성령으로 온몸 기도하며 마음의 상처를 정화하고 면
역력을 강화하시기를 바랍니다.

호흡은 건강과 관련이 있습니다. 호흡이 깊고 강한 사람은 건
강합니다. 병원 중환자실에 가면 산소 호흡기를 달고 계시는 분
들이 있습니다. 호흡을 자기 힘으로 할 수가 없기 때문에 다른
방법으로 호흡하게 하여 수명을 연장하면서 몸의 기능을 정상
으로 회복하여 건강하게 하기 위해서입니다. 호흡이 강하고 깊

으면 건강한 것입니다. 그런 면에서 기도는 호흡입니다. 호흡을 통하여 기도가 깊고 강하게 되면 면역력이 강한 것입니다.

고로 사람의 생명은 호흡에 있습니다. 하나님께서는 흙으로 사람을 지으시고, 그 코에 생기를 불어 넣으셨습니다(창 2:7). 그것이 호흡입니다. 호흡이 있기 전까지 사람은 생명이 없었으나 호흡이 시작되면서 사람은 생명을 얻게 되었습니다. 호흡이 풍성한 사람은 생명이 풍성한 것이며, 호흡이 약하고 위축된 사람은 생명이 연약한 것입니다. 그러므로 사람이 살기 위해서는 마음을 평안하게 하고, 음식과 물을 잘 먹고 마셔야 하지만, 이에 못지않게 호흡을 잘 하여야 하는 것입니다. 숨을 잘 들여 마시는 것이 생명의 풍성함을 줍니다.

기도하면서 숨을 잘 들여 마시면서 내쉬는 것은 생명을 들여 마시고, 자신 안에 주인이시고 살아계신 성령하나님으로부터 성령의 불을 내쉬는 것입니다. 그래서 숨을 들여 마실 때는 밖에서 역사하시는 성령님을 들여 마시는 것입니다. 하나님은 천지에 충만하십니다(렘23:24). 하나님은 영이시고 호흡이십니다. 숨을 내쉴 때는 자신 안에 계신 성령님으로부터 불을 내품는 것입니다. 이렇게 숨을 들이쉬고 내쉬면서 자신의 무의식에 자신도 모르게 들어와 쌓인 상처와 스트레스를 정화하고 치유하는 것입니다. 자신 안에 쌓인 상처와 스트레스가 성령의 역사로 정화되면서 덩달아 권능과 면역력이 강화되는 것입니다.

그렇기 때문에 이는 단순한 공기, 산소의 마심이 아니고, 영을, 생명을 마시는 것입니다. 호흡 기도를 하려면 반드시 성령의 세례를 받아야 합니다. 성령으로 충만한 가운데 발성으로 기도하여 영의 통로가 뚫려야 합니다. 영의 통로가 뚫리지 않은 성도가 호흡으로 기도하면 악한 기운의 영향으로 마음이 막힐 수도 있습니다. 우리가 바르게 알아야 할 것은 기도는 영의 활동입니다. 고로 기도는 성령으로 해야 합니다. 많은 분들이 기도하면 무조건 성령이 충만해지는 것으로 알고 있습니다. 이는 한번 잘 생각해 보아야 합니다. 세상 사람들도 기도합니다. 세상 사람들이 기도할 때 누가 들어옵니까? 기도하는 대상의 영이 원하는 말을 따라 들어옵니다. 성도의 기도가 세상 사람들과 같은 기도를 한다면 어떤 영이 침입을 하겠습니까?

1. 호흡기도의 원리

호흡은 기도입니다. 죄를 토하고 하나님의 생명 의를 받아들인다는 의미에서 기도는 호흡입니다. 호흡은 생명입니다(창 2:7). 히브리말로 "영"을 의미하는 루아흐는 바람, 기운, 호흡, 숨을 말합니다. 예전에 성령님을 거룩한 숨님이라고 번역한 곳도 있습니다. 호흡은 영의 공급과 영을 내쉬는 것입니다. "숨을 내쉬며 가라사대 성령을 받으라."(요20:19-23). 호흡은 주님을 들여 마십니다. "나 여호와가 말하노라 사람이 내게 보이지 아니하려고 누가 자기를 은밀한 곳에 숨길 수 있겠느냐 나 여호와가 말하노라 **나는 천지에 충만하지 아니하냐.**"(렘 23:24). 성령으로 영적인 생명의 호흡을 합시다. 호흡은 자연적 호흡(생명을 연장하는 호흡)과 영적인 호흡 두 종류가 있습니다.

영적인 호흡이란 예수 믿고 성령의 세례를 받고 성령의 인도를 받으면서 하는 것을 말합니다. 호흡과 생명의 충만은 같습니다. 강한 호흡은 생명의 충만 입니다. 마시는 호흡과 내보내는 호흡을 합시다. 들숨은 영적 충전입니다. 날숨은 성령충만과 신체와 마음의 무의식의 정화입니다. 물은 혈액과 같은 역할을 합니다. 물은 구름, 바람이 움직이듯이 호흡이 혈액의 흐름 움직여줍니다. 호흡은 강하고 깊어야 합니다. 자신의 성품을 바꾸게 될 것입니다. 약한 호흡은 문제가 있습니다. 심장과 폐 기능이 약하기 때문에 호흡이 약한 것입니다.

호흡은 에너지이며 생기이며 기운입니다. 호흡이 약한 사람은 원수 마귀 귀신의 노예 생활에 가까워집니다. 비난 충격과 꾸지람 듣고 야단을 맞게 되면 호흡이 약해집니다. 호흡과 기운은 이렇습니다. 호흡하는 힘은 그 사람의 생명력입니다. 풍선을 많이 불면 힘이 빠지고 어지러워집니다. 호흡의 풍성은 생명의 풍성입니다. 운동은 호흡을 확장시켜줍니다. 호흡은 나쁜 기운을 배출합니다. 한숨, 눈물, 불평도 배출합니다. 그러나 근심 두려움 원망 분노 등 악한 생각이나 감정에 사로잡힘은 자살 행위입니다. 악한 기운이 자리 잡으면 온갖 재앙을 일으킵니다. 기체의 악성 에너지가 시간이 지나면 암, 결석 등 고체 에너지가 됩니다. 발성 기도를 통하여 호흡을 충분히 배출해야 합니다. 거친 호흡은 심장의 경고입니다. 주님의 음성을 들으려면 성령의 임재 가운데 부드럽고 깊고 자연스러운 호흡을 훈련해야 합니다. 대화중 제3자가 들어오면 싸늘해지기도 합니다. 호랑이도 제 말하면 옵니다. 영혼의 감각으로 알게 됩니다. 중보기도자는 상대의 상태를 느낍니다. 자신의 호흡의 힘으로 쓰레기를 정화 시킬 능력이 없으면 대화와 접촉을 조심해야 합니다.

2. 호흡기도의 방법

1) 호흡기도: 꼭 성령의 지배가운데 진행해야 합니다.

① 코로 숨을 아랫배까지 들이 마시며 "예수님 사랑합니다." 숨을 내쉬면서 "예수님 사랑합니다."

② 코로 숨을 아랫배까지 들이 마시며 "예수님" 숨을 내쉬면서 "사랑합니다."

③ 입을 벌려 작은 소리로 하기도 합니다. 입으로 하는 기도는 될 수 있는 대로 하지 않는 것이 좋습니다. 몇 번 하다가 보면 목이 마르기 때문입니다. 코로 숨을 쉬세요.

④ 속으로 생각하면서 기도를 드리기도 합니다.

⑤ 심장의 고동에 맞추어서 계속합니다. 반복합니다. 수 천, 수 만 번을 반복합니다. 그리스도인들이 예수님을 부르는 것은 주님과 가까운 교제를 위해 부르는 프로포즈입니다. 심장기도, 예수 기도라고도 하며, 호흡, 심장, 걸음걸이에 맞추어서도 해 보세요. 예수 충만, 성령 충만, 예수 사랑, 예수 권능, 나의 하나님 식으로 바꾸어서도 할 수 있습니다. "오주님 제안에 충만하게 임하시옵소서." 기도하면서 호흡하는 것이 좋습니다.

2) 코로 호흡하십시오. 호흡에 마음을 싣고 감사와 기도를 심어서 드립니다. 입으로 호흡하면 입이 마르거나 목이 붓거나 아

플 수도 있습니다. 주님의 기운이 임하심을 믿고 합니다.

3) 호흡을 의식하십시오. 기도인 것을 의식하고 주님께 사랑과 감사의 마음으로 고백하면서 하는 것이 중요합니다.

4) 배출 호흡 시에 가슴이 답답함을 느낄 때는 장애물이 있는 경우입니다. 예수님을 부르면서 계속 깊고 강하게 호흡을 합니다. 성령이 충만한 가운데 가슴에 힘을 주고 트림하여 배출합니다. 안되면 후~, 하~ 하고 숨을 내 토해내세요. 계속해서 숨을 아랫배까지 들이쉬고 내쉬면 성령으로 충만하여 배출이 됩니다. "예수의 이름으로 나쁜 기운은 나가라" 명령기도도 하세요. 거울을 보면서 명령할 수도 있습니다. 선포하며 명령하는 기도는 될 수 있으면 하지 않는 것이 좋습니다. 영원하지 못하기 때문입니다. 조용히 호흡하면서 내보내는 훈련을 하십시오.

5) 충분히 깊게 호흡하십시오. 경외감을 가지고 감사하는 마음으로 호흡해야합니다. 호흡이 차단되면 썩기 시작합니다. 지하 방, 또는 창문을 비닐로 막아도 공기가 상하기 시작합니다. 호흡이 강하면 내면이 썩은 공기가 정화되는 것입니다.

6) 강한 호흡기도는 가능하면 숨을 많이 들어 마셔야 합니다. 배꼽아래까지 바람이 들어오도록 들이마셔야 합니다. 부르짖는 기도와 비슷합니다.

7) 깊은 호흡기도는 천천히 호흡합니다. 마음 가라앉히고 조용히, 코를 통하여 깊이 숨을 들여 마시고 내쉬고 합니다.

8) 정지 호흡기도는 히6:4-6절의 내세의 능력을 맛보는 기도, 성령의 깊은 임재(입신)상태같이, 숨을 멈출 수도 있습니다.

숨을 멈춘다는 것은 자신이 숨을 쉬는 것을 느끼지 못한다는 말입니다. 보통 성령으로 사로잡힌 상태에서 일어납니다. 은사는 영의 영성 아닌 육체의 영성입니다. 은사는 육체로 나타납니다. 은사에 치우치면 영이 안자라고 영에 치우치면 삶은 아름답지만 무능합니다. 그러므로 양자가 균형을 이루어야 합니다.

9) **배 호흡기도는 배에는 공기가 들어갈 수 없지만, 아랫배에 의식을 두고 생명력이 배에 충만하도록 코로 숨을 들이 마십니다.** 강한 호흡기도와 비슷합니다. 성령의 권능과 영적파워 힘이 생깁니다. 담대함 자신감이 생깁니다. 요한복음7장 38절 말씀과 같이 배에서 생수의 강이 흐릅니다. 처음에는 뜨겁지만 후에는 시원하고 평안하여 자유와 행복을 느낍니다.

10) **가슴 호흡기도는 영감, 사랑, 심장기도로서 내적 온몸 기도와 비슷합니다.** 감정이 섬세하고 눈물 많아집니다. 내적 기름부음을 일으켜줍니다. 부드럽고 온유한 성품이 됩니다. 불안할 때 호흡을 하며 낮은 발성 기도를 하면 5분 안에 평안해집니다. 성령이 충만하기 때문에 불안이 떠나가는 것입니다. 머리가 혼란할 때는 배에서 나오는 소리로 조금 높은 찬양을 하면 시원해집니다. 가슴 답답할 때는 배에 힘주고 배에서 나오는 소리로 방언하면 후련해집니다. 처음에는 배기도, 강한기도 후 심장기도로 진행합니다. 아름답고 사랑스러우며 따뜻한 사람 됩니다.

11) **머리 호흡기도는 주의 이름을 부르며 머리에 마음을 집중하고 호흡합니다.** 코로 호흡을 들이쉬고 코로 내쉬면서 합니다. 머리가 혼미하고 생각이 복잡한분에 효과가 있습니다. 악몽

은 머릿속 정화 과정입니다. 환상이나 신비한 체험 동반할 수도 있습니다. 머리는 영적 문 역할을 하기에 주의가 요망됩니다.

12) 성경으로 성령을 마시는 호흡기도는 반복되는 짧은 문장으로 영적인 능력이 무의식에 잠기도록, 처음3,000번, 그 다음 6,000번, 12,000번 후에는 자유롭게 합니다. 평안과 자면서도 임재 느낍니다. "주님, 저를 불쌍히 여기시옵소서" "예수님 사랑합니다." 반복할 때 긍휼과 자비 느낍니다. 성경 전체를 할 수도 있습니다. 성경을 간절한 마음으로 소리 내어 읽는 영성훈련 방법도 있습니다. 소리는 안 내고 강하게 부드럽게 호흡하며 마시는 것도 좋습니다. 말씀을 눈으로 보며 코로 마셔도 됩니다.

13) 마시는 호흡을 다양하게 사용하세요. 찬양 테 잎을 눕거나 쉬는 상태에서 들을 때도 호흡기도를 사용하세요. 독서하면서도 호흡기도를 적용하세요. 간증이나 설교 테 잎을 들을 때도 적용하세요. 설교를 들을 때도 적용하세요.

14) 즐거움으로 계속 하십시오. 억지로 하는 것은 좋지 않습니다. 기도가 노동이 되면 스트레스가 되어 기도를 하면 할수록 상처가 쌓이고 면역력이 더 떨어집니다. 즐거움으로 습관이 되게 하십시오. 호흡으로 기도를 하는데 불안하고 즐거움이 사라진다면 재고해 보아야 합니다. 억지로 하거나 성령으로 하지 않기 때문입니다. 영혼 깊은 곳의 즐거움과 기쁨은 주님의 감동과 인도입니다. 주님은 우리에게 기쁨을 주시는 분입니다. 마음을 열고 주님을 부르면서 성령의 감동을 받으면서 기도를 하시기를 바랍니다. 마음을 열어야 성령께서 감동하십니다.

12장 성령의 권능을 강화하는 방언기도

(고전 14:39-40)"그런즉 내 형제들아 예언하기를 사모하며 방언 말하기를 금하지 말라 (40) 모든 것을 품위 있게 하고 질서 있게 하라."

방언기도를 정확하게 할 수만 있다면 방언기도하면서 마음의 상처가 치유되고 성령의 권능이 나타나고 마음이 평안해지면서 하늘나라가 되어 영력이 강해지는 것입니다. 방언기도를 정확하게 한다고 하는 것은 입으로 목으로 지어낸 방언기도를 하지 말라는 것입니다. 코로 호흡을 아랫배까지 깊게 들이쉬고 내쉬면서 성령의 이끌림을 받는 방언기도를 해야 마음의 상처가 치유되고 마음이 평안해지면서 하늘나라가 되어 권능과 면역력이 강해지는 것입니다. 방언기도를 바르게 하려고 해야 합니다. 자신이 하는 방언기도를 클리닉 해보아야 합니다.

방언은 놀라운 기도의 언어입니다. 바울은 어느 누구보다 방언을 많이 말함을 감사했습니다. 고린도전서 14장 18절에 "내가 너희 모든 사람보다 방언을 더 말하므로 하나님께 감사하노라" 바울선생은 고린도 교인들이 다 합쳐서 하는 방언보다 더 많이 방언을 했다는 것입니다. 바울은 감옥에 있으면서도 성령의 이끌림을 받으면서 방언을 하고 여행하면서도 방언으로 기도를 하고, 그리고 천막을 만들면서도 방언을 했습니다.

우리 아는 기도는 아는 말에 집중해야 되기 때문에 한꺼번에 두 가지 일을 할 수 없지만 방언기도는 내 마음이 하지 않고, 내 영이 성령을 통해서 하기 때문에 설거지 하면서도 성령으로 방언기도하고 걸어가면서도 방언기도하고 일하면서도 방언하고 언제든지 할 수 있습니다. 방언은 자동기계입니다. 내가 모르는 사이에 숨을 쉬고 내가 모르는 사이에 심장이 뛰는 것처럼 내가 모르는 사이에 방언으로 늘 기도하게 됩니다.

저는 밤에 자다가 깨어나면 혼자 방언기도를 하고 있는 것을 종종 발견합니다. 잘 때 아무것도 모르는데 혼자서 성령이 폭풍우처럼 불어와서 방언으로 기도를 하고 있습니다. 그러므로 방언기도라는 것이 얼마나 우리가 신령하고 긴 기도를 할 수 있는데 도움이 되는지 말로다 할 수 없습니다. 모두 방언기도로 성령 충만과 강력한 영성을 유지 하시기를 바랍니다.

1.방언기도를 분별하는 방법

많은 성도들이 저에게 와서 자신의 방언이 진짜 방언인지 분별하여 달라고 합니다. 필자가 군에 있을 때 군 교회에서 부흥회를 했는데 그때 성령 세례를 받고 방언을 하기 시작을 했습니다. 말로 하는 기도보다 방언으로 기도하니 너무나 좋고 감사하고 영적인 체험도 하고 영성도 깊어지는 것 같았습니다. 그러다가 다른 부대로 발령이 나서 가게 되었습니다. 그런데 그곳에 자신만 알아주는 방언통역을 한다는 권사가 한분이 있었나 봅니다. 하루는 저와 가장 가까운 사람이 필자에게 당신이 하는 방언기도는 귀신방언이니 하지 말라는 것입니다.

그리고 새벽에 기도할 때마다 제 옆에서 감시를 하고 방언하는 소리를 들어보는 것입니다. 그래서 제가 방언으로 기도를 하지 못했습니다. 그런데 문제는 방언으로 새벽에 기도를 하지 못한 날은 몸이 천근만근이고 기분이 좋지 못하여 하루 종일 고생을 한다는 것입니다. 방언으로 새벽에 기도하고 나면은 발걸음이 가볍고 하루가 상쾌하고 즐겁게 잘 지내는데 방언으로 기도하지 못하는 날은 정말 힘이 들었습니다. 그때 제가 느낀 것인데 사람은 영적인 존재이기 때문에 영성이 활성화 되지 못하면 건강에도 지장이 있다는 것을 체험으로 알게 했습니다.

그런데 제가 목회자가 되고 영적인 일에 관심을 많이 가지고 불같은 성령도 체험하고 나름대로 영성이 조금 깊어진 지금 생각하면 초등학교 일학년 수준인 영적인 실력과 지식을 가지고 저의 방언기도를 방해하여 영적성장과 건강에 지대한 영향을 미쳤다는 것입니다. 그래서 필자가 방언 통역에 대하여 관심을 갖기 시작한 것입니다. 그때 하도 고생을 해서 말입니다. 그런데 제가 성령치유 사역을 하다가 보니 교회에 방언통역을 한다는 성도들로 하여금, 교회 성도들에게 상처를 주고, 피해가 막심하다는 것입니다. 작년 추석 집회할 때 어느 여전도사가 와서 저에게 이렇게 상담을 했습니다. 목사님 우리 교회 전도사 중에 나름대로 방언 통역을 한다는 여전도사가 있는데, 새벽

기도할 때 성도들의 방언기도를 들어보고 나름대로 평가하여 담임 목사님에게 이야기 하면 목사님이 그 성도에게 방언기도를 하지 못하게 한다는 것입니다.

그 피해자 중에 자기도 포함이 된다는 것입니다. 그래서 자기가 방언으로 기도를 못하니 마음이 답답하여 미칠 지경이라 휴일을 택해서 치유 받으러 왔다는 것입니다. 그래서 말씀 듣고 은혜 받고 심령을 치유 받고 제가 그 전도사의 방언을 들어보니 이상이 없는 성령으로 하는 영의 방언이었습니다. 그래서 이제 걱정하지 말고, 누구의 말에도 눌리지 말고 누가 무어라고 해도 방언으로 기도를 막하라고 조언한 일이 있습니다. 그래야 숨을 쉬고 성령의 인도를 받으면서 살수가 있습니다.

필자가 성령치유 사역을 오래하다가 보니 개척교회나 큰 교회나 할 것이 없이 목회자 분들이 영안이 열렸다, 방언 통역을 한다하는 성도들의 말을 잘도 믿는 다는 것입니다. 분별해 보지도 않고 그 소리를 다 믿는 다는 것입니다. 좌우지간에 문제가 많습니다. 저의 임상적인 견해로는 방언을 어떤 소리로 하든지 상관할 필요가 없다는 것입니다. 방언은 계속적으로 바뀝니다. 방언을 하다가 불같은 성령을 강하게 체험하고 영의 통로가 열리면 방언이 달라지고 바른 방언이 됩니다. 그러므로 방언하는 것 들어보고, 귀신 방언인가 아니가 판단하지 말고, 또 방언 통역을 할 것이 아니고, 목회자가 불같은 성령을 체험하고 성령의 능력을 받아 안수기도를 하면 성령의 강력한 역사에 의하여 잘못된 방언기도도 바른 성령의 인도를 받는 성령으로 하는 영적인 방언으로 바뀌더라는 것입니다.

절대로 교회에서 자기 나름대로 방언 통역한다는 사람들의 영적인 상태를 진단해 보아야 한다고 필자는 강력하게 주장을 합니다. 왜냐하면 방언을 가장 듣기 싫어하는 것들이 귀신입니다. 귀신들은 방언하는 소리를 가장 듣기 싫어합니다. 그래서 귀신에게 눌렸던 성도들이 방언을 받으면 귀신들이 많이 축사되는 것입니다. 특히 성령 안에서 영으로 마음으로 하는 방언에는 귀신들이 정말로 듣지 못하고 축사됩니다. 그러므로 방언 통역한다고 들어보고 귀신 방언 한다고 못하게 하는 그 성도가 바로 귀신 방언을 하는 것입니다. 그 성도가 귀신의 지배를 받는 성도입니다. 방언기도를 어떻게 분별하느냐, 이것은 본인이 분별하는 것입니다. 본인이 방언기도를 하고 나면 마음이 뜨겁고 성령의 충만함이 나타나면 영으로 하는 방언입니다.

그러나 방언 기도를 하면 할 수록 심령이 갑갑하고 혈기 내고 성품에 변화가 없으면 잘못된 방언입니다. 그래서 본인이 분별 가능한 것입니다. 이렇게 잘못된 방언을 하다가도 어느날 불같은 성령을 체험하면 바른 방언으로 바뀌니까, 너무 성급하게 판단하여 낙심하거나 의기소침하면 영성에 해가 되니 참고 하시기를 바랍니다. 그리고 방언통역은 심령이 성령으로 장악되고 치유되어 영감이 풍성하고 영안이 열리면 다 할 수 있는 은사입니다. 필자는 방언통역은사가 있다고 다된 것은 아니라고 생각합니다. 심령에서 성령의 생수가 올라오는 성도가 되는 것이 더 문제입니다. 예수님의 인격으로 변화가 중요합니다.

우리는 사람이 하는 말에 좌지우지 되는 성도되지 말고, 사람이 하는 말에 상처받지 마시고, 사람의 말에 사기당하지 마시고, 사람의 말 신경 쓰지 말고 방언으로 기도하세요. 때가 되어 성령으로 충만해지면 방언기도 소리도 바뀝니다. 그리고 필자가 지금까지 방언으로 기도하면서 나름대로 체험한 간단하게 자신의 방언기도를 분별하는 방법은 이렇습니다. 방언으로 기도했는데 마음이 평안해지고 성령으로 충만해지고 몸이 가벼워지고 날아갈 것 같은 기분이 든다면 바른 방언기도입니다.

그러나 방언으로 기도를 했는데 기도 한 것도 아닌 것 같고 가슴이 답답하고 평안함이 없고 몸이 무겁고 나른하다면 잘못된 방언으로 분별을 해보아야 합니다. 그러므로 방언기도는 자신이 분별할 수가 있는 것입니다. 자신의 방언기도를 자신이 분별할 수 있도록 분별력을 기르시고, 자신의 방언기도를 분별해보시기를 바랍니다.

2.방언기도통한 온몸 기도 방법

방언기도는 성령의 불세례를 받은 다음에 나오는 것이 보통입니다. 그러나 제가 지금까지 성령치유 사역을 하면서 체험한 바로는 방언기도를 유창하게 해도 온몸 기도에 들어가지 못하고 성령의 불세례를 체험하지 못한 분들이 있다는 것입니다.

이는 마음을 열고 영으로 기도하는 방법을 모르기 때문입니다. 코로 호흡을 아랫배까지 들이쉬면서 통변을 하고 내쉬면서 방언을 해야 합니다. 그런데 대부분 이렇게 하지 않고 목을 사용하여 죽기살기로 열심히만 하려고 하기 때문에 방언기도간 온몸 기도에 들어가지 못하고 성령의 불을 받지 못하는 것입니다.

필자가 부흥 집회나 성령치유 집회할 때 기도하는 방법을 설명하고 기도를 하게 하면 모두 온몸 기도에 들어가고 성령의 불세례를 체험하더라는 것입니다. 그래서 방언기도를 유창하게 해도 온몸 기도에 들어가지 못하고 성령의 불세례를 체험하지 못하는 것은 기도가 잘못되었기 때문입니다. 반드시 호흡을 들이쉬면서 통변하고 내쉬면서 방언기도를 계속하게 되면 얼마 있지 않아 온몸 기도에 들어가고 성령의 불세례를 체험하게 됩니다. 만약에 자신이 방언기도를 유창하게 해도 온몸 기도에 들어가지 못하고 성령의 뜨거운 불세례를 체험하지 못했다면 자신의 기도가 잘못된 것입니다. 자신의 방언기도의 방법을 필자가 알려드린 대로 바꾸면 바로 성령의 이끌림을 받으며 온몸 기도에 들어가고 성령의 불세례를 체험하게 될 것입니다.

3.방언기도하다 마음의 천국에 이른 체험사례

1)마음으로 방언기도하다 신비를 체험하다. 충만한 교회 성령치유집회에 참석한지 2주가 지났을 때의 체험입니다. 제가 충만한 교회 성령치유 집회에 참석한 것은 신경성 위장병으로

10년 이상을 고생하며 지냈기 때문에 신경성 위장병을 치유받으려고 집회에 참석한 것입니다. 한주가 지나고 두주가 되어 이제 마음속으로 방언기도를 하던 때입니다. 충만한 교회 성령치유 집회 때에는 매시간 40분 이상 기도 시간이 있습니다. 이때 강 목사님께서 개인별로 안수를 해줍니다. 첫 주에는 조금 생소했습니다. 점점 적응이 되면서 성령의 불이 임하는 체험을 했습니다. 무엇보다도 강 목사님이 성령을 체험하고 마음의 상처를 치유하는 기도에 대하여 자세하게 설명하여 주었습니다. 그래서 계속 기도를 하다가 보니 이제 숙달이 되었습니다. 그날도 진리의 말씀을 듣고 찬송을 부르고 기도를 시작했습니다. 그런데 이 날은 강 목사님이 소리를 내지 말고 마음속으로 방언기도를 하라고 가르쳐 주었습니다. 그래서 순종하는 마음으로 호흡을 들이쉬고 내쉬면서 마음으로 방언기도를 했습니다. 오로지 방언기도에 몰입하여 마음으로 방언기도를 했습니다.

그러자 환상이 보이는 것입니다. 하얀 옷을 입은 사람 3명이 저의 몸을 만져주시면서 지금까지 위장병으로 고생을 많이 했구나 하면서 배를 만져주시는 것입니다. 그러면서 앞으로는 위장병으로 다시는 고생하지 않을 것이라고 말하면서 건강한 몸으로 영혼을 전도하라고 하면서 배를 계속 만져주시는 것입니다. 그런데 너무나 배가 시원해지는 것을 체험했습니다. 그러더니 갑자기 기침이 사정없이 나오는 것입니다. 그래서 기침을 한동안 했습니다.

기침을 하고 나니 더 배가 시원하여 졌습니다. 배가 시원하여 지더니 속에서 성령의 불이 올라오기 시작을 하는 것입니다. 너무나 뜨거운 불이 마음에서 올라와 저를 태우는 것입니다. 그러면서 몸이 가벼워지는 것입니다. 마치 솜털같이 가벼운 기분이 들었습니다. 너무나 황홀하고 신비스러워 계속 마음으로 방언기도를 했습니다. 그러더니 이제 온몸을 마치 안마하는 것같이 만져주었습니다. 그러면서 근육통증이 사라졌습니다. 너무나 좋아서 성령님 계속하여 주세요. 라고 기도가 저절로 되었습니다. 그렇게 신비한 현상을 체험하다가 어느덧 기도 시간이 종료되었습니다. 집회가 끝나고 강 목사님에게 현상을 이야기 했더니 성령께서 임재 하여 지배하시니 육체의 모든 부분을 치유한 것을 보증으로 보이게 보여주신 것이라고 했습니다. 그 후 저는 신경성 위장병과 근육통증이 완전하게 치유가 되었습니다. 지금 생각을 하면 너무나 신비스럽습니다. 또 그런 성령님의 임재를 체험하고 싶습니다. 좌우지간 치유하여 주신 성령하나님에게 감사와 영광을 돌립니다. 강남 김집사

2)방언기도하다 몸이 부상되는 체험을 하다. 필자가 이제 목회를 하기로 작정을 하고 본격적으로 능력을 받으러 기도원도 다니고 치유센터도 다닐 때입니다. 어느 기도원에 금식기도 하러 올라갔습니다. 저는 기도를 하면 산에서나 공동묘지에서 잘합니다. 공동묘지 옆에 있는 넓은 바위위에 앉아 방언으로 기도를 시작했습니다. 기도를 하는 분들이 두 분이 있었습니다.

그분들과 함께 한 3시간 정도 기도를 했습니다. 서로 기도의 주도권을 **빼앗기지** 않으려고 열심히 영으로 기도를 했습니다. 한 3시간 정도 기도를 하니까, 온몸 기도에 몰입이 되기 시작했습니다. 이제 기도하는 것이 힘이 들지 않고 술술 기도가 나왔습니다. 그런데 이상한 영적인 현상이 나타나기 시작했습니다. 갑자기 필자의 몸이 불같이 뜨거워지면서 솜 털 같이 가벼워지는 것이었습니다. 그래도 계속 기도를 멈추지 않고 계속했습니다. 그러자 이제 몸이 지상에서 뜨기 시작을 했습니다. 계속 기도를 하다가 갑자기 이런 생각이 들었습니다. 내가 이렇게 기도하다가 하늘로 올라가 버리면 우리 사모가 어린 자식들을 데리고 어떻게 살아간단 말인가 하고 인간적인 걱정이 들었습니다. 그래서 기도를 중단했습니다.

그리고 산에서 내려오는데 꼭 구름 위를 걷는 기분이었습니다. 방언으로 몰입하여 몇 시간을 영으로 기도를 해보시기를 바랍니다. 그러면 저와 같은 말로 표현을 할 수 없는 신비를 체험할 수도 있습니다. 저는 공수부대에서 근무를 했기 때문에 낙하산을 메고 공중에서 뛰어 내리기도 수없이 해봤습니다. 그런데 처음 낙하할 때 낙하산이 펴지면 꼭 구름 위에 내가 떠있는 느낌을 받습니다. 온몸으로 방언기도가 되어 영으로 기도가 깊어지니까, 꼭 그런 느낌을 체험하게 했습니다.

정말 산에서 내려오는 데 마치 그름 위를 걷는 그런 체험을 했습니다. 그래서 저는 성령으로 충만해지면 사람의 몸이 가벼워지고 머리가 맑아진다는 것을 체험적으로 알게 되었습니다. 그런 체험이 있은 후 환자에게 안수 기도할 때 성령의 역사가 나타나고, 질병들이 치유되고, 내적치유 사역할 때 많은 분들의 온몸의 상처가 잘 치유되었습니다. 성령의 임재가 되었는데 머리가 아프다든지 몸이 무겁다든지 모두 영적인 문제로 발생하는 현상입니다. 이것은 성령의 역사로 자신 안에 치유되어야 할 것들이 드러난 것입니다. 잘못된 것이라고 인정하시고 치유하세요. 그래서 내적치유가 중요합니다.

충만한 교회에서는 매주 1주전 전화(02-3474-0675) 예약하여 집중기도 내적치유 시간이 있습니다. 대상자는 여기서도 저기서도 치유와 능력을 받지 못한 분/ 온몸기도를 숙달할 분/ 병원에서 포기한 질병을 치유 받을 분/ 코로나19 후유증으로 고생하는 분/ 방언기도를 포함한 성령의 은사와 권능을 단기간에 받고 싶은 분/ 마음이 불안하고 두려워서 고통 하는 분/ 불치병, 귀신역사를 빨리 치유 받을 분/ 목, 허리디스크, 허리 어깨통증, 근육통, 온몸이 아프고 무거움에서 치유해방 받고 싶은 분/ 자녀나 본인의 우울증, 공황장애, 조울증, 불면증을 빨리 치유 받을 분/ 가슴이 답답하고 기도하기가 힘이 드는 분/ 생업과 목회로 영육의 탈진에 빠져서 고통당하시는 분/ 성령의 불세례를 체험하고 싶은 분/ 최단기간에 성령치유 능력 받고 싶은 분이 참석하시면 쉽게 만족한 효과를 거둘 것입니다.

13장 성령의 권능을 강화하는 찬송기도

(행 16:25-26)"한밤중에 바울과 실라가 기도하고 하나님을 찬송하매 죄수들이 듣더라 (26) 이에 갑자기 큰 지진이 나서 옥터가 움직이고 문이 곧 다 열리며 모든 사람의 매인 것이 다 벗어진지라."

세계적으로 암을 전문으로 치유하는 의사들이 하는 말이 찬양을 많이 부르면서 즐겁게 살아가면 암이 치유된다고 합니다. 통계적으로 늙도록 교회 찬양대에서 찬양을 부르면서 봉사하신 분들이 건강하다고 합니다. 암을 치유하실 분은 마음을 평안하게 하라고 합니다. 근심 걱정을 다른 사람에게 맞기고 평안하게 살아가라고 합니다. 잘 먹어 체력을 유지해야 한다는 것입니다. 자신의 몸과 마음이 암을 이겨야 한다는 말입니다. 자신이 하나님의 나라가 되는 것이 우선이라고 합니다. 항암제는 보조적인 수단이라는 것입니다. 그런데 환자들이 항암제에 생명을 건다는 것입니다. 이런 분들은 암을 이길 수가 없다는 것입니다. 찬양을 부르면서 즐겁게 살아가니까, 부교감신경이 강화되어 몸의 면역기능이 강해지니까, 암을 이기고 건강한 것입니다. 성경에는 찬송의 능력을 체험한 신앙의 선진들의 신앙고백이 곳곳에 기록되어 있습니다. 그들의 고백은 이러한 것들입니다.

* 아침과 저녁마다 찬송하리이다(대상 23:10).

* 하루에 일곱 번씩 찬송하리이다(시 119:164).

* 밤중에 찬송하리이다(시 42:8).

* 살아있을 동안에 찬송하리이다(시 104:33).

* 영원토록 찬송하리이다(대상 16:36).

* 끊임없이 찬송하리이다(시 34:1).

* 예배 때 마다 찬송하리이다(시 68:26).

신앙의 선진들은 왜 이렇게 찬송을 중요하게 여겼을까요? 그것은 찬송 속에 놀라운 하나님의 능력이 담겨 있기 때문입니다. 찬송의 능력은 무엇입니까? 우리가 이것을 알 때에 우리의 기도 생활은 달라질 것이고 삶의 변화가 일어날 것입니다.

1.찬송의 능력

1) 마음이 즐거워집니다. "그에게 노래하며 그를 찬양하며 그의 모든 기이한 일들을 말할지어다. 그의 거룩한 이름을 자랑하라 여호와를 구하는 자들은 마음이 즐거울지로다"(시105:2-3).

즐거움에는 외면적인 것과 내면적인 것이 있습니다. 세상이 주는 외면적인 즐거움은 일시적입니다. 그러나 찬송이 주는 외면적인 즐거움이 조금 지나면 내면적인 즐거움으로 발전합니다. 찬송을 부르면서 느끼는 즐거움은 성령께서 주시는 것으로 영원한 것입니다. 나의 삶 속에 기쁨이 넘치는 삶을 살기 원하십니까? 하나님을 찬양하십시오. 그러면 이러한 기쁨이 넘치는 신앙의 삶을 살게 될 것입니다.

2) 두려움이 사라집니다. "내가 하나님을 의지하고 그 말씀을 찬송하올지라. 내가 하나님을 의지하였은즉 두려워하지 아니하리니 혈육을 가진 사람이 내게 어찌하리이까"(시56:4).

다윗은 블레셋의 가드로 피했습니다. 블레셋의 장군들이 다윗이 사울의 뒤를 이어 왕이 될 자라고 말하자 다윗은 아기스 왕을 두려워했습니다. 그러나 그는 두려움 가운데 하나님께 기도하고 찬양했습니다. 그는 기도와 찬양을 통해 하나님께서 자신의 생명을 구원할 것이라는 확신을 얻었습니다. 두려움은 외부에서 오는 것보다 내면에 있는 두려움이 더욱 무서운 것입니다. 찬송의 능력은 내 마음에 기쁨을 주고 밝게 만들어 줍니다. 어떤 두려운 일을 만나도 두렵지 않게 하며, 더욱 적극적으로 대처하게 만들어 줍니다.

3) 악신이 떠납니다. "하나님께서 부리시는 악령이 사울에게 이를 때에 다윗이 수금을 들고 와서 손으로 탄즉 사울이 상쾌하여 낫고 악령이 그에게서 떠나더라."(삼상16:23).

상쾌함이란 병든 자에게는 없는 것입니다. 영육 간에 병든 사람은 악한 영의 역사로 말미암아 더욱 어두울 뿐입니다. 그러나 찬송은 우리의 육신과 어두운 심령에 상쾌함을 가져다줍니다.

4) 옥문이 열립니다. "한밤중에 바울과 실라가 기도하고 하나님을 찬송하매 죄수들이 듣더라. 이에 갑자기 큰 지진이 나서 옥터가 움직이고 문이 곧 다 열리며 모든 사람의 매인 것이 다 벗어진지라."(행16:25-26). 성령으로 충만한 하늘나라가 된 바

울과 실라가 찬양을 부르니까, 그곳이 하늘나라가 된 것입니다.

바울과 실라는 복음을 전하다 옥에 갇히게 되었습니다. 그러나 그들은 낙심하지 않고 기도하고 찬양했습니다. 기도와 찬송으로 일어난 기적으로 간수와 그 가족들이 예수 그리스도를 영접하였습니다. 그들의 기도와 찬송은 막힌 복음의 문을 활짝 열어 놓는 것이었습니다. 옥문은 생각해 보면 우리를 얽어매는 문제들을 상징하는 것입니다. 우리를 억압하는 문제의 형틀은 기도와 찬양을 통해 풀어지는 역사가 있습니다.

5) 찬양을 부를 때 하나님께서 임재 하시어 도와주십니다.
"백성과 더불어 의논하고 노래하는 자들을 택하여 거룩한 예복을 입히고 군대 앞에서 행진하며 여호와를 찬송하여 이르기를 여호와께 감사하세 그의 인자하심이 영원하도다 하게 하였더니 (22) 그 노래와 찬송이 시작될 때에 여호와께서 복병을 두어 유다를 치러 온 암몬 자손과 모압과 세일 산 주민들을 치게 하시므로 그들이 패하였으니 (23) 곧 암몬과 모압 자손이 일어나 세일 산 주민들을 쳐서 진멸하고 세일 주민들을 멸한 후에는 그들이 서로 쳐죽였더라."(대하 20:21-23).

여호사밧 왕은 백성들에게 "하나님 여호와를 신뢰하라, 그리하면 견고히 서리라, 그의 선지자들을 신뢰하라 그리하면 형통하리라" 말하고 하나님을 찬송했습니다. 문제 앞에서 기도와 찬송을 하는 것은 하나님을 전적으로 신뢰하는 행동입니다. 기도 응답은 오랜 시간 기도할 때만 오는 것만은 아닙니다. 때로는 기도와 찬송을 시작하기만 해도, 기도 응답의 역사가 일어나는 경우가 있습니다.

6) 수치를 당하지 않습니다. "너희는 먹되 풍족히 먹고 너희에게 놀라운 일을 행하신 너희 하나님 여호와의 이름을 찬송할 것이라 내 백성이 영원히 수치를 당하지 아니하리로다."(욜 2:26). 하나님의 심판을 경험한 이스라엘 백성들은 이제 하나님만을 찬송합니다. 찬송은 여호와 하나님의 긍휼을 얻게 합니다. 하나님의 긍휼로 말미암아 위로와 영적인 유익을 얻게 될 것입니다. 그리고 모든 평판을 회복하게 될 것입니다.

7) 회개의 역사가 일어납니다. "새 노래 곧 우리 하나님께 올릴 찬송을 내 입에 두셨으니 많은 사람이 보고 두려워하여 여호와를 의지하리로다."(시40:3). 고난 중에 다윗은 하나님을 온전하게 의지했습니다. 하나님은 그의 진실한 기도를 들으시고 그를 구원해주셨습니다. 그리고 그의 삶을 통해 환난과 고통당한 자들이 하나님 앞에 돌아왔습니다.

찬송이 그리스도인의 입술에 살아있을 때 하나님이 역사하십니다. 찬송을 통해 위기와 역경에서 구원되는 것을 보면 많은 사람들이 하나님 앞에 돌아오게 될 것입니다. 우리가 찬송하며 기도하고 하나님의 기도 응답을 통해서 사람들이 살아계신 하나님께 영광을 돌리게 해야 합니다.

2. 찬송기도 방법.

1) 성령의 지배와 임재를 받는 기도를 합니다. 성령이여 임하소서. 성령의 임재를 온몸으로 지각한 후에 찬송을 한절만 깊이 몰입이 될 때까지 부르는 것입니다.

2) 자신이 있는 찬양을 영으로 합니다. 자신 있는 찬양 한절만 집중적으로 부르는 것입니다

3) 영으로 마음 안에서 합니다. 방언 찬양을 해도 됩니다. 방언찬양은 방언에 곡조만 붙이면 방언 찬양이 되는 것입니다.

4) 성령의 임재가 충만해지면 또 밖으로 소리 내어 합니다.

5) 찬양하는 소리에 몰입합니다. 의식이 없어지고 무의식에 잠기어 황홀하고 몽롱할 때까지 부릅니다. 의식을 가지고 하면 효과가 반감합니다. 영의 상태에 머물러서 불러야 심령에서 성령의 기름 부으심이 올라오게 됩니다.

6) 자신이 직접 찬양을 부르면서 성령의 불세례를 체험하려고 할 때는 이렇게 하시기를 바랍니다.

자신이 한번이라도 성령의 체험이 있는 분은 이렇게 하시기를 바랍니다. 먼저 찬양을 앉아서 부릅니다. 가사를 보지 않고 스스로 잘 부를 수 있는 찬양을 선택합니다. 마음이 열리고 성령의 임재가 어느 정도 되면 일어서서 찬양을 영으로 부릅니다. 자신이 제일 잘 부르는 영의 찬양을 지속적으로 부릅니다. 최대한 호흡을 들이쉬고 내쉬면서 찬양에 집중하여 부릅니다. 주의해야 할 것은 이렇습니다. 찬송 중에 성령의 강한 임재로 뒤로

넘어질 수가 있습니다. 의자 앞에서 부르는 것이 좋습니다. 계속 찬양에 집중하여 영으로 찬양을 부르면 마음속에서 불이 올라오는 것을 체험할 것입니다. 성령의 불의 역사로 얼굴이 화끈거리기도 합니다. 온 몸이 뜨거워지기도 합니다. 몸이 앞뒤로 흔들리기도 합니다. 때로는 좌우로 흔들리기도 합니다. 그래도 의식하지 말고 계속 찬양을 불러야 합니다. 소리가 나는 찬양을 부르다가 성령의 임재가 깊어지면 마음으로 찬양을 부릅니다.

그러면 눈에서 눈물이 나기도 합니다. 마음 안에서 울음이 터지기도 합니다. 갑자기 방언기도가 터져 나오기도 합니다. 그러면 성령이 인도하는 대로 따라서 계속 하면 됩니다. 차츰 성령의 임재가 깊어져서 서서 찬양을 할 수가 없을 정도가 됩니다.

그러면 살며시 의자에 앉아서 얼마동안 찬양을 계속합니다. 그러면 온 몸이 불이 붙은 것같이 뜨거워집니다. 그러면서 방언이나 울음이 마음 속에서 터지기도 합니다. 손이 떨리기도 합니다. 혼 몸에 진동이 오기도 합니다. 이때에 주의 할 것은 절대로 두려워하지 말아야 합니다. 마귀는 어찌하든지 성령의 강한 체험을 못하도록 여러 가지 수단과 방법을 다 동원하여 방해하므로 미혹에 속아서는 안 됩니다.

성령이 역사하는 대로 계속 임재에 머물러 있어야 합니다. 그러면 말로 표현 못하는 성령의 뜨거운 불세례를 체험하게 될 것입니다. 이는 한번이라도 성령의 체험이 있는 분이 사용하는 방법이라는 것을 아시기를 바랍니다. 한 번도 성령의 불세례의 체험을 하지 못한 분은 반드시 성령이 역사하는 장소에 가셔서 성령을 체험해야 합니다. 혼자로는 성령을 체험할 수가 없습니다.

3. 찬송 중에 성령의 불세례를 체험한 사례

저는 성령의 불세례를 체험하겠다는 사모함으로 여러집회 하는 장소에 참석하다가 충만한교회에 성령의 역사가 강하게 일어난다는 소문을 듣고 충만한 교회 성령집회에 참석했습니다. 성령집회에 참석하여 성령의 불세례를 체험하겠다는 마음으로 강요셉 목사님이 하라는 대로 순종을 했습니다. 집회에 참석한지 이틀이 지난 때였습니다. 오후 시간 이였습니다. 강목사님 사모님이 찬양을 인도하셨습니다. 마음을 열고 영으로 찬양을 불렀습니다. 찬양을 부르는 중에 마음속에서 뜨거운 기운이 올라오는 것을 느꼈습니다. 강요셉 목사님이 전하시는 영성과 성령에 관한 진리의 말씀을 들을 때 너무나 은혜를 받았습니다.

막 말씀 속에 내가 끌려들어가는 체험을 했습니다. 말씀에 은혜를 받으니 마음이 열렸습니다. 강요셉 목사님이 말씀을 마치시고 찬양을 부르셨습니다. 앉아서 찬양을 불렀습니다. 내가 우리 교회에서 매일 부르던 쉬운 찬송이기 때문에 부담감이 없이 따라서 불렀습니다. 그러자 눈에서 나도 모르게 눈물이 양 볼에 흘러 내려습니다. 가슴이 벌렁거리는 체험을 했습니다. 그러자 강 목사님이 이제는 일어서라고 하셨습니다. 일어서서 자신의 의자 앞에 서서 찬양을 하라고 했습니다. 그래서 일어서서 찬송을 불렀습니다. 찬송을 부르는데 몸을 가누지 못할 정도로 몸이 흔들렸습니다. 정말 생전 처음 그런 신비한 현상을 체험했습니다. 눈에서는 계속 눈물이 흘러서 양 볼에 흘러 내렸습니다. 그러면서 서러움이 속에서 올라왔습니다.

그래서 울음을 참지 못하고 터트렸습니다. 막 울었습니다. 몸은 가누지 못할 정도로 흔들렸습니다. 도저히 서서 찬송을 부르지 못할 지경에 이르렀습니다. 그래서 의자에 앉아서 찬송을 불렀습니다. 이제 몸에 진동이 오기 시작을 했습니다. 막 떨리는 것 이였습니다. 그러면서 방언기도가 터졌습니다. 방언기도를 하면서 진동이 더 강하게 일어났습니다. 막 의자에서 50cm 정도 뛰면서 기도를 했습니다. 그러다가 중심을 잃고 의자 아래로 떨어졌습니다. 그러자 강요셉 목사님이 오셔서 안수를 해주셨습니다. 안수를 하면서 더 강하게 역사하여 주시옵소서. 하시며 안수기도를 하니까, 내 속에서 비명이 나왔습니다.

그러면서 몸이 뒤틀리기 시작을 했습니다. 정말 내가 감당할 수 없었습니다. 몸이 뒤틀리면서 속에서 괴성이 계속 나왔습니다. 그러니까 강 목사님은 성령님 더 강하게 역사하여 주시옵소서. 하시면서 안수를 하셨습니다. 그러자 내 다리가 머리위로 올라오면서 발작을 했습니다. 자연히 그런 현상이 일어나니 내가 의자를 다 차고 다니면서 발작을 했습니다. 아마 그때 충만한 교회 일부 의자를 다 차고 다녔을 것입니다. 어느 정도 시간이 경과 되니 몸이 안정이 되는 것을 체험하게 되었습니다.

그러자 강 목사님이 지금까지 이렇게 진동하게 한 더러운 영은 기침으로 떠나갈지어다. 하며 명령을 하시는 것 이였습니다. 그러자 기침을 멈출 수가 없을 정도로 기침이 많이 나왔습니다. 한참 기침을 하고 나니 이제 속에서 방언이 나오는 것입니다. 제가 그때까지 하던 방언기도 소리와 다른 방언기도가 터져 나왔습니다. 방언을 한 참했습니다. 그러자 온몸이 뜨거워지는 것입니다. 내 몸이 불덩어리가 되는 것 같은 기분이 들었습니다. 너무 뜨거워서 성령님 너무 뜨겁습니다. 하며 소리를 질렀습니다. 한참을 그렇게 지내다가 잠잠해졌습니다. 그러나 몸은 여전히 뜨거운 것이었습니다. 그때 강 목사님이 저에게 이게 성령의 불세례라는 것입니다. 오늘이야 성령의 불세례를 받았습니다.

그러시는 것입니다. 그 때 저는 나름대로 생각하기를 방언기도도 하기 때문에 성령세례를 받은 줄로 알고 있었습니다. 그래서 그때 내가 순간 직감적으로 느낀 것은 성령의 불세례는 내가 느끼도록 임한다는 것을 알게 되었습니다. 다른 사람들도 내가 성령세례 받는 것을 볼 수가 있다는 것입니다. 그 이후로 말씀을 보면 너무나 꿀맛입니다. 기도가 저절로 되었습니다. 항상 입술에는 찬양이 넘치고 있습니다. 서울 서집사.

14장 성령의 권능을 강화하는 말씀묵상기도

(렘 23:29)"여호와의 말씀이니라. 내 말이 불같지 아니하냐. 바위를 쳐서 부스러뜨리는 방망이 같지 아니하냐."

성령으로 온몸 기도하면 영-혼-육체의 균형이 회복이 됨으로 건강하여 집니다. 성령의 권능과 면역력이 강화됩니다. 성령의 역사가 자신의 전인격을 장악하시니 영-혼-육체가 정상적이 됨으로 생리가 중단된 폐경 여성이 생리가 다시 찾아오기도 합니다. 영력과 면역력이 강화되면서 건강이 회복되니 성적인 욕구도 생겨나는 것입니다. 어떤 무지한 성도는 충만한 교회에 와서 성령으로 온몸 기도를 하면서 목사님의 안수를 받으니 성적인 욕구가 생겼다고 목사님이 안수하실 때 음란귀신이 들어왔다고 하시는 분들이 있는데 이는 극히 영적인 무지에서 나온 말입니다. 성령으로 온몸 기도를 하면서 치유되니 자신이 그만큼 권능과 면역력이 강해지고 영-혼-육체가 건강해졌다는 것입니다.

예수님의 제자가 되는 것은 그리스도인에게는 선택이 아니라 필수입니다. 그러면 어떻게 그리스도의 제자 될 수 있을까요? 성령의 인도하는 훈련을 통해서입니다. 제자는 배우는 사람입니다. 제자는 훈련받기를 자처하는 사람입니다. 훈련을 특권으로 아는 사람입니다. 제자라는 말과 훈련이라는 말은 그 어원이 같습니다. 제자는 스승이신 예수님을 닮아 가고, 스승이

제시하는 삶의 수준을 영광으로 알고 따라가는 사람입니다. 영성 훈련이란 예수님이 보여 주신 삶의 모습을 그대로 따라가는 것입니다. 성경에서 예수님이 사용하신 영성 훈련의 초석은 말씀 묵상에 있었습니다. 예수님은 제자가 걸어가야 할 3가지 길을 말씀하셨습니다. 이것들은 영성 훈련의 뼈대를 형성해 줍니다. 첫째, 예수님의 말씀에 거하는 것입니다. "너희가 내 말에 거하면 참 내 제자가 되고"(요8:31). 둘째, 서로 사랑하는 것입니다. "너희가 서로 사랑하면 이로써 모든 사람이 너희가 내 제자인 줄 알리라"(요13:35). 셋째는 성령의 열매를 많이 맺는 것입니다(요15:8). 이 3가지 삶의 모습 가운데서도 가장 중요하고 기초적인 것이 예수님의 말씀 안에 거하는 것입니다.

말씀 안에 거한다는 것은 예수님 안에 성령 안에 거하는 것입니다. 말씀이 곧 진리이신 예수님이시기 때문입니다(요1:1-3,14). 예수님 안에 거한다는 것은 사랑 안에 거하는 것입니다(요15:9). 예수님의 사랑 안에 거하는 친밀함을 통해서 그리스도인은 선한 열매를 맺게 됩니다(요15:5-8). 이것은 분리할 수 있는 삶이 아니라 연결된 삶이요 총체적인 삶입니다. 그렇지만 그 출발은 주님의 말씀 안에 거하는 것입니다.

영성 훈련의 기초는 말씀 묵상에 있습니다. 말씀 안에 거하는 것이 말씀 묵상입니다. 말씀 묵상이 가장 중요한 영성 훈련이 되는 이유는 하나님의 사람은 최우선 순위를 말씀에 두기 때문입니다. 훈련은 긴급한 것이 아니라, 중요한 일을 먼저 하는 것입니다. 주님의 제자에게 있어서 제일 중요한 것은 하나님과 교제하는 일입니다. 하나님의 감동을 받는 일입니다.

조용한 시간을 내어 주님 말씀 안에 거하면서 하나님과 교제하는 것이 말씀 묵상이요 큐티입니다. 말씀 안에서 주님과 교제하는 것이 묵상임을 아는 우리는 주님과 대면하며 홀로 있는 시간을 가져야 합니다. 그 시간에 하나님의 음성을 듣고, 하나님 뜻에 기초한 삶의 우선순위를 정해야 합니다. 그리고 행동에 옮기는 것입니다. 말씀을 묵상하면서 기도하려면 성령으로 충만한 상태에서 해야 합니다. 성령으로 충만하려면 먼저 성령으로 세례를 받아야 합니다. 성령으로 세례를 받고 성령으로 기도하면서 마음 안 지성소에서 성령의 불이 나와야 성령으로 충만할수가 있습니다. 이유는 말씀은 머리로 지식으로 깨달으면서 묵상기도를 하는 것이 아닙니다. 성경말씀은 성령께서 깨닫게 하십니다. 성경에 이렇게 말씀하고 있기 때문입니다. "먼저 알 것은 성경의 모든 예언은 사사로이 풀 것이 아니니 (21) 예언은 언제든지 사람의 뜻으로 낸 것이 아니요, 오직 성령의 감동하심을 받은 사람들이 하나님께 받아 말한 것임이라."(벧후 1:20-21).

성경은 "오직 성령의 감동하심을 받은 사람들이 하나님께 받아 말한 것임이라." 성경은 사람의 지식이나 머리로 풀 수가 없습니다. 반드시 성령으로 충만한 가운데 성경말씀을 묵상기도하며 풀어야 합니다. 성령께서 자신에게 성경말씀을 깨달아 알게 하시기 때문입니다.

사람에게 있어서 가장 어려운 일은 무엇이 가장 중요한지를 아는 것입니다. 그리고 그것을 실천하는 것입니다. 또 하나 어려운 것이 있다면, 스스로 생각하는 것과 다른 사람들로 하여금 생각하도록 만드는 일입니다. 영성 훈련은 생각을 훈련하는 것입니다. 예수님의 생각을 생각하도록 하고 순종하고 따르도록 하는 것이 영성훈련입니다. 그 생각을 통해서 우리는 우선순위를 분별하게 됩니다. 생각을 훈련할 때 생각이 다스려지고, 말씀 묵상을 통해서 그 생각은 마음으로 내려오게 됩니다.

그렇기 때문에 생각만 가지고는 감정의 변화에 이르기 어렵습니다. 그 생각이 마음으로 내려와 느낄 수 있어야만 합니다. 말씀을 깊이 묵상하는 가운데 생각이 다스려지고, 그 생각이 마침내 행동으로 보이는 것입니다. 생각을 훈련하고 마음을 훈련하는 것으로 영성 훈련은 시작됩니다. 모든 행동의 근본은 생각이기 때문입니다. 영성훈련은 성령으로 생각을 사로잡는 것입니다. 오로지 하나님만 생각하는 것입니다.

노력한다는 것과 훈련한다는 것에는 차이가 있습니다. 훈련은 기술을 터득하는 것입니다. 훈련에는 반복이라는 요소가 포함됩니다. 훈련에는 전적인 헌신이라는 요소도 들어 있습니다. 말씀 묵상이 훈련의 원조가 되는 것은 이 때문입니다. 묵상과 관련된 성경 말씀을 보며 주야로 묵상하는 전적인 헌신과 반복적인 훈련, 그리고 그것이 행동으로 나타나는 삶의 적용(시1:2-3,수1:8)이 조화를 이루어야 합니다.

훈련을 통해서 우리는 가장 높은 수준에 이를 수 있고 그 수준을 유지할 수가 있습니다. 키가 크다고 다 농구 선수가 되는 것도 아니고, 농구 선수가 되었다고 항상 좋은 점수만 내는 것도 아닙니다. 훈련을 통해서만 탁월한 선수가 될 수 있고, 또 지속적인 훈련이 있어야만 최상의 컨디션이 유지됩니다.

주님의 제자가 되고 제자로서 최상의 영적 수준을 유지하는 비결은 무엇일까요? 그것은 말씀 묵상입니다. 최상의 영적 컨디션을 유지하는 비결은 묵상을 통한 영성 훈련에 있습니다.

말씀을 묵상하는데 머리로 묵상을 하는 것이 아닙니다. 성령의 지배하에 영의 상태에서 마음으로 묵상을 하는 것입니다. 영적인 상태에서 묵상을 할 때 성령으로 충만한 상태가 되는 것입니다. 우리 그리스도인들은 머리는 최대한 쉬게 하고 마음의 활동을 강화하는 훈련을 많이 해야 합니다. 마음 안에 영이 있고 영 안에 성령이 계시기 때문입니다.

우리가 말씀묵상도 많이 하고 기도도 많이 하는데 하나님이 원하시는 수준으로 변화되지 못하는 이유가 무엇일까요? 그것은 머리로 하기 때문입니다. 이제 부터는 머리를 쉬게 하십시오. 마음을 열고 기도하십시오. 마음으로 말씀을 묵상하십시오. 이렇게 훈련하면 당신의 영은 날마다 새로워질 것입니다.

1.성경을 통한 복음 묵상 훈련

말씀을 읽고 묵상하면서 말씀에 깊이 잠기어서 말씀의 참뜻과 하나님의 뜻을 찾는 기도입니다. 말씀 한마디 한마디를 깊이 음미할 때, 같은 단어를 여러 가지 다른 단어를 사용하여 표현하는 것입니다. 그리함으로 그 내용을 나의 마음에 자꾸 더 확실하게 심어주고 새겨주는 것입니다.

(시 23:1-6)"여호와는 나의 목자시니 내게 부족함이 없으리로다 (2) 그가 나를 푸른 풀밭에 누이시며 쉴 만한 물 가로 인도하시는도다 (3) 내 영혼을 소생시키시고 자기 이름을 위하여 의의 길로 인도하시는도다 (4) 내가 사망의 음침한 골짜기로 다닐지라도 해를 두려워하지 않을 것은 주께서 나와 함께 하심이라 주의 지팡이와 막대기가 나를 안위하시나이다 (5) 주께서 내 원수의 목전에서 내게 상을 차려 주시고 기름을 내 머리에 부으셨으니 내 잔이 넘치나이다 (6) 내 평생에 선하심과 인자하심이 반드시 나를 따르리니 내가 여호와의 집에 영원히 살리로다."

1) 예수님께서 로마 병사들로부터 모욕과 채찍을 당하심을 묵상합니다(마27:26-30).

2) 예수님께서 십자가를 친히 짊어지시고 골고다로 올라가심을 묵상합니다(요19:17).

3) 예수님께서 십자가위에 못 박히심을 묵상합니다(눅23:33, 요19:18).

4) 예수님께서 십자가에서 피를 흘리시며 고통당하시는 것을 묵상합니다(요19:28-30).

5) 예수님께서 십자가에서 숨을 거두심을 묵상합니다(막15:33).

6) 예수님께서 무덤에 묻히심을 묵상합니다(요19:38-42).

7) 예수님이 부활하심을 묵상합니다(눅24:46).

8) 부활하신 후 갈릴리 바다에 가서 베드로를 부르시는 상황을 묵상합니다(요21:15-18).

2.말씀 묵상기도 준비.

1) 시기: 외부와 단절되는 가장 좋은 시간을 선택합니다.

2) 시간: 초보자 30분 정도, 적극적 1시간 정도. 더해도 좋습니다(시간을 지키라). 처음부터 너무 오래하려고 하지마세요.

3) 장소: 전화, 사람, 등등. 방해 받지 않는 곳을 정하세요.

4) 자료준비: 성경이나 필요 자료, 노트를 준비하세요.

5) 묵상방법의 선택: 자신에게 알맞은 것을 택하여 하면 됩니다. 쉬운 것부터 숙달하려는 자세가 중요합니다.

6) 자세: 편안하게, 의자나 방석에 앉아서. 허리를 곧게 펴고 의자에 기대지 말고 하는 것이 좋습니다. 왜냐하면 시간이 많이 소요되고, 집중을 해야 하기 때문에 자세가 중요합니다. 잘못하면 조금 지나서 잠을 잘 수도 있기 때문입니다.

3.말씀 묵상 기도할 때 유의사항.

1) 졸음을 예방하세요. 식사 후를 피하세요.

2) 잡념을 제거하세요. 예수님을 마음으로 계속 부르면 성령으로 충만해짐으로 서서히 잡념이 물러갑니다.

3) 성경 말씀에 나오는 사람과 같이 되려고 하지말고, 말씀으로 자신을 비추어 회개합니다.

4) 묵상에 특별히 재능을 가진 자가 있을 것이라는 생각을 버려야 합니다. 묵상은 누구나 할 수 있는 것입니다.

5) 어려워도 지속적으로 합니다. 의지를 가지고 해야 숙달할 수 있습니다.

6) 아무런 느낌을 얻지 못해도 때를 얻기 위해서 계속합니다. 계속하다가 보면 자신의 변화되는 모습을 스스로 발견하게 될 것입니다. 이는 체험해야 이해가 됩니다.

4.말씀 묵상 잘되지 않을 때 점검

1) 침묵 상태를 살핍니다. 외적 내적 침묵이 지켜지지 않으면 묵상을 잘 할 수 없습니다.

2) 지나치게 피곤하지 않는가, 몸의 상태를 살핍니다.

3) 성령으로 충만하지 않는 가 점검합니다.

4) 준비가 부족하지 않는 가 살핍니다.

5) 자세가 나쁘지 않는 가 살핍니다.

6) 묵상을 너무 잘하겠다는 의욕이 너무 강하거나 건강 상태가 나쁘지 않는가 살펴봅니다.

5.말씀 묵상기도의 실천.

1) 조용한 장소에서 식사전후를 피한 1-2시간의 시간을 내세요. 졸음이 찾아와서 말씀묵상을 할 수가 없기 때문입니다.

2) 편안한 자세를 취해야 합니다. 오래해야 하기 때문입니다.

3) 조용한 찬양으로 마음을 안정시키시오. 그래야 쉽게 깊은 성령님의 임재 가운데 영적인 상태에 들어갈 수 있습니다.

4) 하나님이 함께 하신다는 믿음으로 성령님의 지배하심을 간구하며 기다리세요. 호흡을 코로 아랫배까지 깊게 들이쉬고 내쉬면서 '성령님 임하여 주옵소서' '성령님 도와주옵소서' '성

령님 역사하여 주옵소서'

5) 어떤 생각의 물결도 일으키지 말고 마음을 호수의 표면처럼 잔잔하게 하세요. 호수에 자신의 모습이 비추이지 않는 이유는 호수의 표면이 출렁거리고 있기 때문입니다. 마음이 산란하여 요동하고 있기 때문에 자신의 모습이 보이지 않는 것입니다. 어떤 생각의 물결도 일으키지 말고 마음을 호수의 표면처럼 잔잔하게 하세요.

6) 성령님을 만날 것. 성령님의 지배와 인도로 성령의 역사로 온몸에 실제 체험을 기다리라. 침묵은 침묵으로만 이해됩니다.

묵상기도는 반드시 침묵이 된 다음에 해야 합니다. 묵상기도는 지속적으로 많이 해보아야 합니다. 처음에는 무료하게 느낄 수도 있습니다. 그러나 포기하지 않고 지속적으로 하다보면 자신의 몸에 베이게 될 것입니다. 처음부터 묵상기도의 대가는 없습니다. 많이 해보면서 시행착오를 겪어보아야 합니다.

많이 하다가 보면 숙달하게 되어 있습니다. 깊은 영성은 단시간에 목표에 도달할 수가 없습니다. 지속적으로 하다가 보면 어느 날부터 묵상이 쉽게 되는 것을 느끼게 될 것입니다.

절대로 몇 번 해보다가 포기하지 말고 지속적으로 해 보시기를 바랍니다. 그러면 숙달하게 됩니다. 시간을 투자하여 하면 할수록 자신의 마음이 안정이 되고 마음 안에 쌓인 상처가 치유되고 성령의 권능이 강해지고 면역력이 강화되어 세상을 이기며 더 나아가 코로나19를 물리치게 될 것입니다.

15장 성령의 권능을 강화하는 영상기도

(행18:9-10)"밤에 주께서 환상 가운데 바울에게 말씀하시되 두려워하지 말며 침묵하지 말고 말하라 내가 너와 함께 있으매 어떤 사람도 너를 대적하여 해롭게 할 자가 없을 것이니 이는 이 성중에 내 백성이 많음이라 하시더라."

하나님은 성령으로 기도를 하되 사건 현장을 영상으로 보면서 기도하기를 원하십니다. 영상기도란 죄를 짓는 모습을 직접 눈으로 보면서 회개하며 기도하는 것을 말합니다. 영상 기도할 때 자신의 죄를 짓는 모습을 직접 상기하면서 눈으로 봄으로 강력하고 깊은 회개가 일어날 수가 있습니다. 회개를 한 후에 죄를 지을 그 때 타고 들어온 귀신을 쫓아낼 수 있기 때문에 좀 더 깊은 회개와 치유가 되어 성령충만 해짐으로 무의식에 웅크리고 있는 귀신들이 축사가 됩니다.

자신이 다른 사람에게 상처를 주었을 경우도 영상기도로 회개하여 무의식에 있는 죄책감을 치유할 수가 있습니다. 자신이 무고하게 다른 사람에게 상처를 받았을 경우에도 무의식을 치유하는 적극적인 수단이 바로 영상기도입니다. 영상기도를 통하여 직접 현장을 보면서 기도할 수가 있기 때문입니다.

영상기도(visualization prayer)는 말 그대로 사람이나 사건을 이미지화하여 상상으로 드리는 기도입니다. 이 기도를 통하여 자신 안에 예수님께 집중함으로 하나님의 나라 성전이 되어 마음의 상처와 스트레스가 정화됩니다. 덩달아 성령의 권능과 면역력이 강화되는 것입니다. 묵상 기도는 말씀의 의미를 묵상하며 하나님과의 대화에 초점을 두는 반면, 영상 기도는 어떤 현장을 그림으로 바라보듯 상상하면서 그 현장 속으로 자신을 집어 넣고 예수님을 초대하는 기도입니다. 묵상이나 침묵의 훈련이 어느 정도 이루어진 그리스도인이 되어야 영상 기도를 더욱 효과적으로 할 수 있습니다. 묵상 기도나 영상 기도에는 "거룩한 상상력"(holy imagination)이 필요합니다.

1.영상기도 방법

영상 기도에는 세 가지 유형이 있습니다. 첫째는, 성경 영상 기도이고, 둘째는, 예수 영상 기도이고, 셋째는 회개와 용서입니다. 성경 영상 기도는 성경 본문을 읽으면서 그 현장에 자신을 집어넣어 상상하는 기도입니다. 예수 영상 기도는 어떤 사람이나 현장에 예수님을 초대하여 그 장면을 상상하며 주님과 대화하는 기도입니다. 회개와 용서는 성령의 강력한 지배 하에 현장을 보면서 회개하고 용서하는 기도입니다.

1) **성경 영상 기도** : 성경 영상 기도를 하기 위해서는 먼저 성경 본문을 정해야 합니다. 그리고 나서 그 당시 현장으로 타임머신을 타고 날아가야 합니다. 성경 본문을 정할 때는 자신이 기도하고자 하는 제목과 부합되는 본문을 정해야 합니다. 예를 들어, 자신이 인생의 풍랑을 만난 어려움 가운데 처해 있습니다. 아무도 당신을 도와줄 수가 없습니다. 당신은 두려움

가운데 괴로워하고 있습니다. 그렇다면 누가복음 8장 22-25절까지의 본문을 가지고 영상 기도를 할 수 있습니다.

"하루는 제자들과 함께 배에 오르사 그들에게 이르시되 호수 저편으로 건너가자 하시매 이에 떠나 행선할 때에 예수께서 잠이 드셨더니 마침 광풍이 호수로 내리치매 배에 물이 가득하게 되어 위태한지라. 제자들이 나아와 깨워 이르되 주여! 주여! 우리가 죽겠나이다 한데 예수께서 잠을 깨사 바람과 물결을 꾸짖으시니 이에 그쳐 잔잔하여지더라. 제자들에게 이르시되 너희 믿음이 어디 있느냐 하시니 그들이 두려워하고 놀랍게 여겨 서로 말하되 그가 누구이기에 바람과 물을 명하매 순종하는가 하더라."(눅 8:22-25)

이 본문을 주의 깊게 읽으십시오. 그리고 자신이 예수님의 제자가 되는 모습을 상상하고 본문의 현장 속으로 들어가야 합니다. 편의상 당신을 '요셉'이라고 부르겠습니다. 요셉은 예수님을 따라 배 안에 올라탑니다. 갈릴리 바다의 물을 바라보십시오. 매우 깨끗하고 잔잔한 물입니다. 예수님께서 "호수 저편으로 가자"고 말하십니다. 주님은 거라사인의 땅으로 가시고자 하십니다. 요셉은 배 안에서 옆의 제자들과 담소를 나누기 시작합니다. 요셉은 예수님이 조금 전에 가르치셨던 씨 뿌리는 자의 비유의 의미에 대해 다른 제자들과 함께 이야기합니다. 요셉이 예수님을 바라보자 예수님께서는 제자들이 주님께 관심을 갖지않고 자기들만 대화하며 시간을 갖자 주무시고 말았습니다. 주님은 딱딱한 배의 고물을 베개 삼고 주무십니다.

어느덧 시간이 흘러 중간 정도 왔는데 갑자기 광풍이 몰아치기 시작합니다. 돌풍을 동반한 폭풍이 휘몰아치기 시작했습니다. 배에 물이 들어차기 시작합니다. 점점 물이 들어와 이제 배는 침몰하려고 합니다. 요셉의 마음속에는 두려움이 엄습해 옵니다. 요셉 옆에 있는 제자들 가운데 갈릴리 호수에서 고기를 잡던 어부들도 있어서 이런 현상에 익숙하였지만 이러한 커다란 광풍은 처음입니다. 요셉은 너무나 두렵고 떨려 주무시는 예수님을 다른 제자들과 함께 깨웁니다. 배가 침몰하려고 하는 그 순간까지도 주님은 태연하게 주무시고 계셨습니다. 요셉은 "아니! 이렇게 광풍이 휘몰아치고 배가 바다 물속에 가라 앉으려고 하는 데 저렇게 편안하게 주무시고 계시다니"하고 마음속으로 생각합니다. 요셉과 주변에 있는 제자들은 필사적으로 주님을 깨우며 "주님! 우리가 죽겠습니다."하고 절규합니다.

그 순간 주님은 잠에서 깨어나십니다. 그리고 성난 바다와 물결을 향해 꾸짖으십니다. "파도야 잔잔할찌어다! 바다야 잔잔할찌어다!" 예수님의 이 말 한마디에 갑자기 파도는 멎고 바다는 잔잔해집니다. 요셉은 너무나 놀라서 옆에 있던 다른 제자들과 서로 쳐다보면서 "아니 이럴 수가, 어떻게 이런 일이 있을 수 있지?" 하고 놀랍니다. 그 때 주님은 제자들 하나 하나를 책망하십니다. "요셉아~ 너의 믿음이 어디 있느냐? 지금까지 내가 수많은 기적을 네 앞에 베풀지 않았느냐? 너는 내가 구원자요 생명의 주라는 것을 알지 못하느냐? 내가 자연 만물을 다스리는 권세를 가지고 있음을 알지 못하느냐?"

그 때 요셉은 고백합니다. "오~ 주님! 죄송합니다. 주님께서 만왕의 왕이요 만주의 주로서 세상 모든 만물을 다스리고 계심을 제가 잊었습니다. 제가 현재 겪고 있는 인생의 폭풍우도 바로 주님의 손에 달려있음을 믿습니다. 주님이 저와 함께 하시면 제게 두려울 것이 없습니다. 걱정하고 염려할 것이 하나도 없습니다. 제게 일어나는 모든 일은 바로 하나님의 주권 아래 달려 있습니다. 저는 주님을 믿습니다. 주님, 저를 도와주세요."

이 마지막 장면에서 주님께 자신의 신앙의 고백과 믿음의 기도를 마음껏 드려야 합니다. 자신의 마음을 하나님께 토해야 합니다. 자신의 "마음을 주의 얼굴 앞에 물 쏟듯"(애 2:19) 해야 합니다. 그리고 자신의 믿음의 부족에 대해 주님의 책망을 들으며 새롭게 힘을 얻어야 합니다. 지금까지 말씀드린 영상 기도는 하나의 예입니다. 우리는 성경의 수많은 장면을 가지고 영상 기도를 드릴 수 있습니다.

2) 예수 영상 기도 : 예수 영상 기도는 자신이 기도하고자 하는 대상이나 사건에 예수님을 초대하여 대화하는 이미지 기도입니다. 예를 들어, 자신이 미워하거나 싫은 사람이 있다고 가정해 봅시다. 그러나 자신은 주님이 그 사람을 용서하기를 원하는 것을 알고 있습니다. 이제 영상 기도를 통해 그 사람을 위한 기도를 할 수 있습니다.

자신 앞에 예수님이 서 계시는 영상을 그려보십시오. 자신이 미워하는 그 사람을 상상 속에서 데려 오십시오. 그 사람에게 자신의 마음을 솔직하게 말하십시오. "당신이 나에게 어떻게 이럴 수 있습니까? 당신은 정말 내 마음에 상처를 주었습니다. 나는 당신이 밉고 당신을 보기가 싫습니다." 여기에서 자신이 상대방에게 가지고 있는 모든 부정적인 감정을 성령의 지배 상태에서 토로하는 것이 필요합니다. 이렇게 상대방에게 말하고 나면 이제 주님을 바라보고 그분께 말씀드려야 합니다.

"주님! 솔직히 이 사람이 제게 상처를 주어서 보기가 싫습니다. 그러나 주님께서 이 사람도 사랑하라는 것을 알고 있습니다. 그러므로 주님의 사랑이 제게 필요합니다. 주님의 손으로 제게 안수하셔서 하나님의 사랑의 전류가 흐르게 해 주십시오. 저의 마음을 녹여주시고 강하고 담대하게 해 주세요" 이제 자신은 주님이 손을 내밀고 자기에게 말하는 것을 상상하십시오. "사랑하는 아들(딸)아, 내가 너를 사랑하노라." 주님께서 그 사랑의 손으로 이제는 자신이 미워하는 그 사람을 만지는 것을 상상하십시오. 그리고 자신과 주님과 그 사람이 함께 손을 잡는 모습을 연상해 보십시오. 이러한 영상 기도를 마치면 이제 감사의 기도를 드리십시오.

예수 영상 기도의 또 한 가지 예를 들어보겠습니다. 예를 들어, 어떤 사람(혹은 여러분 자신)이 병에 걸려 아픈 상태에 있습니다. 자신(본인)이 그 병들은 자를 위해 중보 기도하기를 원합니다. 이제 그 아픈 사람의 모습을 그려보십시오. 그는 병상에 힘들게 누워서 고통스러워하고 있습니다. 그 사람 옆에 예수님을 초대하십시오. 주님이 그 곁에 서 계십니다. 자신이 주님께 이렇게 말합니다. "주님! 이 사람 보이시죠? 너무 불쌍합니다. 주님께서 고쳐주지 않으시면 이 사람은 나을 수 없습니다. 주님께서 이 사람 꼭 안수해 주세요. 주님은 여호와 라파의 하나님! 즉 우리를 치유하시는 하나님 아니십니까? 이 사람을 불쌍히 여기사 꼭 고쳐 주세요."

이제 자신이 예수님께서 그 사람에게 손을 내밀어 안수하는 모습을 상상합니다. 주님은 오른 손을 내밀어 그 병자의 손을 잡으십니다. 그리고 아픈 부위에 손을 대십니다. 그리고 말씀하십니다. "사랑하는 아들(딸)아, 네가 불쌍하구나. 내가 너를 치유하노라. 이제부터 건강하게 될지어다." 그 순간 그 사람은 병이 치유되고 주님의 품에 안깁니다. 이렇게 상상하며 영상기도를 드리고 나면 감사의 기도가 필요합니다. 주님께서 그 사람을 고쳐 주신 것에 대해 감사와 찬양의 고백이 있어야 합니다. 예수 영상 기도는 자신이 바라는 기도의 제목에 적용할 수 있습니다. 어떤 사람의 구원을 위해 기도한다면 주님이 그 사람에게 오셔서 그 영혼에 말씀하시고 회개시키고 변화 받는 모습을 영상으로 그릴 수 있습니다.

3) 회개와 용서의 영상기도: 성령의 임재 하에 자신이나 자신의 선조가 죄를 짓는 것을 마음으로 상상하면서 회개하는 것입니다. 자신이 상대방에게 상처를 받고 있는 광경을 상상하면서 예수님에게 당시 받았던 상처를 드리는 것입니다. 내가 다른 사람에게 상처를 주고 있는 장면을 영상으로 그리면서 회개를 하는 것입니다. 성령의 임재가운데 죄를 짓는 모습과 상처 받는 모습을 보면서 기도하는 것입니다. 직접 영상 화면으로

보면서 감정을 토하라는 말입니다.

2.영상 기도의 능력

하나님이 우리의 기도를 응답하시거나 우리에게 메시지를 주려고 하실 때 영상이나 비전을 통하여 역사하시는 경우가 종종 있습니다. 바울이 고린도에서 복음을 전하다가 박해를 받았을 때 주님은 환상 가운데 나타나셔서 바울에게 위로의 메시지를 주셨습니다. "두려워하지 말라 잠잠하지 말고 말하라 내가 너와 함께 있으매 아무 사람도 너를 대적하여 해롭게 할 자가 없을 것이니 이는 이 성중에 내 백성이 많음이라"(행18:9-10).

바울은 이 환상을 통하여 새롭게 용기를 얻고 사람들을 양육하고 전도할 수 있었습니다. 물론 영상 기도의 영상은 주님이 보여주시는 영상과 다릅니다. 그것은 기도하는 자신이 그리는 영상입니다. 그러나 그것은 믿음의 영상입니다. 믿음으로 성경 말씀을 통하여 예수님을 바라보는 영상이기 때문에 단지 상상력에 불과한 자의적인 영상이 아닙니다. 그것은 영적 세계의 바라봄의 법칙을 적용하는 기도라고 볼 수 있습니다.

3.영상기도 유의해야할 점: 지금까지 당신에게 말씀드린 영상 기도의 방법론은 몇 가지 사례를 제시한 것에 불과합니다. 영상 기도에 분명하게 정해진 규칙은 없고 다만 자신들이 성령의 인도하심을 구하며 자꾸 훈련을 할수록 점점 그 방법론과 효과성을 깨닫게 될 것입니다. 영상 기도에서 지나친 상상력

은 신비주의로 빠질 수 있기 때문에 위험할 수도 있습니다. 그렇기 때문에 성령의 도우심을 먼저 구하는 것이 절대적입니다. 또 영상 기도를 효과적으로 하기 위해서는 주위 환경을 잘 정돈할 필요가 있습니다. 수도원 같은 데에서 기도 단을 만들고 촛불을 켜는 이유가 바로 여기에 있습니다. 거룩한 상상력을 동원할 수 있는 기도 환경을 만들면 좋을 것입니다.

4.영상기도의 영적유익: 영상 기도는 영적인 상상력을 극대화하는 기도입니다. 따라서 영적인 세계를 바라보는 능력을 배가시키는 데 효과적입니다. 영상기도에 익숙해질수록 깊고 강한 영성을 발전시킬 수 있습니다. 내적치유 할 때 회개나 용서에 유용하게 사용할 수가 있습니다.

5.영상기도시간: 초보자라면 영상 기도의 시간은 너무 길면 질리게 됩니다. 20-30분이 적당합니다. 숙달된 분이라면 2-3시간도 할 수가 있습니다. 초보자가 지속적으로 상상하는 것은 쉽지 않기 때문입니다. 처음에는 20분 정도의 시간을 내서 영상 기도를 해 보십시오. 점차 익숙해지면 조금씩 시간을 늘려나갈 수 있습니다. 무엇이든지 한 번에 욕심대로 되는 것이 없습니다. 너무 길게 하려고 애를 쓰다가 보면 오히려 기도가 노동이 되고 스트레스가 됩니다. 기도는 노동이 아닙니다. 기도는 하나님 앞에서 영혼이 쉬는 것입니다. 기도하는 시간이 즐거워야 합니다.

16장 성령의 권능을 강화하는 명상기도

(시62:1)"나의 영혼이 잠잠히 하나님만 바람이여
나의 구원이 그에게서 나오는 도다"

명상기도를 일부 기독교인들이 불교 냄새가 난다고 거부하는 분들이 있습니다. 이는 명상기도에 편견을 가졌거나 잘못 알고 하는 말입니다. 명상기도는 원래 기독교에서 먼저 시작이 되었습니다. 천주교 수도사들이 명상기도를 했습니다.명상기도는 기도하는 대상이 인격적이고 살아계신 하나님이며 하나님과의 일치와 연합이 목적입니다. 명상기도를 할 때 기도 대상은 자신 안에 주인이신 인격적인 하나님이십니다. 자신 안에 주인이신 하나님과의 일치와 연합이 됨으로 하늘나라 천국이 되고 살아계신 하나님의 성전이 되어 자신 안에서 올라오는 성령의 불의 역사로 마음의 상처와 스트레스가 정화되고 치유되며 자연스럽게 영-혼-육체의 기능이 정상이 되니 영력과 면역력이 강화되는 것입니다. 이는 직접 체험해 보아야 인정하고 믿게 될 것입니다.

명상기도를 통하여 말씀을 매체로 죄와 허물을 비우는 것 뿐 아니라, 그리스도의 영인 성령으로 자신 안을 채우는 것입니다. **반면 세상이나 절에서 하는 참선은** 비인격적인 무를 대상으로 명상이라는 방법을 통해 비움의 과정을 거쳐 무념무상에 이르는 것을 목표로 하는 것입니다. 사람이 무념무상에 이르므로 세상 악신이 그 사람을 장악하는 것입니다. 뉴에이지 운동입니다. 우리가 배우려고 하는 복음적인 명상은 외부와 단절된 상태에서 은밀하고 조용하게 하나님의 만남을 통해서 영적인 교제를 나누어 인간의 내면의 영역 깊이까지 하나님의 생각과 마음과 뜻과 능력과 눈을 갖도록 훈련시키는 하나님의 능력이며, 겉 사람의 방해를 받지 않도록 마음의 기능을 절제시키고 영의 기능을 강화하는 집중훈련입니다. 절대로 성령님의 이끌림을 받으면서 하는 훈련입니다.

이 훈련은 초월명상이나 초능력 훈련과 유사한 점이 많아서 오해되어질 요소가 많습니다. 그러나 명상의 대상이 자신이 아니라 하나님이며, 내 안에 성령을 채우기 위함이며, 항상 마음으로 예수님의 이름을 부르면서 하기 때문에 그 목적이 인간적인 욕망을 이루기 위함이 아니라, 마음에 하나님을 채워서 하나님의 뜻을 알고 순종하는데 있습니다.

1. 명상 호흡 기도방법

명상과 호흡은 긴장을 완전히 풀고 심신의 안정을 얻음으로써 몸까지 건강하게 만들어 줍니다. 명상을 통하여 뇌파를 β(베타)파에서 α(알파)파로 안정되게 하여 스트레스와 쌓인 피로를 한방에 날려버릴 수 있는 명상 호흡법을 배워봅시다. 모든 병의 원인은 바로 스트레스. 이런 스트레스로 인한 몸과 마음의 고통, 질병을 다스리는 가장 좋은 방법이 명상입니다. 이 기도를 하면 할수록 전인격이 하나님의 나라가 됨으로 성령의 권능과 면역력이 강화되는 것입니다.

외부 자극에 의해 늘 긴장된 의식을 현실 세계로부터 잠시 떼어놓아, 밖으로 향했던 마음을 자신의 고요한 내적인 세계로 향하게 만들기 때문입니다. 이 과정에서 심리적인 안정을 얻고 마음이 고요해지며 정화되는 느낌도 받을 수 있습니다. 나아가 육체적으로도 휴식을 취해 몸의 피곤이 사라집니다.

실제로 명상을 하면 뇌파가 의식이 깨어 있는 β(베타)파에서 가수면 상태의 α(알파)파로 안정이 되면서 자율신경계의 조화가 이루어지고 긴장된 근육이 이완되는 효과와 함께 면역력이 강해집니다. 더나아가 영적상태인 세파파로 이르게 됩니다. 명상 상태에 있을 때는 자신의 좋지 않은 성격과 행동을 자신의 깨달음과 성령의 도우심으로 바꿀 수 있습니다. 나아가 기억력, 사고력, 추리력, 창의력 등도 증진시킬 수 있습니다.

2.하나님의 지혜를 받는 명상.

명상은 보통 아침에 일어나서 하는 것으로 알려져 있지만 꼭 아침일 필요는 없고 자기 전도 괜찮습니다. 단, 타인의 방해를 받지 않는 조용하고 조명이 은은한 곳이 좋습니다. 명상을 하는 것은 그다지 어렵지도 않고 특별한 도구가 필요하지도 않습니다. 다만 명상을 하기 전에는 장을 먼저 풀어주어야 합니다.

주먹을 가볍게 쥐어 장을 두드리고 주무르고 누르고 하여 편안하게 해줍니다. 그래야만 마음과 정신을 쉽게 집중시킬 수 있습니다. 그 후 편안한 자세로 앉거나 누워서 몸을 좌우로 부드럽게 움직여 몸과 마음을 편안히 이완시킵니다.

몸이 이완되면 온몸이 환한 빛으로 감싸였다고 상상하면서 그 편안함과 행복감을 느껴봅니다. 20분 정도 자연스럽게 편안함을 누린 다음에 복식호흡을 5분간하여 마무리합니다. 복식호흡은 양손을 아랫배에 대고 천천히 코로 숨을 아랫배까지 들이마시고 내쉬는데, 이때 코나 목으로 호흡하는 것이 아니라, 아랫배를 이용해 숨을 쉬는 것입니다. 복식호흡이 익숙해지면 처음 명상에 들어갈 때 같이 하면 효과적입니다. 이때 음악이 있으면 초보자에게 도움이 됩니다. 악기로만 연주된 찬송가가 좋습니다. 미가엘 찬양반주기도 좋습니다. 호흡하며 명상에 집중해야 되기 때문에 잔잔한 음악이 도움이 됩니다.

3.명상 기도의 자세

1) 바닥에 가부좌나 반가부좌로 앉거나, 무릎을 꿇거나, 의자에 등을 붙이고 앉습니다. 이때 허리는 곧게 펴야 합니다. 본인이 편한 자세를 취하면 됩니다. 의자에 앉아서 하면 됩니다. 필자는 의자에 앉아서 합니다. 무릎을 꿇으면 몸이 피곤하고 자연스럽지 못하여 오래할 수가 없습니다.

2) 손바닥을 위로 향하게 하고 할 수도 있고, 양손을 아랫배

에다 대고 할 수도 있고, 한 손은 가슴에 대고 한 손은 아랫배에 대고도 할 수가 있습니다. 이는 명상 기도에 집중을 하기 위한 방법이기도 합니다. 또 성령으로부터 오는 생명의 기운이 몸 안에 머물도록 해주는 역할을 합니다.

4.호흡 – 집중 명상법

눈을 감고 코로 깊게 아랫배까지 깊게 호흡합니다. 이때 호흡에 집중하는 것이 중요합니다. 공기가 몸속으로 충분히 들어와 몸 밖으로 나갈 수 있도록 코로 숨을 아랫배까지 들이쉴 때 "예수님/성령님" 내쉴 때 "사랑합니다." 처음에는 밖의 소음이나 잡다한 생각, 감정 등에 의해 흔들릴 수 있습니다. 이때에는 그것을 방해거리라고 생각하지 말고 오로지 "예수님/성령님" 찾는 명상기도에만 집중하다가 보면 성령이 충만하게 됨으로 밖의 소음이나 잡다한 생각은 자연스럽게 관심에서 사라지게 됩니다. 절대로 명상 중에 찾아오는 생각이나 느낌 등 집중을 방해하는 것들에 빠져들지 않도록 주의하고 억지로 "집중해야 해"하는 생각은 버리는 것이 좋습니다. 또 떠나가라, 떠나가라 하면서 대적하는 것도 삼가는 것이 좋습니다. 왜냐하면 생각을 하면 육적인 상태로 돌아 갈 수가 있기 때문입니다. 이는 자꾸 해보면 이유를 알게 됩니다.

계속 호흡을 들이쉬면서 "예수님/성령님" 내쉬면서 "사랑합니다"를 반복하세요. 그러다가 보면 순간 집중이 되게 됩니다.

그러므로 호흡을 계속하면서 자연스럽게 끌리듯이 집중해야 하는 것입니다. 이런 훈련을 반복하다 보면 마음 안에 계신 예수님께 집중하게 됩니다. 초보자라면 한번에 5분간만 명상을 하고 매주 5분씩 시간을 늘려나가면 됩니다. 천천히 진행하다 보면 몸이 명상의 자세에 익숙해지면서 매우 편안해지는 것을 느낄 수 있습니다. 단 몸이 불편하면 집중하기 어려우므로 억지로 시간을 늘릴 필요는 없습니다.

5.낱말 – 집중 명상법

이 명상법은 어떤 낱말이나 구절을 계속 반복해서 말하면서 집중하는 방법입니다. 혼자서 같은 낱말이나 구절을 소리 내지 않고 반복하면서 호흡과 리듬을 맞춤으로써 마음에 언어가 무의식에 집중이 되도록 합니다. 작은 소리를 내면서 집중해도 됩니다. 이때 나에게 개인적으로 강한 의미를 갖고 있는 단어나 구절을 선택합니다. 그래야 긍정적인 효과를 거둘 수 있습니다. 예를 들어 "예수 사랑", "예수 능력", "예수 치유", "예수 말씀", "예수 권세", "예수 천국" 등의 낱말은 매우 유용합니다. 걸음을 걸을 때도 적용하기가 좋은 방법입니다.

6.명상 기도의 효과.

몸과 마음이 성령으로 충만해지면서 안정이 되므로 하나님의 참 평안을 체험적으로 느끼게 됩니다. 하나님의 지식 지혜의 말씀의 은사가 나타납니다. 예언의 은사가 나타납니다. 하나님의 음성을 듣습니다. 성령의 충만함을 유지합니다. 말씀의 비밀을 깨닫게 됩니다. 혈기가 사라집니다. 그 외에도 명상 중에 뇌하수체에서 엔돌핀이나 엔케팔린 같은 자연 진통제가 생성되며 부신에서 통증과 신경통과 같은 염증을 낮게 하는 신비한 화학물질이 나옵니다. 심장 박동수를 조절하며, 동맥이 이완되기 때문에 혈액의 순환이 잘되고 혈압이 낮아집니다. 신체의 전 기관에 긴장 완화를 줍니다. 혈액 내의 코티졸의 양을 줄여줍니다. 스트레스와 긴장의 완화로 심장에 좋습니다. 저 체온이던 사람이 정상으로 36-37 도로 올라갑니다. 신경, 정신 질환이 해소되며 심리적으로 안정되어 모든 일에 자신감과 여유가 생깁니다. 자연스럽게 성령의 권능과 면역력이 강화되어 영적-정신적- 육체적인 질병이 치유됩니다.

명상을 하고 나면 기분이 상쾌해집니다. 불안감, 우울증, 초조함이 사라집니다. 다른 사람의 말이나 감정에 휘둘리는 것이 아니라, 감정의 주인이 됩니다. 불면증이 해소되어 잠이 잘 오고 깊은 잠에 들어갑니다. 건망증이 해소되고 정신이 맑아집니다. 그리스도인은 무엇보다 안정한 심령이 되는 것이 중요합니다. 안정한 심령이 되어야 마음이 평안해지고 면역력이 강해지며, 성령이 충만할 수 있고 영의 상태에 들어갈 수가 있기 때문입니다. 명상을 통한 온몸 기도로 영이신 하나님과 교통하여 하나님의 음성(뜻)을 알고 순종하시기를 바랍니다.

17장 성령의 권능이 강해지는 온몸집중기도

(왕상19:7-8)"여호와의 천사가 또 다시 와서 어루만지며 이르되 일어나 먹으라 네가 갈 길을 다 가지 못할까 하노라 하는지라 (8) 이에 일어나 먹고 마시고 그 음식물의 힘을 의지하여 사십 주 사십 야를 가서 하나님의 산 호렙에 이르니라."

필자는 25년이 넘는 세월동안 수많은 성도들을 치유하여 상처와 스트레스로부터 자유하게 하고 성령의 권능있는 삶을 살도록 했습니다. 상처는 때가되면 여러 가지 문제가 발생하게 합니다. 주변에 약한 사람들에게 상처를 주면서 살아갑니다. 마음의 상처는 자신이 자신을 직접 보고 인정해야 상처가 치유된다는 속성이 있습니다. 문제는 마음의 상처가 자신 안에 쌓여 있어도 어느 정도 체력과 정신력이 있으면 밖으로 나타나지 않는 다는 것입니다. 그럼 언제 밖으로 나타날까요. 스트레스를 받고 받다가 해소하지 못하여 체력과 정신력으로 버티지 못할 때 밖으로 나타납니다. 통계에 의하면 남자는 45세 이후에 나타나 영-혼-육체의 질병이 발생하여 고통을 당합니다. 여성은 55세 이후 갱년기에 나타난다고 합니다. 그러니까, 갱년기에 나타나 영-혼-육체의 질병이 발생하여 고통을 당하면서 살아간다는 것입니다. 하나님께서 정한 수명을 살아가지 못할 수도 있습니다.

성령님은 문제가 발생한 다음이 아니라 매일 자신을 정확하게 감찰하며 보게 하시고 인정하게 하여 치유하도록 역사하시는 분입니다. 성령님은 예수를 믿었다고 주인으로 역사하시지 않습니다. 반드시 성령님이 계신 것을 알고 성령님이 주인으로 계시도록 마음을 열고 기도할 때 성령으로 세례를 하시면서 장악하여 가십니다. 성령의 불의 역사가 자신 안에서 타오르면서 자신을 장악해 가는 과정에 아래에 설명되는 자신의 여러 가지 영적-정신적-육체적인 질병이 마음속에 상처 때문이라는 것을 감찰하며 보게 하시고 인정하면 치유하시기 시작하십니다. "사람의 행위가 자기 보기에는 모두 깨끗하여도 여호와는 심령을 감찰하시느니라."(잠 16:2). 자신의 마음속에 무엇이 있는지 성령께서 감찰하게 하는 것을 눈으로 몸으로 보고 인정해야 치유가 가능한 것입니다. 물론 자신이 마음을 열으니 성령께서 마음을 치유하시지만 본인이 인정해야 마음을 열수가 있는 것입니다. **집중 온몸치유기도란 자신의 전인격이 하나님의 나라와 살아계신 하나님의 성전이 되기 위하여 집중적으로 오래동안 기도하는 것을 말합니다. 주1-2회 예배당에 나와서 기도를 도와주는 목사의 인도 하에 집중적으로 하는 기도입니다. 자신혼자 집중치유 기도하는 것에는 한계가 있기 때문입니다.**

사람이 스스로 정복하지 못하는 곳은 자신의 마음의 세계이기 때문입니다. 반드시 진리의 말씀과 성령의 역사가 자신을 지배해야 자신의 마음을 바르게 볼수가 있고 마음의 세계를 정복할 수가 있습니다. 예수님께서 말씀하신대로 물과 성령으로 나지 아니하면 하나님의 나라에 들어갈 수 없는 것입니다. "예수께서 대답하시되 진실로 진실로 네게 이르노니 사람이 물과 성령으로 나지 아니하면 하나님의 나라에 들어갈 수 없느니라"(요 3:5). 예수님과 함께 십자가에서 죽었다가 다시 사신 예수님으로 다시 살아야 하나님의 나라 천국이 될 수가 있다는 것입니다. 이 천국은 죽어서 가는 천국이 아니라, 지금 살아서 자신의 마음 안에서 하늘나라 천국이 이루어지는 것을 말합니다. 자신의 마음이 하늘나라 천국이 되는 것은 지식으로 이론으로 되는 것이 아니라, 살아계신 성령하나님께서 자신의 영-혼-육체를 온전하게 점령해야 가능한 것입니다. 이렇게 되어야 영력과 면역력이 강해지고 불치병이 치유되는 것입니다. 그래서 기독교를 체험의 종교라고 하는 것입니다.

하나님께서 창조하신 사람이 이 세상을 살면서 왜 사는지 그 의미를 알려는 사람도 없고, 또한 삶의 의미를 알려주는 사람도 없기 때문에 자기욕심에 따라 이 세상을 살다가 허탈하게 삶을 마감하고 있습니다. 사람들은 세상에 사는 동안 먹고 마시며 모든 것들을 소유하면 자기는 행복한 사람이라 생각하지만 진정한 행복은 그곳에 없다는 것을 자신이 알면서도 그 일에 목숨을 걸고 있는 것은 자기 자신의 마음의 세계를 알지 못하기 때문입니다. 마음을 점령하는 것은 사람이 살아있는 동안 반드시 알아야 하고 행해야 할 일입니다. 이렇게 정신없이 세상을 살아가지만 나이가 들어 죽음을 앞에 둔 모든 사람들은 인생은 일장춘몽과 같고 공수래공수거라 말하면서 인생의 무상함과 허무함을 고백하고 있습니다. 사람들은 본성이 짐승의 야성을 벗어나지 못하고 먹을 것을 찾아 세상 끝까지 찾아다니다가 결국 죽음을 앞에 두고 빈손으로 돌아와서 절망과 좌절 속에 빠지게 되면 이 모든 것이 헛되고 헛된 것을 깨닫고 그때야 자신들의 마음의 세계를 발견하게 됩니다. 사람은 알고보면 참으로 무지하고 단순합니다.

필자가 병원에 능력전도 다닐 때에 대장암으로 입원하여 치료를 받는 53세 인 남자분과 대화를 했습니다. 예수님을 전도한 것입니다. 그랬더니 그 분이 하시는 말씀이 목사님! 이제 깨달고 보니 제가 인생을 잘못 살아온 것 같습니다. 어린 시절 가난에 찌들어서 가난의 상처를 가지고 살아오다가 보니 너무나 돈에 사무쳤기 때문에 일생을 돈돈하면서 살았습니다. 내 자신은 돌아보지 않고 돈을 벌기 위하여 잠도 제대로 자지 못했습니다. 이제 돈을 조금 모아 편안할까 했는데 대장에 암이 생긴 것입니다. 의사가 하는 말이 3개월밖에 살지 못할 것이라고 주변 정리를 하라고 합니다. 제 또래 다른 사람들은 젊은 청춘으로 건강하게 살아가고 있는데 저는 평생 돈을 벌기 위하여 온 마음을 다하다가 보니 생명이 3개월 밖에 남지 않은 것입니다.

그래서 필자가 예수님을 주인으로 영접하시면 불치병도 치유 받을 수가 있습니다. 이 세상을 하직하고 저 세상에 가시면 천국이라는 곳이 있습니다. 거기는 질병이나 고통 하는 것이 없고 사시사철 과일이 풍성한 곳입니다. 예수님을 영접하십시오. 고개를 끄덕이면서 예라고 대답하는 것입니다. 필자가 예수님을 영접하도록 기도를 따라서 하게 했습니다. "예수님 감사합니다. 제가 지금 마음을 열고 예수님을 주인으로 영접합니다. 평생 저의 육신의 만족을 위하여 세상을 살다가 이제 병이 들어 예수님을 알게 되었습니다. 하오나 지금이라도 예수님을 알게 하시고 저의 주인으로 영접하게 하시니 감사합니다. 예수님! 예수님께서 저의 죄를 단번에 사해주시려고 십자가에서 물과 피를 흘리시고 죽으신 것을 믿습니다. 예수님의 십자가 고통을 대가로 제가 이제 하나님의 품에 안길 수가 있습니다. 모든 것이 예수님의 은혜라는 것을 믿습니다. 예수님께서는 만병의 의사이시니 저의 병을 치료하여 주옵소서. 치유하여 주시면 남은 생을 주님의 영광을 위해 살겠습니다. 죄가 많은 저를 하나님의 자녀삼아 주시니 감사합니다. 예수님의 이름으로 기도합니다. 아멘"

그리고 성령님의 지배를 요청하고 선포기도를 했습니다. "예수님의 이름으로 명령한다. 이 더러운 대장암아 이 사람에게서 손을 떼고 망가지게 한 모든 곳을 깨끗하게 치료하고 자리를 걷고 떠나갈지어다." "온전하게 회복하고 떠나갈지어다." 이렇게 3번을 기도를 했더니 이 분이 눈물을 하염없이 흘리시면서 감사하다고 하는 것을 보았습니다.

사람이 젊은 시절에 마음의 세계를 깨닫고 마음에 관심을 가지고 살아간다는 것은 참으로 축복 중에 축복입니다. 그런데 늦은 나이에 마음의 세계의 중요성을 깨닫는 분들이 많습니다. 늦은 나이에 그 마음의 세계로 들어가려 해도 길이 막혀 엄두를 내지 못하고 결국 포기하고 마는 것은, 깊은 흑암이라는 오랜 세월 동안 쌓아올린 거짓생각들이 울창한 숲이 되어 가로막고 있기 때문에 한 발자국도 옮길 수 없는 불모지를 보면서 자신의 존재와 마음의 세계를 보지 못하고 있는 것입니다. 보이는 것에만 집중하고 살던 사람이 마음속에 견고한 진을 걷어내려면 시간이 걸립니다. 당뇨병을 전문으로 치유하는 의사의 말에 의하면 당뇨병으로 진단을 받았다고 하면 이미 5-10년 전부터 당뇨병 증상이 자라고 있었다는 것입니다. 정상이 되도록 치유하는데 그 만큼 시간이 걸린다는 것입니다. 금방 단시일에 당뇨가 치유되지 않는다는 것입니다. 필자가 군대생활을 23년 하고 사회에 나왔습니다. 주변에 잘아는 목사님께서 하시는 말씀이 23년간 군 생활을 하셨으니 23년이 지나야 군대의 물이 빠져서 온전하게 예수님의 인격으로 변하여 성령하나님께서 주인된 목회다운 목회를 하실 수가 있습니다. 마음을 느긋하게 가지라고 권면을 하셨습니다. 지나고 보니 그 목사님의 말씀이 백번 맞았다는 것입니다. 23년이 지나니까, 온전한 예수님이 함께하시는 목사가 되었습니다. 마음의 세계에 형성된 견고한 진을 성령으로 제압하는 데 시간이 걸린다는 것입니다. 그래서 중도에 포기하는 분들이 많습니다.

하지만 하나님께서 창조하신 사람들마다 정복해야 할 곳은 마음입니다. 사람들이 알지 못하는 하나님의 세계가 자신들 마음에 있다는 것입니다. 성령으로 눈이 열려야 깨닫게 됩니다. 자기 자신의 존재가 어디에서 와서 어디로 가는지 그곳을 알지 못하면 사람이 아니라 짐승들에 불과하다는 것이요, 그러나 자기 마음 안에 있는 세계를 정복하게 되면 거기에는 행복도 있고 기쁨도 있으며 천국도 있고 하나님이 계신 것을 체험하게 됩니다. 그래서 누구나 꼭 찾지 않으면 안 되는 곳이 자기 자신의 마음의 세계입니다. 그곳을 찾아야 행복과 기쁨이 있고 언제나 부족함이 없으며 신(神)의 세계요, 하나님의 아들들로 살 수 있는 곳입니다. 반드시 말씀과 성령으로 거듭나야 찾을 수가 있는 곳입니다. 하나님의 세계(천국)는 짐승차원의 사람이 예수님을 영접하고 성령으로 세례를 받고 성령의 인도를 받으면서 성령으로 거듭나 하나님의 형상으로 아들(예수)로 온전하게 바뀌고 성령으로 거듭난 자(다시 태어난 사람)가 살면서 천국을 누리면서 살다가 세상을 마감하고 가는 곳이지 아무나 가는 곳이 아닙니다. 그러므로 호흡하는 사람으로 이미 이것을 소유한 사람은 세상 삶에 집착할 이유가 없이 그곳의 사람들은 성령의 인도로 기이하고 놀라운 일이 일어나게 되는데, 이 모든 것이 자기 안에 있는 존재발견과 마음의 세계를 정복한 사람들에게 주어지는 복(福)이라는 것입니다.

　지구촌 그 어디에도 이런 곳은 없으며 오직 하나님이 창조하신 사람 안에 감추어져 있는 자기 마음의 세계 속으로 들어간 사람들에게만 주어지게 되어 있는 하나님의 세계인 천국입니다. 하지만 그곳을 정복하려면 많은 영적인 준비가 필요하고 진리의 말씀이 내 안에 있어야 합니다. 자신의 마음속을 성령으로 감찰해야 합니다. 마음의 세계의 중요성을 스스로 깨달아야 합니다. 고로 성령의 인도를 받아야 합니다. 오랜 시간을 투자하여 집중치유기도하며 온전하게 하나님의 나라가 되어야 합니다.

마음의 상처는 영적이고 정신적이고 육체적인 질병뿐만 아니라, 환경적인 문제의 근원이 되기도 합니다. 사람들에게 발생하는 뼈와 관절의 질병을 일으키기도 합니다. 어떤 분은 젊어서 상처와 스트레스를 많이 받아서 골다공증이 심하여 조금만 충격을 받아도 뼈가 골절이 된다고 걸어 다닐 때 사람들을 피하여 다니는 것을 보았습니다. 마음의 상처와 스트레스는 뉴마치스관절염의 근원이 되기도 합니다. 마음의 상처가 몸을 냉하게 하여 염증을 유발하게 하기 때문입니다. 이를 치유하고 예방하기 위하여 젊어서부터 마음의 상처의 해악을 깨달아 말씀과 성령의 역사로 치유해야 나이가 들어서 뉴마치스관절염으로 무릎 관절염으로 골다공증으로 고통을 당하면서 살아가지 않습니다.

마음의 상처는 각종 암의 근원이 되기도 합니다. 상처와 스트레스가 몸과 마음에 쌓이면 장기나 관절이나 골수가 정상적인 기능을 발휘하지 못하고 정상적인 체온을 유지하지도 못합니다. 상처 스트레스가 장기나 골수나 신경을 지배하면 체온이 현격하게 낮게 됩니다. 아랫배(소장대장)가 냉하게 되고 자궁의 모든 부분에 냉하여 대장과 자궁과 난소에 질병이 발생하는 것입니다. 상처 스트레스가 몸을 냉하게 하기 때문입니다. 정기적인 검진을 등한히 하면서 지나면 암으로 발전하기도 합니다.

마음의 상처는 공황장애나 우울증이나 불면증이나 조현병이나 화병 등등의 정신질환의 근원이 되기도 합니다. 공황장애로 고통당하는 분을 성령으로 마음의 상처를 집중치유했더니 공황장애가 완치되었습니다. 마음의 상처는 부부문제의 근원이 되기도 합니다. 부부가 처음 사랑해서 결혼했지만 살아가다가 4-50대에 이혼하는 분들이 많습니다. 모두 자신 안의 상처로 인하여 생긴 문제인데 서로 상대방 때문에 부부생활이 원만하지 못하다고 서로를 원망하다가 이혼하게 되는 것입니다. 마음의 상처와 스트레스를 치유하려면 자신의 무의식에 상처 스트레스가 있다는 것을 인정해야 합니다. 쉽게 말해서 성령으로 충만해야 한다는 말입니다. 하나님은 절대로 육체만 건강하게 하시지 않습니다. 영-혼-육체를 건강하게 하여 살아계신 하나님의 성전으로 살아가면서 하나님의 살아계심과 영광을 나타내며 축복받게 하십니다. 그렇기 때문에 마음의 상처 스트레스가 만 가지 문제의 원인이라는 것입니다. 왜 마음의 상처가 만 가지 문제가 될까요? 영적인 문제가 상처 스트레스로 발생을 합니다. 상처와 스트레스를 받게 되면 영-혼-육체의 기능이 비정상이 됩니다. 이때 귀신들이 침입을 하는 것입니다. 물론 귀신이 상처와 스트레스를 받게 하지만 영-혼-육의 기능이 정상일 때는 침입을 하지 못합니다. 그래서 주변의 사람들을 동원하여 스트레스를 받게 하고 상처를 받게 하여 심령이 상하면 침입을 하여 자리를 잡는 것입니다. 그렇기 때문에 귀신을 축사하려면 먼저 성령으로 상처와 스트레스를 다스려야 귀신이 떠나갈 수 있는 조건이 되는 것입니다. 절대로 귀신의 축사는 자신 안에서 일어나는 성령의 역사가 아니고는 불가능한 것입니다.

마음의 상처와 스트레스가 쌓이면 육체의 질병으로 발생합니다. 사람의 몸속에는 혈관이 있어 몸 안으로 피가 흐릅니다. 림프선이 있어 온몸으로 물이 흐릅니다. 상처와 스트레스를 받으면 체온이 떨어져 피가 끈끈해지거나 혈전이 생기거나 탁해지고 림프선을 통하여 몸 안으로 흐르는 물이 끈끈해지거나 탁해집니다. 자연스럽게 몸 안의 상태가 정상이 되지 못하니까, 혈관이 좁아지거나 림프선이 좁아지거나 혈전이 생기기도 합니다. 따라서 연결된 장기가 정상기능을 발휘하지 못하므로 장기가 약해지거나 고장이 나게 됩니다. 따라서 방광에 문제가 생기거나 콩팥에 문제가 생기거나 자궁에 문제가 생기거나 난소에 문제가 생기거나 간에 위장에 소장이나 대장 등 장기에 문제가 생기는 것입니다. 치매도 상처와 스트레스로 발생하기도 합니다. 치매 증상이 나타난 분들을 집중치유기도를 하게 했더니 10년이 넘도록 치매가 나타나지 않았습니다. 상처와 스트레스는 모두 나열하지 못했어도 사람의 모든 문제에 영향을 끼치는 근원이 되는 것입니다. 저는 다른 사람과 비교하여 몸이 약한 이유는 상처 때문이라고 합니다. 예수를 믿고 성령으로 거듭난 크리스천은 내면에서 나오는 영의 능력이 강해야 육체와 이성을 장악하게 되어 영-혼-육이 강건해지는 것입니다. 영에서 나오는 성령의 역사 영력으로 육체 피부의 노화를 방지합니다. 영에서 나오는 능력으로 세상을 살아가는 것입니다. 상처가 있으면 영의활동이 활성화되지 못하여 내면이 부실해집니다. 내면이 부실하기 때문에 다른 사람에 비하여 스트레스를 많이 받게 됩니다. 스트레스를 많이 받으면 체력소모가 많습니다. 체력소모가 많으면 인체의 각 기관이 정상적인 기능을 발휘하지 못합니다. 그래서 늘 피곤하고 영육의 병 치례를 많이 하는 것입니다.

이를 치유하기 위하여 한약을 먹고, 병원 약을 먹어도 정상이 되지 못합니다. 반드시 말씀과 성령의 역사로 상처를 치유하고 영적치유를 받아야 건강하게 지낼 수 있습니다. 성령으로 마음의 상처를 치유하여 몸의 기능이 정상이 되니까 비로소 한약과 병원 약이 효과를 발휘하기 때문입니다. 그러기 때문에 몸의 기능을 정상으로 올리는 것이 선행되어야 한다는 뜻입니다. 집중치유기도는 몸의 기능을 정상으로 회복합니다.

상처가 많으면 자기 자신을 이겨내지 못합니다. 자기 자신을 심하게 비하시키거나, 무가치하게 여기게 됩니다. 또는 자신에 대하여 거부감, 증오감, 혐오감, 용서 못함, 열등감을 가지거나, 반대로 극도의 자기사랑, 이기주의, 배타주의를 가지게 되기도 합니다. 심한 우울증이나 울화병이나 의존 감을 가지기도 합니다. **이 모든 것들이 성령의 지배가운데 집중치유기도를 하면 마음이 하나님의 나라가 됩니다. 상처 스트레스가 정화 되어 자유 함을 누릴 수가 있습니다. 잠시 잠간 집중치유기도하**

는 것이 아니고 자신의 전인격을 성령께서 장악하시고 지배하시어 하나님의 나라 천국이 될 때까지 해야 하기 때문에 인내해야 합니다.

필자가 그동안 저 자신의 내적치유와 다른 성도들의 내적치유 사역을 해오면서 깨달은 것은 마음의 상처치유는 지속적으로 영원한 천국에 들어갈 때까지 마음의 상처치유에 대하여 관심을 가지고 온몸으로 기도해야 한다는 것입니다. 많은 목회자와 성도들이 자신이 믿음생활 열심히 하고 기도를 열심히 하고 있으니까, 자동적으로 전인격에 무의식에 잠재된 상처치유가 된다는 안일한 논리입니다. 그런데 제가 지금 와서 깨닫고 보니 상처는 본인이 혼자 기도한다고 없어지지 않더라는 것입니다. 열심히 신앙생활하고 교회에서 살다 시피하고 집회에 몇 번 참석한다고 치유되지 않더라는 것입니다. 필자와 같이 1년 동안 내적치유를 전문으로 하는 장소에 다니면서 치유하면 되는 것이 아니더라는 것입니다. 반드시 자신 안에 상처와 스트레스가 쌓였다고 인정하면서 마음을 열고 하나님께서 함께하는 사람의 도움을 받으면서 집중치유기도를 하면서 깊은 치유를 여러 날을 받아야 없어지더라는 것입니다.

필자가 영적-정신적-육체적인 문제가 있는 분들을 치유하면서 깨달은 것입니다. 7년 전부터 몸이 뒤틀리고 우울증으로 주변 식구들을 놀라게 하고 늘 자신을 괴롭게 하던 불치의 질병과 깊은 상처가 1년이 넘도록 본인이 기도하게 하고 옆에서 안수하며 도와주니 치유되더라는 것입니다. 치유가 되었어도 지속적으로 관심을 가지고 관리를 해야 합니다. 단회적인 치유로 끝내면 안 됩니다. 엘리야를 생각하면 쉽게 이해가 됩니다. "여호와의 천사가 또 다시 와서 어루만지며 이르되 일어나 먹으라 네가 갈 길을 다 가지 못할까 하노라 하는지라 (8) 이에 일어나 먹고 마시고 그 음식물의 힘을 의지하여 사십 주 사십 야를 가서 하나님의 산 호렙에 이르니라."(왕상19:7-8). 이를 이해하시고 **마음의 상처에 대하여 바르게 깨닫고 온전하게 하나님 나라가 될 때까지 성령으로 집중치유 기도하며 성령의 지배를 받으시려고 노력하기를 바랍니다.**

누구나 마음의 상처와 스트레스를 치유해야 합니다. 이는 평소에 습관이 되어야 합니다. 어느 사람들이 말하는 것과 같이 신앙생활 잘하면 하나님께서 해주시지 못합니다. 본인이 관심을 가지고 자신의 마음 안에서 성령의 역사를 일으키면서 자신의 무의식과 잠재의식을 정화해야 합니다. 이는 지식으로 되지 않는 것입니다. 분명하게 살아계신 성령하나님의 역사가 자신 안에서 일어나 밖으로 나타나야 합니다. 습관이 되어야 합니다. 성령으로 세례를 받고 성령의 불이 자신 안에 주인으로 계시는 예수님으로부터 타올라야 무의식 잠재의식에 쌓인 상처가 치유되는 것입니다. 그래서 성령으로 온몸기도를 하라는 것입니다. 성령의 불이 나오는 것은 머릿속의 기도가 아니라, 배속에서 우러나오는 성령으로 하는 기도를 말하는 것입니다. 성령으로 기도를 습관적으로 오래하게 되면 성령의 불의 역사로 잠재의식이 정리가 되면서 마음의 상처와 스트레스가 정화되는 것입니다. 성령의 역사가 자신 안을 투시하게 하시면서 마음의 상처를 보게 하시고, 자신이 자신의 상처를 보고 마음을 열고 상처치유를 받으려고 하니 성령께서 마음의 상처를 치유하시는 것입니다.

예수님을 믿는 신자라 하여 다른 이들과 같이 온갖 탐욕과 거짓으로 가득하다면 그 신앙은 그를 온전하게 구원에 이르지 못할 수도 있습니다. 반드시 성령으로 마음을 투시(감찰)하여 정화해야 합니다. 자신의 마음 상태를 인정해야 치유됩니다. 예수님의 말씀과 성령은 마음을 깨끗하게 하는 것이 진리의 길임을 명시하고 있는 것입니다. 그러니 이제 참다운 신앙인이 되려면 기도나 말씀의 묵상이나 활동은 마음의 정화와 신앙심 향상에 보탬이 되는 것이지만, 더욱 중요한 것은 성령으로 자신의 마음을 돌아보고 직접 성령으로 정비하고 치유해야 한다는 것입니다.

결론적으로 성령의 이끌림을 받아가면서 집중치유 기도를 오래하여 마음을 정화하여 마음속의 모든 나쁜 생각과 감정, 욕구를 떨쳐버릴 때 진정한 하나님의 나라가 되는 것입니다. 그것이 참 신앙인의 우선적인 길입니다. 맹목적인 신앙인으로 관념적인 신앙으로 교회에 충성하는 것보다 집중치유기도하며 마음을 정화하여 성령님의 지배 속에서 하나님의 나라가 되는 것이 더 중요함을 알아야 합니다.

18장 성령의 권능을 강화하는 마음기도

(습 3:17)"너의 하나님 여호와가 너의 가운데에 계시니 그는 구원을 베푸실 전능자이시라 그가 너로 말미암아 기쁨을 이기지 못하시며 너를 잠잠히 사랑하시며 너로 말미암아 즐거이 부르며 기뻐하시리라 하리라"

마음으로 예수님을 찾는 온몸 기도는 우리의 영 안에 계신 성령으로 충만하게 하는 기도 방법입니다. 성령으로 충만하니 하늘나라가 되어 상처가 치유되고 스트레스가 정화되고 면역력이 강화되니 고질적인 영적-정신적-육체적인 질병이 치유되는 것입니다. 마음으로 예수님을 찾는 온몸 기도는 다른 기도를 대치하려는 것이 아니라, 단순히 다른 기도들에게 새롭고도 충만한 시간을 갖도록 해줍니다. 기도 중에는 하나님께서 내 안에 현존하시고 활동하심에 동의해야합니다. 살아계신 하나님께서 자신의 주인으로 역사하신다는 것을 믿고 행해야 합니다. 기도를 마치고 세상에서 살아갈 때도 언제나 마음으로 예수님을 찾는 것입니다. 우리가 세상을 살아가는 시간에는 우리의 주의가 밖으로 옮겨가서 어디에나 임재 하여 계시는 하나님의 현존을 발견하게 됩니다.

기도의 단어는 내 안에서 하나님께서 현존하시면서 활동하심에 동의한다는 나의 지향을 상징하는 거룩한 단어를 선택합니다. 편안히 앉아서 눈을 감고 자세를 취한 다음에 하나님께서 내 안에 현존하시고 활동하심에 내가 동의한다는 상징으로 그 거룩한 단어를 의식 속에 불러들입니다. 어떤 잡념이 자신의 기도를 방해한다는 것을 알아차리면, 아주 부드럽게 그 거룩한 단어로 돌아갑니다. 거룩한 단어란 예수님을 찾으라는 말입니다. 기도가 끝날 때에는 눈을 감고 2분 여간 침묵 속에 머뭅니다.

1. 마음으로 예수님을 찾는 기도문의 선택.

먼저 "하나님께서 내 안에 현존하시면서 활동하심에 동의한다는 나의 지향을 상징하는 거룩한 단어를 선택합니다." 거룩한 단어는 하나님 현존 안에 머물면서 그분의 활동에 나를 맡겨드리겠다는 우리의 마음을 나타냅니다. 거룩한 단어는 간단한 기도를 하면서 성령께 우리에게 적합한 단어를 달라고 청하여 선택합니다. (예: 주님, 예수님, 아버지, 성령님, 예수능력, 예수치유, 예수권능, 예수사랑, 예수평화, 예수천국, 믿음, 소망, 등). 일단, 거룩한 단어를 선택했으면, 기도 중에는 바꾸지 말아야 합니다. 그렇게 되면 또 다른 잡념을 끌어들이는 계기가 될 수 있기 때문입니다. 머리를 생각을 이용하면 육체가 될 수가 있기 때문입니다. 예수님을 찾는 기도문은 단순해야 합니다.

어떤 사람에게는 거룩한 단어보다 마음 안에 주인으로 계시는 살아계신 하나님을 바라봄이 더 적절할 수도 있습니다. 이러한 경우에는 그분을 바라보는 것처럼, 마음으로 하나님께 향함으로써 하나님의 현존과 활동에 동의를 합니다. 거룩한 단어와 같은 지침이 여기에도 적용됩니다.

2. 마음으로 예수님을 찾는 기도에 들어가기

"편안히 앉아서 눈을 감고 자세를 취한 다음, 하나님께서 내 안에 현존하시고 활동하심에 내가 동의한다는 상징으로 그 거룩한 단어를 의식 속에 불러들입니다."

"편안히 앉는다."는 말은 상대적인 편안함을 말하는데, 즉 너무 편안하여 잠이 들지 않을 정도이며, 동시에 너무 불편하여 기도 중에 몸의 불편함 때문에 신경 쓰지 않을 정도를 말합니다. 오래기도해야 하므로 자세가 불편하지 않도록 합니다

어떤 자세를 취하든 등은 곧게 세웁니다. 잠이 들었었다면, 깨어났을 때에 시간 여유가 있으면 몇 분간이라도 기도를 계속합니다. 식사를 마친 뒤에 이 기도를 하면 졸리기 쉽습니다. 식사 후에는 식사 후 한 시간 정도 기다리는 것이 좋습니다. 잠자기 직전에 이 기도를 하면 잠자는 습관을 해칠 수도 있습니다. 우리 주변과 내면에서 돌아가는 것들을 떠나보내기 위해 눈을 감습니다. 부드러운 솜 위에 새 깃털을 얹듯 아주 부드럽게 거룩한 단어를 의식 속으로 불러들입니다.

3. 잡념이 들어 올 때 조치방법

"잡념이 의식 속에 들어왔음을 알아차리면 아주 부드럽게 거룩한 단어로 돌아가야 합니다." '잡념'이란 감각적 지각, 감정, 영상, 기억, 사색, 그리고 비평 등과 같은 모든 지각 내용을

다 포괄하는 용어입니다. 잡념을 몰아내는 것은 마음으로 예수님을 찾는 온몸 기도의 중요한 관건입니다. 잡념이 들어오면 "아주 부드럽게 거룩한 단어로 돌아간다."는 말은 최소의 노력으로 하라는 말입니다. 잡념에 사로잡히지 말고 계속 예수님을 부르면서 기도하게 되면 성령으로 충만해짐으로 잡념이 사라지는 것입니다. 계속해서 예수님을 찾는 최소의 노력으로 성령의 역사를 불러일으켜서 잡념을 몰아내는 것입니다. 사람의 힘이 아닌 성령의 능력으로 잡념을 몰아내는 것입니다. 성령이 충만하게 되면 초자연적인 5차원이 됨으로 초인적인 4차원의 방해세력이 물러가는 것입니다. 이것이 마음으로 예수님을 찾는 온몸 기도 중에 우리가 하는 유일한 행위입니다.

기도 시간 중에 거룩한 단어는 아주 희미해지거나 사라지기도 합니다. 이 말은 기도에 집중하여 몰입하다가 보면 숨을 쉬는 것조차 지각하지 못하게 됩니다. 호흡하는 것도 지각하지 못하는 성령의 지배속의 황홀한 영적인 경지에 이르게 됩니다.

4.마음으로 예수님을 찾는 기도의 비법

"기도의 끝에 눈을 감고 1,2분간 침묵 속에 머뭅니다." 이 기도를 그룹으로 할 때에는 인도자가 2-3분 동안 마음으로 예수님을 찾는 기도 중에 예수님을 만나는 경지에 이르게 해달라고 하는 '간구기도'를 하고, 다른 사람들은 호흡을 깊게 하면서 듣습니다. 이 2-3분은 우리의 정신이 외적 감각세계로 되돌아오는 데 적응하는 시간을 줄 수 있게 하며, 또 일상생활에 이 침묵의 분위기를 가져올 수 있게 도와줍니다.

먼저 소리가 작게 나는 알람을 30분으로 맞춰놓고 편안히 앉아 눈을 감습니다. 그런 다음 몸의 모든 긴장과 내면에서 떠오르는 잡념들이 떠나가게 놓아둔다는 마음으로 두세 번 정도 깊게 심호흡을 합니다. 그리고 '성령의 임재를 요청합니다.' 성령님께서 내 안에 나와 함께 계심을 의식합니다. 의식한다는 말은 하나님의 현존을 '느끼라는 것'이 아니라, '마음으로 생각 한다.'는 의미입니다. 성령님은 생각을 통하여 역사하시기 때문입니다. 준비기도가 끝나면 먼저 바깥에서 들려오는 모든 소음들이 의식이 되더라도 그것들에 마음을 빼앗기지 말고 자연스럽게 떠나가도록 놓아둡니다. 떠나가도록 놓아둔다는 말은 그 어떤 것에 대해서도 '관심'과 '주의'를 기울이지 않는다는 말입니다. 관심을 두지말고 지속적으로 예수님을 찾으라는 말입니다.

그런 다음 서서히 자신의 내면으로 돌아와 내면으로부터 떠오르는 모든 생각들, 즉 모든 상상력, 기억, 느낌, 계획, 성찰, 중대한 관심사 등을 떠나보내려고 애쓰지 말고 그것들이 그저 지나가도록 놓아둡니다.

이제 마음이 가라앉고 차분해졌으면, 자신이 선택한 거룩한 단어(예수능력. 예수치유. 예수 사랑. 예수 권세 등)를 아주 부드럽게 떠올리고, 그것을 호흡을 코로 아랫배까지 들이쉬고 내쉬면서 지속적으로 마음으로 암송합니다. 거룩한 단어(예수능력. 예수치유. 예수 사랑. 예수 권세 등)를 정확하게 발음하거나 그 의미를 생각할 필요도 없습니다. 다만 하나님의 현존과 그분의 활동에 자신을 온전히 열어드리고 내어드리면서 시간을 보내겠다는 지향의 표현으로 거룩한 단어를 떠올립니다.

그 상태에서 아무것도 하지 말고 하나님의 현존 속에 그대로 머물러 있는 것입니다. 그러면 서서히 여러 가지 잡념들이 계속해서 떠오를 것입니다. 그러나 그 어떤 것도 억지로 몰아내려고 애쓰지 말고 그냥 놓아두고 예수님을 부릅니다. 그러면 그것들은 자연스럽게 흘러가 버릴 것입니다.

그러나 초심자들은 계속해서 떠오르는 잡념에 대해 관심을 갖게 되고, 잡념에 사로잡혀 가게 됩니다. 이렇게 잡념에 빠진 것을 알아차리면, 즉시 아주 부드럽게 거룩한 단어(예수능력. 예수치유. 예수 사랑. 예수 권세 등)로 돌아갑니다. 거룩한 단어로 돌아가라는 말은 그 단어를 의식 속에 떠올리거나 아니면 마음으로 천천히 암송하라는 의미입니다. 이것이 마음으로 예수님을 찾는 기도 중에 우리가 하는 유일한 활동입니다.

그 밖의 모든 것은 하나님께 맡겨드리고, 그분의 현존 속에 머무릅니다. 이렇게 30-40분간 기도한 다음, 알람이 울리면 바로 눈을 뜨지 말고 주님을 찾는 기도문을 아주 천천히 암송합니다. "예수님 사랑합니다." "예수님 도와주세요." 어느 정도 시간이 지나면 성령님께 감사기도를 드리고 기도를 마칩니다. 기도를 마쳤다고 기도를 멈추는 것이 아니고, 세상을 살아가면서도 계속 마음으로 예수님을 찾는 것입니다. 그리하여 항상 자신의 마음에 예수님의 임재를 유지합니다. 세상을 살면서도 세상에서 섭리하시는 예수님을 마음으로 느끼면서 살아가는 것입니다. 살아계신 하나님의 성전으로 살아가라는 말입니다.

지금까지 살펴보았듯이 마음으로 예수님을 찾는 기도는 하나님과의 관계를 깊게 하는 기도로, 대화를 넘어 친교로, 능동적 기도에서 수동적이고 수용적인 기도로 옮아가게 합니다. 우리는 단지 하나님께서 현존하시는 골방(우리 내면의 깊은 곳, 마음)에서 온 마음으로 자신을 온전히 열어드리고 내어드리며 "제가 여기 있나이다."하고 주님을 기다리면서 하나님 현존과 활동하심에 동의한다는 "원래의 지향"을 유지하는 것 이외에 아무것도 하지 않습니다. 원래의 지향이란 자신 안에 주인이신 하나님께 집중하는 것을 말합니다. 그러나 우리는 아무것도 하지 않지만, 우리 안에 현존하시는 하나님께서는 엄청난 일을 하고 계신 것입니다. 바로 당신의 사랑으로, 영으로 우리를 영적으로 충전시켜 주시면서, 우리가 그분과 깊고 친밀한 관계를 맺는 데 방해가 되는 모든 장애물들, 즉 우리 안에 있는 모든 상처와 아픔과 어둠을 정화시켜 우리를 변형시켜 주십니다. 지속적으로 해야 합니다. 지속적으로 하다가 보면 자신도 모르게 성품이 유순하게 변하는 것을 체험하게 됩니다.

5.마음으로 예수님을 찾는 영의기도간 나타나는 현상

가장 많이 나타나는 증상들로부터 언급하면 이렇습니다.
1)몸이 이완됩니다. 근육이 풀리면서 나른해집니다. 주의할

점은 잠들지 않는 것이 좋습니다. 잠들면 그 다음으로 이어지는 성령님의 은혜를 인식할 수 없게 됩니다. 그러나 초기에는 깊이 잠드는 경우가 많습니다. 이는 육체를 치유하시는 은혜이므로 너무 아쉬워할 것까지는 없습니다. 다음에 다시 하면 됩니다. 우리의 몸으로 행한 죄의 찌꺼기를 배출하는 과정입니다. 우리 몸속에 있는 나쁜 영의 잔재들을 주님이 제거하시는 것입니다.

2)몸이 뜨겁거나 전류가 흐르는 것 같습니다. 깊은 호흡을 하면 10여분쯤 지나서 몸이 뜨거워지는 것을 느낍니다. 그리고 몸속으로 약한 전류가 흐르는 듯합니다. 강하게 느껴지면 가만히 있을 수 없을 정도로 찌릿찌릿함을 느낍니다. 몸이 뜨거워짐으로써 우리 몸이 활동력을 얻게 됩니다. 영적인 능력이 임하게 되는 것입니다. 이 능력은 세상을 이기는 담대함과 마귀의 세력을 이길 수 있는 5차원의 초자연적인 힘입니다.

3)몸이 무척 아픕니다. 근육에 통증이 옵니다. 심하면 도무지 견딜 수 없을 지경으로 온 몸에 통증이 와서 더 이상 호흡을 계속할 수 없습니다. 평소 몸이 아픈 곳이나 약한 부분이 아픕니다. 이는 치유의 과정입니다. 우리 몸의 약한 곳을 성령님이 치유하시는 것입니다. 치유는 성령님의 일입니다. 성령님이 지배하시면 우리의 몸이 병들었거나 약한 부분을 주님은 고치십니다. 너무 고통이 심해서 견디기 어렵더라도 지속해야 합니다. 얼마가지 않아 평안해질 것입니다. 치유는 단번에 이루어지는 경우는 적습니다. 우리 몸은 서서히 치유되며 회복되는 것이기 때문에 너무 조급해 할 필요가 없습니다. 마음으로 예수님을 찾

는 기도를 할 때마다 통증이 온다고 해서 중단하지 마십시오. 치유하는데 여러 달이 걸리는 경우도 있습니다. 너무 통증이 심하면 전문적인 치유사역자의 도움을 받으십시오.

4)몸속에 이물감을 느낍니다. 뱃속이 더부룩해지고 몸속에 벌레가 기어가는 것 같은 느낌을 받습니다. 마음으로 예수님을 찾는 기도 전에는 아무렇지도 않던 뱃속이 갑자기 더부룩하고, 소화가 안 되는 것 같은 느낌을 받는 것은 뱃속에 악한 영이 들어있기 때문입니다. 몸에 이물감을 느끼는 것도 그렇습니다. 성령의 강한 지배로 인하여 악한 영이 피할 곳을 찾아 돌아다니는 것입니다. 속된 표현으로 귀신의 집이라고 하는 것입니다. 우리 몸속에 들어온 악한 영이 자리를 잡고 눌러 앉으려고 만들어놓은 그들의 영역이 파괴되는 것입니다. 머리가 심하게 어지러운 현상도 마찬가지입니다. 머릿속을 점유하고 있는 악한 영이 요동치는 것입니다. 이 악한 영이 견디지 못하고 떠날 때까지 계속하십시오. 인내해야 합니다. 악한 영이 몸에서 나가면 그러한 현상이 사라지고 평안해집니다. 그렇지 않고 계속 심하고 구토가 나고 정신이 혼미해지는 등의 현상이 계속되면 축귀가 필요합니다. 심한 경우는 악령의 음성이 들리는데 매우 위협적이어서 겁이 납니다. 호흡을 중단하지 마십시오. 계속하면 죽여 버릴 거야, 라고 협박합니다. 그래서 무서워 더 이상 마음으로 예수님을 찾는 기도를 하지 못하고 두려움에 사로잡힙니다. 이런 경우 자기 축귀를 하십시오. 그런데도 잘 되지 않으면 능력 있는 성령치유 전문사역자에게 도움을 구하십시오.

5)**서늘한 기운을 느낍니다.** 서늘한 청량감이 온몸을 감쌉니다. 심하면 한기를 느낄 정도입니다. 여름인데도 온 몸이 서늘하고 만져보면 차가움을 느낍니다. 때로는 부분적으로 그러한 현상을 느끼기도 합니다. 악한 영이 드러나서 나타나는 증상입니다. 머리가 맑아지고 정신이 상쾌해집니다. 이는 몸이 정상으로 돌아왔음을 알려주는 것입니다.

6)**평안하고 몸이 가벼워집니다.** 이 현상은 사실 가장 많이 느끼는 부분입니다. 그런데 왜 나중에 언급하였느냐면, 앞의 현상들을 경험한 뒤에 오는 현상이기 때문입니다. 우리의 몸의 병과 죄와 악령의 영향 등의 불순한 것들이 성령의 은혜로 치유된 후에 찾아오는 평안함입니다. 마음으로 예수님을 찾는 기도는 이 평안함이 계속 유지되어야 바람직한 것입니다. 성령으로 충만하고 주의 임재가 강할수록 평안하고 고요한 기분이 계속 됩니다. 주님의 위로하심이 임하는 것입니다. 그 밖에도 개인에 따라 독특한 증상들을 경험하게 되지만 그 모든 현상은 치유와 회복이라는 과정에서 나타나는 증상입니다. 상처가 치유되고 스트레스가 정화되니 성령의 권능과 면역력이 강해집니다. 그 내용이 무엇을 의미하는지 구체적으로 알 필요는 없습니다. 그것보다 더 중요한 것은 주님과 동행하는 것이기 때문입니다. 마음으로 예수님을 찾는 기도를 통해서 얻는 유익은 이루 헤아릴 수 없이 많습니다. 어떤 분들은 시작하는 그 날로 영안이 열리기도 하고 주의 음성을 듣기도 합니다. 이제까지 그토록 원하던 하나님의 임재가 이렇게 쉽게 이루어질 줄 몰랐다고들 고백합니다.

6.마음으로 예수님을 찾는 온몸 기도간 체험사례.

2001년도 어느 날이었습니다. 필자가 이렇게 성령의 능력도 나타나고 열심히 전도해도 교회가 성장하지 않아 하루는 전도하고 돌아와 하나님에게 저! 목사 못하겠다고 하소연을 하며 마음으로 예수님을 찾으며 온몸 기도를 했습니다. 어느 정도 기도가 깊어진 다음에 하나님 저를 아마도 잘못 부르신 것입니다. 그리고 기도할 때 환상 중에 만나게 한 십자가에 달린 주님도 거짓이구요. 저 지금도 건강하고 힘이 있습니다. 세상으로 내보내 주셔서 세상일을 하면서 장로되어 하나님을 주인으로 섬기게 하여 주세요. 이거 가장 체면이 무엇입니까? 전도를 아무리 해도 온다고 하기만 하고 한명도 오지 않으니 이제 내 말은 다 거짓으로 판명이 나고 있습니다. 저를 도와주세요. 어떻게 합니까? 계속 그렇게 예수님을 찾으며 하소연을 하다가 깊은 경지에 들어갔습니다. 그때 저는 한창 내적치유를 받으면서 마음으로 예수님을 찾으며 온몸 기도로 깊은경지에 이를 줄을 알았습니다. 한참 하소연을 하는데 갑자기 제 속에서 찬양이 올라오는 것입니다.

1절. 죄짐 맡은 우리 구주 어찌 좋은 친군지 걱정 근심 무거운 짐 우리 주께 맡기세 주께 고함 없는 고로 복을 얻지 못하네 사람들이 어찌하여 아뢸 줄을 모를까

2절. 시험 걱정 모든 괴롬 없는 사람 누군가 부질없이 낙심 말고 기도 드려 아뢰세 이런 진실하신 친구 찾아볼 수 있을까

우리 약함 아시오니 어찌 아니 아뢸까

3절. 근심 걱정 무거운 짐 아니 진 자 누군가 피난처는 우리 예수 주께 기도드리세 세상 친구 멸시하고 너를 조롱하여도 예수 품에 안기어서 참된 위로 받겠네. 아멘.

아멘까지 불러주셨습니다. 그 찬양을 들으니까 가슴이 시원하고 정말 날아갈 것 같았습니다. 그래서 이것이 찬송인가 복음송인가하여 찾아서 자랑을 하려고 우선 찬송가부터 들고 찾았습니다. 1장부터 한 구절 한 구절 읽으면서 찾아갔습니다. 그러다 마침내 찾아냈습니다. 찬송가 구487(신369)장 죄 짐 맡은 우리 구주였습니다. 찬송을 읽어보고 부르고 읽어보고 부르니까, 결론이 내가 전부 다 하려니까 힘이 드는 것이었습니다.

그래서 이제 주님에게 맡기고(예수님께서 하라는 대로 순종하고) 열심히 전도하고 치유 받고 능력받자. 하나님이 나와 함께 하시면서 찬양으로 위로를 해주시니 얼마나 감사한가! 정말로 하나님은 살아 계시다는 것을 느꼈습니다.

친척들이나 아는 사람들은 개척교회는 망한다고 도와달라고 할까봐 모두 멀리하고 심지어 다 떠나고 외면해도 저를 한 시도 떠나지 않으시면서 저의 주인으로 계신다는 것을 알게 하셨습니다. 하나님의 사랑을 체험적으로 실제적으로 깨달았습니다. 나는 하지 못한다고 떼를 쓰는데, 나 같으면 발길질을 하면서 너 같은 놈 없어도 내일 할 수 있다, 가라 하겠습니다만, 하나님은 저를 찬양으로 위로하여 주셨습니다. 정말 주님의 마음은 깊고도 넓습니다. 감사합니다. 예수님!

3부 온몸 기도하며 권능을 강화하는 비결

19장 24시간 온몸 기도하며 권능을 강화

(마태복음 24:42)"그러므로 깨어 있으라 어느 날에 너희 주가 임할는지 너희가 알지 못함이니라."

하나님은 깨어 기도하는 우리의 기도를 들어주시는 하나님이십니다. 깨어있다는 영적인 의미를 바르게 깨달아야 합니다. 자신이 마음 안에 주인으로 계시는 성령님을 계속 찾으라는 것입니다. 잠이 들기 전부터 자신 안에 주인으로 살아계신 성령님을 찾으면서 잠을 자면 성령님이 계속하여 자신의 주인으로 깨어서 역사하시는 것입니다. 하나님은 졸지도 아니하시고 주무시지도 않기 때문입니다. "이스라엘을 지키시는 이는 졸지도 아니하시고 주무시지도 아니하시리로다."(시 121:4).

기도가 있으면 반드시 응답이 있습니다. 그리고 기도가 하나님의 마음에 합하기만 하면 모든 문제가 해결됩니다. 하나님의 도우심으로 형통한 축복을 받게 됩니다. 이 시간 성령이 인도하는 온몸 기도로 24시간 쉬지 않고 깨어 기도하는 방법을 터득하여 살아계신 하나님의 걸어 다니는 성전이 되는 시간이 되시기를 바랍니다.

미국의 백화점 왕, 존 워 너 메이커는 기도에 대해서 다음과 같이 정의했습니다. "기도란 하나님과 손을 잡는 것이다." 하나님께서 손을 잡아주시면, 하나님께서 함께 하시면, 하나님께서 동업하시면 모든 문제가 해결됩니다. 그런데도 오늘날 사람들은 기도하지 않습니다. 또한 기도한다고 하는 사람들 중에도 도중에 의심하고 포기하는 사람이 얼마나 많습니까? 악한 영에 시달리고 병들어 있어도 안수만 받으려고 하고 기도를 하지 않습니다. 목회자 사모가 직분자가 되어도 기도하기를 귀찮아 합니다. 그러나 하나님은 기도로 우리와 손을 잡아 주십니다.

하나님께서는 기도를 통해서 역사하십니다. 기도를 많이 하면 많이 역사해 주시고, 기도를 적게 하면 적게 역사하십니다. 기도를 길게 하면 하나님의 역사도 길어지게 되지만, 기도를 짧게 하면 하나님의 역사도 짧아지게 되는 것입니다. 기도를 깊게 하면 하나님의 깊고 오묘한 진리를 깨달아 알게 되지만, 기도를 얕게 하면 하나님의 뜻을 제대로 알 수 없습니다.

기도는 우리 생활에 막대한 영향을 줍니다. 기도를 통해서 응답 받고 축복 받고 하나님 앞에 영광을 돌리는 사람이 있는가 하면, 기도를 제대로 하지 않아서 하나님의 도움도 축복도 받지 못하고, 하나님 앞에 가까이 나가지 못하는 사람도 있습니다. 기도는 우리의 영을 깨우는 의지적인 활동입니다.

온몸기도는 자신 안에 살아계시며 주인되신 하나님과 영의 통로를 여는 적극적인 활동입니다. 잠을 자고 있는 사람은 누가 무엇을 하는지 알지 못합니다. 그러나 깨어 있는 사람은 주변의 사리 판단과 전개되는 모든 일들을 질서 있게 처리하면서 생활하게 되는 것입니다. 우리 신앙도 마찬가지입니다. 만약에 신앙이 깨어 있지 않은 상태라면 자기에게 어떤 불행이 오는지, 또 어떤 사탄 마귀가 시험하는지, 천군 천사가 곁에서 축복해주고 보호해주고 있는지, 또 자기가 무엇을 해야 되는지 그것을 알지 못하는 가운데 있게 됩니다. 그러므로 하나님은 주님의 재림의 시기가 가까운 시대를 살아가고 있는 우리에게 '깨어 있으라.'고 말씀하고 있습니다. 로마서 13:11에 보면 "또한 너희가 이 시기를 알거니와 자다가 깰 때가 벌써 되었으니 이는 이제 우리의 구원이 처음 믿을 때보다 가까웠음이라."라고 말씀했습니다. 그러면 어떻게 깨어 있어야 할까요?

1. 온몸 기도로 깨어 있어야 한다.

"시험에 들지 않게 깨어 기도하라 마음에는 원이로되 육신이 약하도다 하시고"(마 26:41). 우리는 깨어서 기도해야 합니다. 깨어서 기도하라는 것을 하나님을 찾으라는 것입니다. 성도가 기도하는 순간은 깨어있는 순간입니다. 만일 성도가 기도하지 않는다면 그것은 신앙의 잠을 자고 있는 순간입니다. 마치 마취를 하면 아무 감각이 없는 것과 마찬가지입니다. 기도하지 않으면 내게서 어떠한 보화가 상실되는 지도 모릅니다.

황금 같은 세월이 어떻게 흘러가는지도 모르고 나태하게 되는 것입니다. 그러나 기도할 때는 항상 하나님께서 지혜를 주시고, 성령의 도우심이 함께 할 줄로 믿으시기 바랍니다. 마태복음 24:17에 보면 "지붕 위에 있는 자는 집 안에 있는 물건을 가지러 내려가지 말며"라고 말씀했습니다.

왜 이 말씀을 하셨을까요? 극심한 환난이 임했을 때 도망가기 위해서 집 안에 있는 물건을 가지러 갈 생각보다도 지붕 위에 있으라는 말은 '기도하라'는 말입니다. 외적 침묵을 하고 자신 안에 주인이신 살아계신 하나님을 찾으면서 기도하라는 것입니다. 유대인들이 기도를 주로 많이 하는 곳은 산입니다. 산이 없는 곳에 사는 사람은 바다에서 합니다.

또 바다도 없는 곳에 사는 사람은 지붕 위에 올라가서 합니다. 기도하는 순간을 중단하지 말고, 기도하는 처소를 떠나지 말고, 기도하는 일을 그치지 말라는 것입니다. 깨어 기도해야 할 시간에 영-혼-육이 깊이 잠이 들면 주님의 제자들처럼 시험에 빠져 주님을 부인하는 지경에 이르기도 합니다.

우리에게 무기가 있다면 그것은 기도하는 것입니다. 어떠한 일이 있어도 기도할 때에 그 기도 속에 하나님의 역사가 함께 하는 것입니다. 하나님이 특별히 역사 해주고 축복해주는 사람은 기도하는 사람입니다. 우리가 영적으로 하나님과 대화하는 순간은 우리의 인성, 육성, 자신의 모든 경험과 여건, 환경, 조건도 다 포기하는 순간입니다. 기도할 때는 오직 하나님만 역사하는 순간이 될 줄 믿으시기 바랍니다.

2. 사명에 충성을 다하며 깨어 있어야 한다.

하나님은 주신 사명에 대해서 반드시 청산할 때를 약속했습니다. 마태복음 25:14~30에 보면 다섯 달란트 받은 사람과 두 달란트 받은 사람, 한 달란트 받은 사람 등 달란트 비유가 나옵니다. 다섯 달란트 받은 사람과 두 달란트 받은 사람처럼 충성한 사람에게는 "그 주인이 이르되 잘하였도다 착하고 충성된 종아 네가 적은 일에 충성하였으매 내가 많은 것을 네게 맡기리니 네 주인의 즐거움에 참여할지어다 하고"(마 25:21)라고 칭찬해주셨습니다.

그리고 한 달란트 받은 사람처럼 게으른 사람에게는 "그 주인이 대답하여 이르되 악하고 게으른 종아 나는 심지 않은 데서 거두고 헤치지 않은 데서 모으는 줄로 네가 알았느냐"(마 25:26). "이 무익한 종을 바깥 어두운 데로 내쫓으라 거기서 슬피 울며 이를 갈리라 하니라"(마 25:30)라고 책망을 했습니다. 그래서 하나님은 항상 자기 일에 충성을 다하고, 자기 사명에 충성하는 자를 기뻐하시는 것입니다.

요한계시록 2:10에 보면 "너는 장차 받을 고난을 두려워하지 말라 볼지어다 마귀가 장차 너희 가운데서 몇 사람을 옥에 던져 시험을 받게 하리니 너희가 십 일 동안 환난을 받으리라 네가 죽도록 충성하라 그리하면 내가 생명의 관을 네게 주리라"고 말씀했습니다. 보통 사람들은 자기가 생각하고 자기가 목표를 세운대로 이루어졌으면 주님의 뜻이라고 하고, 자기의 목적이 안 이루어졌을 땐 주님의 뜻이 아니라고 하는데, 이렇게 판단하면 안 됩니다.

주님이 말씀하신 대로, 주님이 생각하시는 대로, 주님이 원하시는 것을 우리가 이룰 때 이것이 바로 충성이 되는 줄 믿으시기 바랍니다. 하나님은 우리가 충성하는 대로 반드시 생명의 면류관 상을 주시고, 더 많은 것을 맡겨주시는 축복(마 25:21)을 주실 줄 믿으시기 바랍니다.

로마서 12:11에 보면 "부지런하여 게으르지 말고 열심을 품고 주를 섬기라"고 말씀했고, 베드로전서 4:7에 보면 "만물의 마지막이 가까이 왔으니 그러므로 너희는 정신을 차리고 근신하여 기도하라"고 말씀했습니다. 우리는 주신 사명을 **빼앗겨**서는 안 됩니다. 또 하나님께 받은 사명을 묻어두면 안됩니다. 하나님께 받은 사명을 활용할 줄 알아야 됩니다. 사명을 감당하기 위하여 건강해야 합니다. 누가복음 9:62에 보면 "예수께서 이르시되 손에 쟁기를 잡고 뒤를 돌아보는 자는 하나님의 나라에 합당하지 아니하니라 하시니라"라고 말씀했습니다.

3. 시험에 들지 않기 위해서 깨어 있어야 한다.

"시험에 들지 않게 깨어 기도하라 마음에는 원이로되 육신이 약하도다 하시고"(마 26:41) 마귀는 시험하는 자(마 4:3)라고 했습니다. 기도하는 자에게는 마귀가 틈을 타지 못합니다. 깨어 있어 기도할 때 사탄 마귀가 물러갑니다. 베드로전서 5:8-9에 보면 "근신하라 깨어라 너희 대적 마귀가 우는 사자 같이 두루 다니며 삼킬 자를 찾나니 (9) 너희는 믿음을 굳건하게 하여 그를 대적하라 이는 세상에 있는 너희 형제들도 동일한 고난을 당하는 줄을 앎이라"고 말씀했습니다.

또 에베소서 4:27에 보면 "마귀로 틈을 타지 못하게 하라"고 말씀했습니다. 사탄은 조금만 틈을 주면 홍수처럼 밀려 들어옵니다. 그래서 하나님은 시험에 들지 않기 위해서, 시험을 주는 마귀를 대적하여 이기게 하기 위해서 항상 깨어 있기를 원하시는 것입니다. 우리가 깨어 있는 것 중에 하나는 하나님께 예배하는 것입니다. 그리고 온몸으로 기도하는 것입니다.

4. 생업의 성공을 위하여 기도로 깨어있어야 한다.

하나님의 자녀가 하는 일은 모두가 하나님의 일입니다. 하나님의 일에는 방해하는 마귀가 있습니다. 마귀와의 전쟁에서 승리해야 생업에 성공할 수가 있습니다. 하나님의 뜻을 쫓아 생업에 성공하여야 하나님의 마음을 기쁘시게 하며 하나님을 감동시킵니다. 생업을 위하여 기도로 집중하십시오.

어떻게 하면 내가 하는 분야에 일인자가 될 수가 있는가? 어떻게 하면 적은 자원을 투입하여 효과적인 수입의 효과를 거둘 수 있겠는가? 어떻게 하면 좀더 좋은 물건(상품)을 만들 수 있겠는가? 어떻게 하면 매출을 더 높이겠는가? 어떻게 하면 효과적인 광고를 할 수 있겠는가? 어떻게 하면 지금보다 나은 상품을 개발할 수가 있겠는가? 직원들은 어떤 생각을 가지고 있는 가? 온몸 기도로 성령님의 지배와 임재 가운데 끊임없이 하나님에게 지혜를 받아 하나님이 생업을 이끌어 가게 해야 합니다.

경제적으로 안정되게 살던 한 남자가 있었습니다. 그런데 갑자기 망하게 되었습니다. 집을 저당 잡히고 친구의 보증을 섰는데, 친구의 사업이 잘못되는 바람에, 자기 집까지 날리는 신세가 되었습니다. 처음에는 가깝게 지내던 친구로 인해 망하게 되어 낙심이 되었습니다. 그러나 계속 낙심하고 있을 수만은 없었습니다. 그는 "어떻게 하면 잃어버린 것들을 되찾을 수 있을까, 어떻게 하면 새롭게 재기할 수 있을까?"하고 생각했습니다. 그러다 자기를 도울 수 있는 분은 하나님밖에 없다는 결론을 내렸습니다. 이 남자는 하나님, 하나님만을 의지하기로 결심을 했습니다. 평소에는 새벽 기도도 한 번도 안 나가던 사람이 매일 새벽 기도를 나갔습니다.

철야 기도도 안 나가던 사람이 철야 기도도 나갔습니다. 밤새도록 하나님 앞에 기도했습니다. "하나님! 저를 도와주시옵소서. 저는 하나님밖에 의지할 곳이 없습니다. 앞으로 하나님 나라 부흥을 위하여 살겠사오니 저에게 하나님만 알고 계시는 기발한 지혜를 주시고 순종하여 기적을 체험하도록 인도하여 주시옵소서." 그렇다고 이미 나간 돈이 어떻게 다시 들어오겠습니까? 그러나 그 남자는 열심히 기도를 했습니다. 그 남자의, 주변 사람들도 "만약 이 상태에서 저 사람이 다시 일어설 수 있다면, 진짜 하나님은 살아계시는 거야." 이렇게 말할 정도로 열심히 기도를 했습니다.

그렇게 기도한지 한 1년쯤 되는 어느 날이었습니다. 자본 없이 할 수 있는 일이 없을까 생각하고 있는데, 하나님께서 그에게 하나님만 아시는 좋은 지혜 아이디어를 주셨습니다. 평소에는 생각조차 해 보지 않은, 장난감을 만드는 일이었습니다. 자기 집의 방 한 칸을 장난감 가게로 개조했습니다. 두 평도 안

되는 조그만 가게에서 '배추 머리인형'이라는 아주 못생긴 인형을 만들기 시작했습니다. 대개 인형이라고 하면 예쁘게 생긴 인형을 생각하지만, 그는 아주 못생긴 인형을 만들었습니다. 그런데 그 못생긴 인형을 사러 동네 아이들이 몰려들었습니다. 못생긴 인형을 보고 그래도 자기는 잘 생겼다는 위안을 받으려는 심리 때문인지 아이들은 배추머리인형을 많이 사갔습니다. 그래서 그 남자는 인형의 총 판권을 따냈습니다. 가게가 점점 자리가 잡히고 일어서기 시작했습니다.

이 남자 성도는 모든 것이 부족한 상태에서, 연약한 상태에서 하나님 앞에 간절히 기도만 했습니다. 그랬더니 하나님께서 기발한 아이디어를 주시고 용기를 주시고 믿음을 주시고 다시 사업을 일으켜 주셨습니다. 다시 재물을 주시고 하나님 나라 부흥을 이루며, 영광 돌리며, 살도록 축복해 주셨습니다.

성령의 지배가운데 온몸으로 하나님 앞에 기도하시기 바랍니다. 하나님의 도움을 받으시기 바랍니다. 하나님은 믿는 자를 통하여 하나님의 일을 이루어 가십니다. 하나님은 지금도 하나님 마음에 합한 자를 두루 다니시며 찾고 계십니다. 모두 하나님의 일을 이루는 일에 선택되시기를 바랍니다. 회복하시는 하나님의 은혜를 체험하시기를 바랍니다.

하나님께서 우리와 함께 하시면, 잃어버린 지위도 다시 찾을 수 있습니다(창 40:13). 망한 회사도 다시 일으키고(레 25:41), 재산도 다시 회복할 수 있습니다(삼하 9:7). 잃어버린 건강도 다시 찾을 수 있습니다(시 39:13; 눅 6:10). 나라도 다시 부강해 질 수 있습니다. 하나님이 우리와 함께 하시면 하나님께서 하신 약속의 말씀이 다 성취되는 것입니다. 시간마다 주님 앞에 기도하면 하나님께서 반드시 피할 길을 주시고 구원의 손길을 베풀어주십니다. 절망과 슬픔 속에서 낙심하고 땅을 치고 통곡하며 한숨만 쉬지 마시고 마음을 열고 마음 안의 하나님을 찾으시기를 바랍니다. "하나님! 우리에게 살길을 주시옵소서. 하나님만 알고 계시는 기발한 지혜를 알게 하시고, 우리에게 건강을 주시고, 잃어버린 것을 되찾게 하시고, 능력과 권능을 베풀어주시옵소서." 기도하는 사람은 결코 망하지 않습니다. 기도로 깨어있는 사람을 하나님이 사용하십니다.

5. 주님의 재림을 준비하는 슬기로운 자가 되기 위해서 깨어 있어야 한다. 마태복음 25:1~13에 보면 슬기로운 다섯 처녀와 미련한 다섯 처녀 비유가 나옵니다. 슬기로운 다섯 처녀는 등불과 여분의 기름을 준비한 반면, 미련한 다섯 처녀는 등과 기름을 준비했지만 여분의 기름을 준비하지 않았습니다. 그 결과 슬기로운 다섯 처녀는 더디 오는 신랑을 맞이했지만, 미련한 다섯 처녀는 기름이 떨어져 기름을 사러 간 사이에 문이 닫힘으로 신랑을 맞이하지 못했습니다. 요한계시록 16:15에 보면 "보라! 내가 도둑 같이 오리니 누구든지 깨어 자기 옷을 지켜 벌거벗고 다니지 아니하며 자기의 부끄러움을 보이지 아니하는 자는 복이 있도다"라고 말씀했습니다.

이 땅에 재림의 주가 오실 때도 깨어 있는 자가 맞이할 수 있지만, 평소에도 깨어 있는 자가 늘 주님과 동행하게 될 줄 믿습니다. 하나님께서 선택하시고 사랑하시는 독자들이여! 주님의 재림이 점점 다가오고 있는 이때에 무관심과 나태, 영육의 깊은 잠에 빠져서 그 날을 갑작스럽게 당황해하며 맞이하지 말고, 성령으로 충만한 가운데 영적으로 항상 깨어 있어 기도하고, 사명에 충성하며, 시험에 들지 않고 마귀를 대적하며, 주님의 재림을 준비하는 슬기로운 성도가 되시기를 바랍니다.

6.24시간 영을 깨우는 영적 기도의 여러 방법.

1) **잠자기 전 기도로 영을 깨우고 잠들라.** 잠자리 들어가 호흡기도나 침묵기도 온몸기도로 성령의 지배와 임재 하에 하루를 정리하고 잠자리에 들어가시기를 바랍니다.

2) **걸어 다니면서 호흡과 마음의 기도로 영을 깨우라.** 걸음을 한발 한발 내 딛으면서 호흡기도나 온몸 기도로 성령의 임재 하에 하나님을 찾으세요. 답답한 현실의 문제를 하나님에게 질문하세요. 하나님 어떻게 했으면 좋겠습니까? 하나님 지혜를 주세요. 하나님 사랑합니다. 하나님 도와주세요.

3) **일을 하면서 마음의 기도로 영을 깨우라.** 일을 하면서도 온몸 기도나 호흡기도로 성령의 임재에 들어가 일을 하라는 것입니다. 피로도 조금오고 스트레스도 받지 않습니다.

4) **예배 시 말씀을 들으며 마음의 기도로 영을 깨우라.** 말씀을 들으면서도 호흡기도나 온몸 기도를 하여 성령의 임재를 머물게 하세요. 잡념도 들지 않고 말씀도 잘 들리고 마음도 평안

하게 유지할 수가 있습니다.

5) 학교 공부나 강의를 들으며 마음의 기도로 영을 깨우라. 강의를 들으면서도 호흡기도나 온몸 기도를 하여 성령의 임재를 머물게 하세요. 잡념도 들지 않고, 집중도 잘되고, 마음도 평안하게 유지할 수가 있습니다. 시간을 영적으로 잘 활용하는 슬기로운 성도가 되시기를 바랍니다.

6) 자신의 생업의 성공을 위하여 기도로 영을 깨우라. 하나님을 믿는 자가 하는 모든 일은 하나님의 일입니다. 죄짓고 술장사를 제외하고 말입니다. 호흡기도나 온몸 기도로 성령의 지배와 임재 하에 목사님은 목회하는 일과 교회와 성도들의 영적인 관리를 위하여, 사업하시는 성도님은 사업의 번창과 직원의 안녕을 위하여, 직장인은 직책의 성공적인 수행을 위하여, 가정주부는 가정의 평안과 가족의 영육의 건강을 위하여, 영적으로 성령의 지배 가운데 집중 몰입하여 온몸으로 기도하며 하나님과 의논하며, 지식의 말씀과 지혜의 말씀과 영들을 분별하여 자신이 위치한 곳을 하나님의 나라가 되게 하세요.

7) 쇼핑이나 여행(등산. 해수욕. 관광)시에 호흡과 온몸 기도로 영을 깨우라. 세상 속에서 세상을 즐길 때도 거기에 빠지지말고, 호흡기도나 온몸 기도를 하여 성령의 임재 하에 지내보세요. 당신의 영성은 날로 깊어지고 발전하고 하나님의 성품으로 변할 것입니다.

8) 기도원. 치유센터 등에 은혜 받을 때 선포기도로 깨어있으라. 우리 성령의 사람은 스폰지와 같은 흡입력이 강한 사람

들입니다. 내가 성령으로 충만한 상태이면 문제가 되지 않지만 혼탁한 경우라면 나쁜 영이 침입할 수 있습니다. 그러므로 치유 기관이나 교회, 기도원에 기도하러 가서도, 영적으로 경각심을 가지고 깨어있어야 합니다. 예수님이 십자가에서 피를 흘리는 모습을 묵상하면서 묵상기도로 깨어있던지, 호흡이나 온몸 기도로 영을 깨우고, 은혜를 받아야 합니다.

방심은 금물입니다. 교회나 치유센터나 기도원이나 공통으로 영적으로 맑은 사람이 모였다고 볼 수는 없습니다. 자칫 잘못하면 상대방에 흐르는 잘못된 영이 전이될 수가 있습니다. 은혜가 많은 곳에 악한 영의 역사도 많다는 것을 명심하세요.

9) 중보(도고) 기도하며 영을 깨우라. 중보 기도하는 성도는 기도로 깨어있는 자입니다. 호흡 기도나 온몸 기도로 중보 대상자를 마음에 두고 깨어서 하나님에게 기도하시기 바랍니다. 그러면 그 대상자의 모든 면을 돌보아 줄 수가 있는 권능과 영력이 생길 것입니다. 개인의 응답, 가정의 응답, 사업의 응답, 교회의 응답 등이 들릴 것입니다. 이는 기도하는 당신의 모습을 보고 감탄하여 성령님이 주시는 은총입니다.

10) 하나님을 찾으면서 영을 깨우라. 걸어 다니는 성전이 되어 항상 하나님을 찾으면서 영을 깨우라는 것입니다. 걸어 다니는 성전이 되는 것은 참으로 중요합니다. 성도는 살아계신 하나님의 성전의식을 가지는 것은 성도의 사명입니다.

20장 스스로 귀신축사하며 권능을 강화

(막16:17-18) "믿는 자들에게는 이런 표적이 따르리니 곧 그들이 내 이름으로 귀신을 쫓아내며 새 방언을 말하며 뱀을 집으며 무슨 독을 마실지라도 해를 받지 아니하며 병든 사람에게 손을 얹은즉 나으리라"

세상에 모든 사람들이 귀신을 무서워합니다. 예수를 믿는 성도들도 귀신을 무서워합니다. 세상 불신자들은 귀신을 아주 무서워합니다. 왜 이렇게 귀신을 무서워할까요? 세상 전통적으로 관습적으로 그렇게 내려왔기 때문입니다. 메스컴이나 세상 사람들이 귀신을 무서운 존재로 소개하고 있기 때문입니다. 귀신을 무서워한 나머지 신전을 차려놓고 귀신에게 빌고, 그래도 안 되면 무당을 불러서 귀신을 달래면서 굿거리를 합니다.

세상 모든 종교는 귀신이 무서워서 생긴 것입니다. 종교를 만들어 강한 귀신에게 빌면서 약한 귀신이 엄습하지 못하게 된다고 마음에 위안을 받는 것입니다. 이는 무당들에게 물어보면 잘 이해가 되는 것입니다. 귀신에게 고통을 당하는 사람이 무당을 불러 굿거리를 합니다. 굿거리를 해도 해도 효과가 없으면 무당이 솔직하게 예수님을 믿으라고 합니다. 성경에 무어라고 했습니까? "네가 하나님은 한 분이신 줄을 믿느냐 잘하는 도다. 귀신들도 믿고 떠느니라."(약 2:19). 무당들이 이를 알고 세상에서 제일 큰신 예수님을 믿으라고 하는 것입니다.

이제 귀신을 쫓아내는 답이 나왔습니다. 귀신들도 믿고 떠는 예수님을 주인으로 영접하는 것입니다. 귀신은 보이지 않습니다. 그렇지만 살아있는 영적존재입니다. 보이지 않는 살아있는 영적존재인 귀신이 무서워서 떠는 예수님도 눈에 보이지 않습니다. 그런데 누구에게 역사합니까? 귀신도 예수님도 믿는 자에게 역사합니다. 그렇기 때문에 예수님을 믿었어도 예수님께서 귀신보다 강하다고 믿고 받아들여야 합니다. 귀신은 4차원의 초인적인 존재이고, 예수님은 5차원인 초자연적인 분이십니다. 그래서 성도들은 영적인 세계를 알고 믿음생활을 해야 합니다. 영적세계를 모르면 눈은 떠있으나 소경이나 마찬가지입니다. 귀신을 쫓아내고 평안하고 행복하게 살아갈 분들이 영적인 세계를 모르면 자기 관리가 힘들어집니다. 귀신을 쫓아내는 일은 성령께서 직접 하시는 일이기 때문입니다.

그러므로 성령으로 온몸 기도를 하여 성령으로 충만하면 자신 안에 주인으로 계시는 성령하나님께서 불로 역사하시기 때문에 성령의 불의 역사로 귀신들이 떠나가는 것입니다. "예수님의 이름으로 명령한다. 귀신아 떠나가라. 귀신아 떠나가라." 한다고 귀신이 떠나가는 것이 아니고, 앞에 모든 부분에서 자세하게 설명한 바와 같이 성령으로 충만하면 5차원이 되고 영력이 강화되면서 귀신이 떠나가는 것입니다. 그렇기 때문에 귀신을 쫓아내려면 자신이 성령으로 온몸기도하여 성령 충만해야 합니다.

1. 혼탁한 사람과 대화 후 축사

세상에 나가 세상 사람들과 대화를 하다가 보면 나도 모르는 사이에 세상 것들이 들어올 수가 있습니다. 이는 우리가 영과 육을 가지고 있기 때문입니다. 성령의 지배와 임재 하에 온몸기도나 호흡이나 명상기도로 영의 활동을 강화하여, 나도 모르게 들어온 세상 것들을 정리하는 것입니다. 우리가 세상 사람들과 대화를 하다가 보면 머리가 무겁고 속이 거북스러울 때가 있습니다. 이는 세상 것이 나에게 들어온 것을 나의 영이 알아차린 것입니다. 이를 그대로 두면 나에게 집을 짓게 되고 나의 영은 무디어지게 됩니다. 성령의 지배와 임재 하에 세상 것들을 몰아내고 영을 맑게 해야 합니다. 이는 습관이 되어야 합니다. 악한 영이 침입하여 집을 짓기 전에 풀어내는 것이 중요합니다.

이때 기도는 이렇게 합니다. 성령이여 임하소서. 호흡을 깊게 들이쉬고 내쉬면서 성령의 임재를 요청합니다. 성령의 지배와 임재가 충만해지면 아랫배에 손을 얹고 호흡을 깊게 들이쉬고 내쉬면 악한 기운들이 성령의 역사로 하품이나 기침이나 재채기나 트림 등을 통하여 떠나갑니다. 머리가 맑아지고 편안해질 때까지 지속적으로 하여 마음을 정화합니다.

이때 배에서 나오는 자그마한 영적인 소리로 명령을 합니다. "내가 나사렛 예수의 이름으로 명하노니 속이 거북스럽게 하는 것은 떠나가라." 말을 하는데 너무나 에너지를 소비할 필요는 없습니다. 성령으로 충만해지면 자동으로 떠나갑니다.

2. 길을 가다가 놀랐을 경우 축사

길을 가다가 차 소리나 소음 등등으로 깜짝 놀랄 경우가 있습니다. 필자의 경험으로 보아 이런 일이 있은 후 며칠이 지나면 가슴이 답답해지고 숨을 쉬기가 어렵고 기도가 잘 되지 않는 경우가 있었습니다. 이는 놀랄 때 악한 영이 침입을 한 것입니다. 이를 예방하기 위하여 이렇게 하세요. 호흡을 코로 깊게 들이쉬고 내쉬면서 성령의 임재를 요청하세요. 성령의 임재가 충만해지면 마음으로 명령을 하세요. "내가 놀랄 때 들어온 악한 영은 예수 이름으로 명하노니 떠나갈지어다." "내가 놀랄 때 들어온 악한 영은 예수 이름으로 명하노니 떠나갈지어다." 이렇게 기도하여 마음에 평안이 찾아오면 떠나간 것입니다.

무엇보다도 성령의 지배와 임재가 중요합니다. 성령의 역사로 악한 영이 떠나가는 것이기 때문입니다. 어찌 하든지 성령의 역사가 자신의 속에서 올라와야 합니다. 이를 위하여 성령으로 온몸기도를 숙달하면서 자신의 영성을 깊게 해야 합니다.

3. 불안 두려움이 엄습할 경우 축사

불안이나 두려움이 자신을 주장한다면 영적-정신적-육체적으로 문제가 생긴 것입니다. 왜냐하면 성령이 역사하면 평안합니다. 성령이 자신을 장악했기 때문에 온몸으로 평안을 느끼게 되는 것입니다. 자신이 이유 없이 불안하고 두려움이 엄습할 경우는 악한 기운이 나에게 역사하고 있는 것을 성령께서 자신에게 알려주는 것입니다. 이때에는 호흡을 코로 깊게 들이쉬고 내쉬면서 온몸으로 기도하면서 성령의 임재를 요청합니다. 성령이 충만하면 저절로 떠나가기 때문입니다.

성령의 지배와 임재가 충만해지면 마음으로 명령을 하시기를 바랍니다. "나를 불안하게 하는 악한 영은 예수 이름으로 명하노니 떠나갈지어다." "나를 불안하게 하는 악한 영은 예수 이름으로 명하노니 떠나갈지어다." 자꾸 호흡을 하면서 선포기도를 합니다. 이때 중요한 것은 성령의 지배 임재 하에 부드럽고 가벼운 소리로 명령을 합니다. 악을 쓰면서 떠나라. 떠나라. 하는 기도는 육성이 강하므로 귀신이 떠나가지 않습니다. 소리가 크다고 귀신이 떠나가는 것이 아닙니다. 자신의 마음 속에서 올라오는 성령의 권능으로 귀신이 떠나가는 것입니다. 성령의 임재 하에 부드러운 영의 소리로 가볍게 명령하면 떠나갑니다.

4. 잠이 잘 오지 않을 경우 축사

밤에 잠이 잘 들지 않는 다는 것은 보이지 않은 영육에 장애가 있는 것이 분명합니다. 이때에는 이렇게 하세요. 편안하게 눕거나 소파나 안락의자에 앉아서 기도를 합니다. 양손을 배에 대고 호흡을 코로 들이쉬고 내쉬면서 성령의 임재를 요청합니다. 잡념에 관심을 두지 말고 자신 안에 계신 하나님에게 집중하며 하나님을 부르는 것입니다. 자꾸 잡념에 관심을 두니까, 잠을 자지 못하는 것입니다. 한마디로 악한 영의 역사에 동조하는 것입니다. 관심을 하나님에게 돌리는 것입니다. 성령의 임재가 충만해지면 지속적으로 호흡하면서 온몸으로 기도를 합니다. "성령님 사랑합니다." "성령님 도와주세요." "성령님 사랑합니다." "성령님 도와주세요." 의식을 아랫배와 마음에 두고 지속적으로 호흡을 들이쉬고 내쉬면서 온몸 기도를 합니다.

그러면 잠을 이루지 못하게 하는 악한 기운이 성령의 권능으로 밀려 나갑니다. 그러면서 마음이 평안해집니다. 지속적으로 하다가 보면 잠이 들게 됩니다. 중요한 것은 호흡을 하면서 온몸기도를 하면서 다른 생각을 하거나 잡념에 빠지면 안 됩니다.

5. 좋지 못한 꿈을 꾼 경우 축귀

많은 분들이 좋지 못한 꿈을 꾸고 영적으로 눌림을 당하는 경우가 있습니다. 꿈에 뱀을 보았다든지, 죽은 사람이 나타나는 꿈을 꿉니다. 이는 성령께서 나에게 좋지 못한 영들이 역사하는 것을 알려주신 것입니다. 이러한 꿈을 꾼 후에 반드시 선포기도하며 축귀를 해야 합니다. 필자는 이러한 좋지 못한 꿈을 꾼 후 조치를 하지 않고 방치했다가 큰일을 당한 분들을 다수 치유하여 보았습니다. 좋지 못한 꿈을 꾼 다음에 이렇게 해서 축귀하세요. 제일 좋은 것은 꿈속에서 선포 기도하는 것입니다. 만약 그렇게 하지 못했을 경우는 이렇게 해서 귀신을 축귀하세요. 호흡을 들이쉬고 내쉬면서 성령의 임재 충만을 요청하세요. 성령의 임재가 충만해지면 영상기도로 꿈속에서 보이던 모습을 그리는 것입니다. 대부분 꿈속에서 나타난 영상을 보면서 마음으로 명령을 하면 정체가 폭로되었기 때문에 떠나갑니다.

이때 명령하는 음성은 영에서 나오는 음성으로 명령을 합니다. "꿈속에서 나타났던 조상의 악한 영은 예수 이름으로 명하노니 떠나갈지어다.""꿈속에서 뱀의 모습으로 나타났던 귀신은 예수 이름으로 명하노니 떠나갈지어다.""꿈속에서 나타났던 조상의 악한 영은 예수 이름으로 명하노니 떠나갈지어다." "꿈속에서 뱀의 모습으로 나타났던 귀신은 예수 이름으로 명하노니 떠나갈지어다." 호흡하며 온몸기도를 지속적으로 하면서 꿈의 모습을 영상으로 보면서 지속적으로 명령하세요. 그러면 하품이나 기침이나 재채기를 통해서 떠나갑니다. 악귀가 떠나가면 머리가 시원해지고 마음에 평화가 임하기도 합니다. 어느 때는 성령께서 마음에 감동하시기를 악한 영이 떠나갔다. 하면서 알려주시기도 합니다. 꼭 좋지 못한 꿈을 꾼 다음에 선포 기도하여 악한 기운을 몰아내는 것을 습관화하세요. 이렇게 하므로 자신의 영을 지킬 수가 있습니다. 그리고 성령님과 인격적인 관계가 될 수가 있습니다. 더 자세한 것은 **"꿈 환상을 말씀으로 해석하기"** 책을 읽어서 영적인 수준을 높이시기를 바랍니다.

6. 길을 가다가 아찔한 느낌을 받을 때 축귀

필자는 종종 이런 일을 체험합니다. 제가 사는 방배동에는 조그마한 사찰도 있습니다. 무당이 사는 집도 있습니다. 새벽에 기도를 마치고 운동을 하기 위해서 걸어갈 때 사찰이나 무당집을 지나게 됩니다. 그때 갑자기 머리가 띵해집니다. 성령으로 충만하여 민감한 나의 영육이 나쁜 좋지 못한 기운이 들어온 것을 알아차린 것입니다. 호흡을 통하여 내 안에 좋지 못한 기운이 들어왔다는 것입니다. 그러면 필자는 이렇게 합니다. 절대로 당황하지 않고 몇 번을 호흡을 들이쉬고 내쉬면서 "야! 더러운 것들아 여기가 어디인 줄 알고 감히 들어왔어 예수이름으로 명하노니 떠나가라." 하면 재채기가 나오면서 떠나갑니다. 방금 들어온 것이므로 쉽게 잘 떠나갑니다.

어느 때는 호흡하며 온몸 기도를 하지 않고 코로 호흡을 들이쉬고 내쉬면서 방언기도를 해도 떠나갔습니다. 좌우지간 나에게 좋지 못한 기운이 들어온 것을 아는 것이 중요합니다. 떠나가고 나면 머리가 시원해집니다. 좋지 못한 기운이 떠난 것을 느낌으로 알 수가 있습니다.

7. 온몸 기도 중에 성령이 감동하실 때 축귀

자신에게 역사하던 귀신이 떠나갈 때가 되면 성령께서 알려주십니다. 기도를 하는데 성령께서 너를 괴롭히는 질병의 영을 몰아내라. 이렇게 감동하실 수가 있다는 것입니다. 그러면 성령께서 알려주신 것이므로 쉽게 귀신이 잘 떠나갑니다. 호흡을 코로 아랫배까지 들이쉬고 내쉬면서 성령의 임재 충만을 요청합니다. 성령의 임재가 충만해지면 마음으로 명령을 하세요.

"나에게 와서 질병을 일으키고 있는 악한 영은 예수 이름으로 명하노니 떠나갈지어다." "나에게 와서 물질을 손해나게 하는 악한 영은 예수 이름으로 명하노니 떠나갈지어다." 자꾸 호흡하며 온몸 기도를 하면서 선포기도를 합니다.

그러면 어느 때는 아랫배가 아프면서 떠나가기도 합니다. 어느 때는 가슴이 답답해지다가 재채기나 하품을 하므로 떠나갑니다. 좌우지간 귀신은 인격적인 존재이므로 떠날 때 조용하게 떠나가지 않습니다. 분명하게 떠나가는 것을 본인이 느끼게 됩니다. 성령께서 감동하시는 대로 영에서 나오는 소리로 명령을 하면 떠나갑니다. 절대로 소리를 지르지 말고 영에서 나오는 소리로 명령하세요. 그러나 꼭 선포기도를 해야 좋지 못한 기운이 떠나가는 것이 아닙니다. 코로 숨을 아랫배까지 깊게 들이쉬고 내쉬면서 기도하면 성령이 충만하게 됨으로 자동으로 물러갑니다. 성령이 충만해지도록 기도하는 것이 더 중요합니다.

8. 악령이 역사하는 장소 출입 후 축귀

귀신이 좋아하는 장소나 환경이나 사람을 통하여 영적전이(轉移)됩니다(행19:13-20, 마8:28-34.). 귀신에 접한 자에게 안수를 받든지, 환자를 안수하다가 사역자에게 전이되기도 합니다. 귀신 섬기는 곳, 절이나 사당, 제사 지내는 곳, 굿하는 현장, 귀신축사(逐邪)현장, 음침한 물가, 환자 임종 시, 더럽고 음침한 곳, 지하실, 굴속, 포르노 영화관이나 변태적인 성적 유회가 벌어지는 곳과 같은 음란한 곳, 뉴 에이즈들이 광란하는 곳, 무덤이나, 울창한 숲속, 한적한 고가(古家), 굴속, 고목나무…. 등 기타 귀신들이 좋아하는 장소가 있습니다.

할 수만 있으면 이런 장소는 피하는 것이 좋습니다. 정 피할 수가 없다면 강하게 코로 호흡을 들이쉬고 내쉬면서 성령충만으로 무장하고 출입해야 합니다. 장소에 들어갔다가 나와서 반드시 선포기도로 침입한 귀신을 축귀해야 합니다. 축귀하지 않으면 들어온 귀신이 자신 안에 집을 지을 수도 있습니다. 축사할 때 이런 곳에 있다가 들어갔다는 말을 합니다. 주로 음침하게 느껴지고 소름이 끼치거나 으스스하게 느껴지거나 불쾌하거나 골치가 아파 옵니다. 영적으로 민감한 사람은 영감으로 느껴지기도 하고 환상으로 보이기도 합니다. 그러나 이러한 장소나 접촉을 통한 전이가 이루어지더라도 전부가 다 되는 것이 아니라, 귀신이 전이되기 쉬운 상태와 조건에 있는 사람일 경우에 그렇게 됩니다. 상처가 많이 있거나 임산부나 병중에 있는 환자나 체력이 허약한 사람과 자신의 집안에 무당이 있거나 우상을 숭배하여 영이 열린 영매체질인 사람들에게 잘 전이 됩니다.

실제로 안양에서 목회하시는 목사님이 한동안 우리교회에 다니시면서 치유와 능력을 받았습니다. 그러던 어느날 영적전이와 성령의 역사에 대한 강의를 하고 자신에게 악한 영의 전이가 있다고 생각하는 분 앞으로 나와서 안수기도를 받으라고 했습니다. 목사님이 저에게 와서 하는 말이 자신이 고등학교 2학년 때 베트남에 수학여행을 갔답니다. 토속종교시설을 견학하고 나왔는데 눈이 충혈이 되고, 머리가 어지러워서 고생을 했다는 것입니다. 잊고 지냈는데 오늘 갑자기 생각이 났답니다. 그래서 필자가 머리에 손을 얹고 "성령이여 임하소서! 사로잡아 주옵소서." 성령의 임재와 지배가 된 후에 "내가 나사렛 예수 이름으로 명하노니 베트남 토속종교시설 들어갔을 때 침입한 귀신은 정체를 밝힐지어다." 했더니 벌~ 벌~ 벌~ 떠는 것입니다. 그러다가 왹~ 왹~ 왹~ 하면서 귀신이 떠나갔습니다. 20년 전에 들어온 귀신이 그때야 떠나간 것입니다.

이렇게 자신도 모르는 사이에 전이된 악한 영은 예배나 말씀이나 찬송이나 기도나 능력자의 축사로 추방이 비교적 쉬운 편입니다. 그러나 침입 당한 것을 모르고 잠복된 체 오랫동안 계속 눌려 지내게 되거나 깊이 침입 당하게 되면 이 역시 추방이 힘들게 됩니다. 그래서 성령으로 자신을 분별해야 합니다. 어떤 사람은 기도 굴에서…. 어떤 사람은 무덤 옆을 지나다가…. 어떤 사람은 절에서 공부를 하다가…. 어떤 사람은 스님에게 침을 맞으러 다니다가…. 어떤 사람은 교회 옆에 절이 있어 계속 염불 외우는 소리에 눌려서…. 어느 사람은 굿하는 것을 구경하다가. 어떤 사람은 텔레비전의 충격적인 장면을 보다가….등등 악한 영의 전이 영적피해는 이루 헤아릴 수 없습니다.

그리고 예기치 않은 뜻밖의 현상이나 형체(사찰, 신사, 토속종교시설, 공동묘지나 상엿집, 시체 등)를 목격하였을 때, 일시에 음산한 기운, 즉 소름이 끼치는 상황이 엄습하여, 온몸에 전율을 느끼면서, 등골이 오싹해지거나, 간담이 서늘해지고, 머리가 쭈뼛해지며, 사지에 힘이 쭉 빠지고, 온몸이 오그라들며, 다리가 후들거려 꼼짝 달 싹을 못 하고, 귀에서는 이상한 소리가 들리며, 헛것을 보고 헛소리를 내는 등의 이상 현상을 체험했을 경우는 악한 영의 영적전이가 순간 이루어 진 것입니다. 자신의 영이 알아차린 것입니다. 이런 경험을 했는데 방임하고 지낸 분들은 필히 전문사역자의 축귀를 받아야 합니다.

이런 곳에 출입하고 나와서 선포기도는 이렇게 하시기 바랍니다. 코로 숨을 들이쉬고 내쉬면서 성령이여 임하소서. 성령의 임재가 깊어지면 명령하세요. 이때 소리는 크게 할 필요가 없습니다. 영에서 나오는 소리로 명령하세요. "사찰에서 들어온 더러운 영은 예수 이름으로 명하노니 떠나갈지어다." "토속종교시설에서 들어온 귀신은 예수 이름으로 명하노니 떠나갈지어다." "토속종교시설에서 들어온 귀신이 떠난 자리에 성령의 권능이 임할지어다. 평안의 영이 임할 지어다. 성령님 강하게 저를 사로잡아 주옵소서. 충만하게 하옵소서" 하면서 지속적으로 참 평안을 찾을 때까지 의지를 가지고 선포기도를 해야 합니다. 호흡을 깊게 지속적으로 하면서 선포하고 명령하세요. 그러면 하품이나 기침이나 재채기를 통해서 특정장소에서 들어와 역사하던 영들이 떠나갑니다. 성령의 역사가 항상 자신에게 충만하도록 기도하십시오. 호흡을 깊게하며 온몸으로 기도하고 찬양을 하십시오. 더 많은 영적전이 영적피해에 대해서는 **"영적피해방지하기"** 책을 참고하시기를 바랍니다.

9. 스스로 축귀하는 법

자신에게 이상증세가 나타나면 지나치지 말고 반드시 자기 축귀를 해야 합니다. 자기 축귀는 이런 방법으로 하세요. 호흡을 들이쉬고 내쉬면서 성령의 임재를 요청하세요. 성령의 임재가 충만해지면 영상기도를 하세요. 자신에게 일어나는 상태를 마음의 그림으로 나타나게 하라는 것입니다. 원인을 성령님에게 물어보세요. 원인을 알아야 처방을 할 수 있기 때문입니다. 원인에 따라 회개하거나 용서를 합니다. 만약에 조상이나 자신이 우상을 숭배하여 귀신이 들어온 것이라면 회개해야 합니다.

성령의 임재 가운데 죄를 짓는 모습을 영상으로 보면서 깊은 회개를 해야 합니다. 깊은 회개를 한 후에 그때 들어온 귀신들에게 명령을 하세요. "조상 대대로 내려와 나에게 고통을 주는 악한 영의 줄은 끊어질지어다.""조상이 우상숭배 할 때 들어온 귀신은 예수 이름으로 명하노니 떠나갈지어다.""떠나간 자리에 말씀과 성령으로 채워질지어다." 이렇게 지속적으로 선포기도를 합니다. 만약에 다른 사람이 자신에게 상처를 주어 고통을 당한다면 용서를 해야 합니다. 성령의 강력한 임재 하에 상처받는 모습을 보면서 용서합니다. 그리고 성령의 임재 하에 영에서 올라오는 영의 소리로 명령하세요. "내가 상처받을 때 들어온 귀신은 예수 이름으로 명하노니 떠나갈지어다." 지속적으로 평안이 임할 때까지 해야 합니다.

자신이 스스로 축귀하는 것이 제일 좋은 방법입니다. 그러나 자신이 스스로 축귀할 만큼의 영성이 깊어지려면 상당한 기간을 훈련해야 합니다. 영성을 깊게 하려면 일단 성령의 역사가 강하고 영성이 깊은 사역자가 인도하는 집회에 참석하여 영성을 길러야 합니다. 우리교회에 예약하여 하는 집중치유기도에 여러번 참석하여 성령의 권능을 받으면서 치유하는 것도 유익하고 좋은 방법입니다. 사역자의 도움을 받으면서 영성을 깊게 하는 것입니다. 그것이 제일 빠른 방법입니다. 혼자 책을 읽고 하는 것은 실수가 있을 수가 있고 시간이 많이 걸립니다. 먼저 성령의 역사가 강하고 영성이 깊은 사역자의 도움을 받아 영의 통로를 연 다음에 스스로 하면 좀 더 쉽게 할 수가 있습니다.

스스로 자기 축귀를 할 정도로 영성을 길러야 합니다. 성령으로 충만하고 호흡하며 온몸으로 기도가 되어야 스스로 축귀를 할 수가 있습니다. 온몸 기도를 숙달하시기를 바랍니다. 자신의 심령에서 성령의 불이 나와야 합니다. 더 많은 축귀와 내면의 치유에 대해서는 **"마음상처 투시와 완전치유"** 책을 읽으시면 많은 도움을 받을 수가 있을 것입니다.

21장 기도하며 마음속 치유로 권능을 강화

(눅17:21)"하나님의 나라는 너희 안에 있느니라."

하나님은 매일 우리의 마음의 상처를 치유하며 상처가 무의식에 잠기지 않기를 원합니다. 상처가 무의식에 잠겨있으니 영력과 면역력이 약해져서 여러 가지 영-혼-육체에 문제가 발생하는 것입니다. 자기 치유를 위해서 하는 기도는 밖으로 하지 말고, 마음 안으로 해야 합니다. 주님이 가르치시는 기도는 구약 선지자들의 기도처럼 하늘을 향하여 외치고 부르짖는 기도가 아니라, 내 안에 계신 성령 하나님을 향하여 마음으로 하는 기도입니다. 그러므로 주님은 골방으로 들어가라고 하시는 것입니다.

즉 내 영혼 안에 계신 살아계신 하나님을 만나라는 것입니다. 내 영혼 속에 하나님의 임재, 임마누엘의 하나님을 인식하고 만나라는 것입니다. 하나님께서 마음 안에 계시기 때문입니다.

하나님이 계신 하늘은 바로 나에게 접촉한 곳, 즉 나의 마음속입니다. 다만 우리의 마음에 계신 하나님을 만나기 위해서는 마음으로부터 문제와 답답함을 분리시켜야 합니다. 우리의 마음에서 어려운 현실이 주는 걱정, 근심, 두려움, 답답함을 씻어내야, 하늘에 계신 하나님, 즉 우리의 마음 안에 계신 하나님을 만나게 되는 것입니다.

그래서 주님은 마음이 청결한 자가 하나님을 볼 것이라고 하시는 것입니다. 깨끗하고 평안한 마음속으로, 하나님이 계신 마음 속으로 들어가야 합니다. 내 영혼 안에 계신 하나님과 만나고, 연합하고, 도움을 받으면, 그것이 즉 하나님의 손길을 느끼게 되는 것이며, 여기서부터 시작하여 하나님의 손을 잡고 점점 밖으로 나가서 현실 속에, 문제 속에 하나님의 영광, 하나님의 임재, 하나님의 능력을 나타내게 되는 것입니다.

그런데 우리는 멀리, 밖에서부터, 높은 하늘에서부터 하나님을 만나려고 하기 때문에 기도가 어려운 것입니다. 나와 함께 내 안에서 주인으로 살아가시는 주님을 발견하게 될 때, 내가 주안에, 즉 보좌에 계신 하나님을 발견하게 되는 것입니다. 내 안에 계신 성령 하나님을 만나고 발견하지 못하게 되면 보좌에 계신 하나님도 발견하지 못하게 됩니다. 내 안에 계신 성령 하나님을 만나는 기도를 하지 못하면, 그런 훈련을 받지 못하면 우리가 드리는 예배도 성공하지 못하는 것이요, 삶에서 성공하지 못하는 것입니다. 환경도 열어가지 못합니다.

나는 누구인가, 무엇을 하는 사람인가? 내 안에 살아계신 하나님을 주인으로 모시는 사람입니다. 내 안에 살아 계신 하나님을 모시는 것이 바로 살아있는 예배입니다. 내 안에 계신 하나님이 일하실 때, 내가 일하는 것이요, 내 안에 계신 하나님께서 영광을 받으실 때에 나도 덩달아 영광을 받게 되는 것입니다. 이것이 나의 본질입니다. 하나님이 그냥 막연하고 피상적이기만 하면, 나의 삶도 역시 막연하고 피상적입니다. 왜 사는지, 어떻게 사는 지도 모르고 뜬구름 잡다가 끝나고 마는 것입니다.

피상적인 하나님은 피상적인 나의 삶을, 구체적인 하나님은 구체적인 나의 삶을 만드는 것입니다. 피상적인 하나님의 체험은 피상적인 나의 삶의 체험이 됩니다. 그러므로 기도를 통하여 내 안에 살아 계신 하나님과 교제하고, 만나고 느끼고, 하나님을 사랑하고 하나님의 은혜와 사랑을 받으시기 바랍니다. 그런 훈련을 하세요. 사람의 마음은 깊습니다. 마음 깊은 곳에서 성령의 은혜가 올라와야 무의식에 상처가 치유되고 하루하루 마음 안 무의식에 상처를 만들지 않고 관리가 가능한 것입니다.

1. 자기 치유를 위한 삶과 기도의 자세.

우리가 세상을 살아가면서 스트레스와 상처를 받지 않고 세상을 살아간다는 것은 거의 불가능합니다. 광야와 같은 세상을 살아가는 것이 상처이기 때문입니다. 문제는 나에게 상처가 오면 마음의 무의식에 쌓이게 하는 요인이 있다는 것이 더 문제입니다. 즉, 자신이 상처 스트레스를 잘 받으면 자신의 마음 안에 문제가 있다는 것을 깨달아 인정해야 합니다. 마음에 평안이 없고 성령의 은혜가 적다는 증거입니다. 먼저 상처가 마음에 쌓이게 하는 원인을 찾아 치유해야합니다.

그래서 상처를 받지 않는 것도 중요하지만, 시시 때때로 오는 상처를 나의 마음에 받아들이지 않고, 그때그때 상처를 해결하는 마음 상태를 만드는 것이 더 중요합니다. 이는 온몸기도하며 성령의 지배와 임재를 유지하므로 가능합니다. 고로 상처를 치유하는 것도 중요하지만 내 마음에 상처가 쌓이지 않게 하는 마음의 관리가 더 중요합니다. 온몸 기도를 할 때 깜짝 깜짝 놀라고, 움직움직하는 것은 상처입니다. 어려서나 언제 놀란 일이 있어 무의식에 심겨있는 것입니다. 축귀를 전문으로 하는 사역자에게 찾아가 성령세례받고 축귀를 받는 것이 좋습니다.

1) 잠자기 전 자기 치유기도. 에베소서 4장 26-27절에 "분을 내어도 죄를 짓지 말며 해가 지도록 분을 품지 말고 마귀로 틈을 타지 못하게 하라." 말씀하십니다. 하루가 지나기 전에 성령의 깊은 임재와 지배 하에 전인격을 정화하라는 것입니다. 우리가 세상을 살아가면서 상처를 받지 않고 살아갈 수가 없습니다. 세상에서 받은 상처를 그 날 그 날 정리하는 것입니다. 침소에 들어가기 전에 성령의 임재 하에 코로 호흡하며 아랫배로 기도하면서 그 날의 수고와 무거운 짐을 하나님에게 드리고, 성령의 지배로 영이 깨어난 상태에서 잠이 들면 잠도 깊게 잘 수가 있고 상처가 마음에 집을 짓지를 못합니다.

2) 인간관계 후 감정과 스트레스 제거 위한 치유기도. 세상에 나가 세상 사람들과 대화를 하다가 보면 나도 모르는 사이에 세상 것들이 들어올 수가 있습니다. 성령의 깊은 임재 하에 온몸기도나 호흡이나 명상기도로 영의 활동을 강화하여, 나도 모르게 들어온 세상 것들을 정리하는 것입니다. 우리가 세상 사람들과 대화를 하다가 보면 마음이 답답하고 머리가 무겁고 속이 거북스러울 때가 있습니다. 이는 세상 것이 나에게 들어온 것을 나의 영이 알아차린 것입니다. 이를 그대로 두면 나에게 집을 짓게 되고 나의 영은 무디어지게 됩니다. 성령의 임재 하에 세상 것들을 몰아내고 영을 밝게 해야 합니다. 이는 습관이 되어

야 합니다. 귀신이 집을 짓기 전에 풀어내는 것이 중요합니다.

3) 충격적인 사건을 접한 후 치유기도. 우리가 세상을 살아가다가 갑자기 사고를 당한다거나, 갑자기 가족이 죽는 다거나, 사람들이 싸우는 것을 본다거나, 질병으로 병원에 입원하여 수술을 한다거나, 사람의 간사한 말에 사기를 당한다거나, 부부간에 의견 충돌이 있는 경우가 있습니다. 이때 나도 모르게 심령에 멍이 듭니다. 이런 상황을 생각하거나 접하게 되면 나도 모르게 가슴이 두근거리고 깜작깜작 놀라게 됩니다.

이런 상황이 오래가면 심장과 혈액계통에 문제가 생깁니다. 이런 일을 당한 후에는 꼭 성령의 임재 하에 온몸으로 기도하며 내 속에 들어와 있는 충격적인 사건의 잔재를 몰아내야 합니다. 내가 혼자 할 수 없다면 목회자의 도움을 받아 처리하는 것이 좋습니다. 그냥 두면 영육의 문제가 생깁니다.

심장이 약한 분들의 자가 진단 방법은 충격적이거나 놀란 일이 있은 후에나 사람에게 상처받은 후, 호흡이 빨라지고 피곤해지고 의욕이 떨어지고 잠을 잘 이루지 못하거나 잠을 자는 동안 꿈이 많아지는 경우는 심장에 문제가 생긴 것입니다. 의학적인 진단에는 잘 나타나지 안 습니다. 성령의 지배가운데 지속적으로 무의식의 상처를 치유해야 합니다.

2. 과거 받은 상처와 견고한 진의 치유기도.

1) 우상숭배로 인하여 영적 음란이 뿌리가 깊어져 예수를 믿으면서도 제사를 끊지 못하고, 이방 신을 좋아하고, 점쟁이 집

을 들락거리고, 앞날이 궁금하여 남에게 물어(예언)보는 것을 좋아한다면 견고한 진입니다. 그리고 하나님보다 사람을 더 의지하고 하나님보다 더 사랑하는 것이 있다면 우상숭배의 견고한 진입니다(골3:5). 이것은 부모가 우상 접촉에 의한 것일 수도 있고, 자신이 저지를 죄악 일 수도 있습니다. 성령으로 기억하고 찾아내서 몰아내고 치유하시기를 바랍니다.

2) **돈에 대한 탐욕이 강하고,** 부자 되려는 마음이 자신을 늘 주장하고, 돈 버는데 마음을 빼앗기는 것, 좋은 차, 좋은 집, 세상 여행, 스포츠, 오락, 야망, 공부, 학위 취득 등의 욕심이 과다하여 하나님과의 관계유지에 지장이 된다면 견고한 진입니다. 이런 것들 때문에 영적으로 깊이 들어가지 못하고 주님에게 헌신하는데 지장을 받고 있다면 이는 견고한 진이라 할 수 있습니다. 성령의 지배와 임재 가운데 성령님에게 물어보아 찾아내시고 분별하시고 몰아내시고 치유 받으시기를 바랍니다.

3) **주술, 각종 점괘, 미래예언, 토정비결,** 사주팔자 등을 즐겨하여 예수를 믿은 다음에도 끊지 못하고 계속한다면 견고한 진입니다. 성령의 지배 가운데 찾아서 치유하세요.

4) **나쁜 습관으로 술, 담배, 마약, 성적탐닉,** 컴퓨터게임, 노름, 혼음 등을 끊지 못하고 계속 한다면 견고한 진입니다.

5) **성격적인 것으로서 예수를 믿고 거듭났어도 혈기,** 분노, 원수맺음, 서러움, 불안, 두려움 등이 떠나가지 않고 자신을 주장한다면 견고한 진입니다. 근본 원인을 찾아서 치유해야 영적이고 깊어져서 주님과 교통하는 성령의 사람이 될 수 있습니다.

6) **성적인 것으로서 자위행위**, 도색잡지, 인터넷 음란물 탐닉, 부부외 다른 남녀를 볼 때에도 성적인 충동을 느끼고 음란의 죄를 짓는다면 견고한 진입니다. 하나님의 말씀에 위배되는 성관계는 죄악입니다. 그 죄악을 타고 악한 영이 나도 모르게 들어와 고통을 주고 있습니다. 성적인 죄악으로 질병이 걸리는 경우도 많습니다. 그 질병으로 인하여 자신의 귀중한 영혼이 잘못될 수도 있습니다.

7) **감정적인 것으로서 두려움, 대인기피**, 공포, 분노, 건강 염려 증, 반항적, 부정적인 생각, 고정관념, 매이기 싫어함, 지나친 자존심 등이 예수를 믿은 다음에도 끊어지지 않는다면 견고한 진입니다. 또 전통적인 교회의 율법적인 생각 등이 고쳐지지 않는다면 견고한 진입니다. 성령으로 찾아내어 치유합시다.

8) **인간관계에서 특정성별이나 계층의 사람과** 대화하다보면 마음에서 나도 모르게 혈기와 분노가 올라온다든지, 조금만 의견이 달라도 자존심이 상하여 혈기를 자주 내는 것이 고쳐지지 않는 다면 상처에 의한 견고한 진입니다. 직장 상사, 남자, 여자, 노인, 목회자 등으로부터 과거 상처를 받고 치유되지 않으면 그런 유형의 사람과 대화하다 잘못되면 과거의 상처가 올라와 혈기를 낸다거나 자기가 생각하지 않는 방향으로 상황이 자주 진전되어 지난 다음에 후회를 자주 한다면 견고한 진입니다.

9) **과거 심취했던 사상과 사고방식들로서 진화론**, 이원론, 사회주의 사상, 기타 현대사상들이 예수를 영접하였는데도 지워지지 않고 그 이론이 정확하다고 믿고 고쳐지지 않고 있으면 견

고한 진입니다. 특히 고후10:4-5 에서는 잘못된 생각들인 그리스도를 대적하는 육적인 생각들을 견고한 진리라고 했습니다.

10) **질병으로서 가계에 대물림되는 질병,** 아무리 약을 먹고 병원에 다녀도 낫지 않는 불치병, 우울증이나 조울증, 정신질환, 낫지 않는 두통, 불면증이 지속된다면 견고한 진입니다. 영적인 문제가 결부된 것입니다. 뿌리를 찾아서 치유해야 합니다.

3.상처가 마음에 머물지 않게 하기 위한 영성훈련

성령님의 임재와 지배가운데 살아가려고 노력을 하시기를 바랍니다. 성실, 경건의 삶을 살아가려고 노력하세요. 좋은 선수는 평소에 늘 훈련과 실제상황을 대비한 연습을 충실히 하는 것처럼, 늘 하나님 앞에서 사는 삶의 훈련, 하나님과 함께 걷는 경건한 삶의 훈련을 해야 합니다. 험담을 금지하고 순종, 사랑, 용서와 경건, 거룩한 삶의 훈련을 하시기를 바랍니다. 늘 하나님의 임재 속에서 내적치유와 회개를 하시기를 바랍니다. 얕은 수준에서 하지 말고, 성령 안에서 온몸으로 깊은 수준에서 하시기를 바랍니다. 감정을 절제하시기를 바랍니다. 흥분, 좌절, 분노, 염려, 고민, 질투, 원한 등의 부정적 감정을 씻으시기를 바랍니다. 성실과 경건으로 가기 위해 늘 기도해야 합니다.

마음을 치유하여 마음이 넓어져야 합니다. 나의 영성을 해치는 일에는 관심을 멀리하고 하나님과 영적 교통에 관심을 가지시기바랍니다. 세상만사가 다 내 생각대로 되는 것이 아닙니다. 하나님의 권능의 역사가 개입하면 해결되는 것입니다. 수고하고 무거운 짐을 하나님에게 드리는 자세가 중요합니다.

4.상처 치유를 위한 호흡과 온몸 기도 방법

1) 성령의 강력한 임재에 의한 온몸 기도로 마음이 평안한 상태가 되어야 합니다. 마음이 외부의 영향을 받지 않는 상태(성령 지배와 임재로 평온한 상태)가 되어야 합니다. 기도에 집중하는 마음 상태가 되어야 깊은 곳에 숨겨진 상처를 성령님의 도우심으로 치유 받을 수 있습니다. 외적 침묵과 내적 침묵이 되어야합니다. 심령을 안정시켜 뇌파를 베타파(흥분) 상태에서 알파파(평안) 상태로 다시 세타파(영적) 상태로 만들어야 합니다.

2) 성령님의 임재를 간구합니다. 영에서 마음으로, 이성으로 임재가 나타나시도록 간구합니다. 성령님에게 물어봅니다. 내가 왜 그런가요. 지속적으로 질문을 해야 합니다.

3) 최근 상황을 떠올립니다. 특이한 상황, 혈기, 육체의 병, 놀람, 잡념, 산만하고 이상한 꿈 등등.

4) 떠오르는 그때 그 상황 안으로 들어갑니다. 성령님의 도우심으로 자신의 과거로 돌아가서 과거에 받았으나 묻혀 있는 크고 작은 상처의 기억을 떠올리며, 상처와 함께 그때 겪었던 당황함, 부끄러움을 회상한 후, 하나씩 그 상처를 주님께 드립니다. 두려워하거나 숨기지 말고 그대로 표현해야 합니다.

5) 당시에 받았던 상처로 말미암는 감정이 내면에 떠오르거나 감정이 되살아나면(수치감, 답답함, 분노, 좌절감, 온몸 슬픔, 두려움 등) 억제하거나 감추지 말고 의식수준으로 표현하십

시오. 그리고 그것을 주님에게 드리세요.

6) 이 때 자신의 상처와 관련된 사람을 용서하는 작업을 해야 합니다. 용서하지 않고 단순히 감정만 처리하는 것은 상처의 근원은 그냥 두고 감정만 치유하는 것이며, 이러한 치유는 후에 다시 재발됩니다. 큰 사건, 큰 상처일수록 이 부분에 세심한 주의를 기울여야 하며, 세심한 치유를 했어도 같은 감정이 오면 몇 번이고 계속해서 치유해야합니다. 자신의 마음에 상처를 준 사람을 용서하지 않으면 진정한 치유가 되지 않습니다. 어두움과 저주의 세력에게 자신을 묶어놓고 있는 것입니다.

7) 상처를 내보냅니다. 성령의 역사가 일어나면 기침이나 하품, 호흡, 토함 등등으로 반드시 축출하는 작업을 해야 합니다.

8) 성령님의 능력으로 치유 받은 후에는 마음에 평안함을 느끼게 됩니다. 계속하여 이 평안을 유지하는 것은 자신의 책임입니다. 오래된 상처나 온몸의 깊은 상처는 일회적인 치유보다 장기적이고 지속적인 치유를 해야 합니다.

9) 세상에서 생활할 때 다시 떠오르면 동일한 방법으로 다시 치유과정을 진행해야 합니다. 성령의 깊은 임재 하에 회개와 용서 작업을 합니다. 성령의 인도하에 지속적으로 해야 합니다.

10) 성령님과 교제를 통하여 악한 생각이 나지 않도록 기도생활을 해야 합니다. 진정한 치유란 지속적인 성령 하나님과의 동행입니다. 늘 마음에 하나님을 느끼고, 하나님과 동행하고 하나님을 의지하여야 합니다. 그리함으로 늘, 점점 마음이 맑아지고, 자유해지고, 평안해지는 삶을 살아야 합니다.

5.온몸 기도를 통한 깊은 상처를 치유한 사례

필자는 내적 치유를 1년을 받아도 해결되지 않는 부분이 있었습니다. 아주 이것 때문에 굉장한 고생을 하였습니다. 위의 통증입니다. 전도하러 다녀도 꾹꾹 찌르고, 설교준비를 하다가도 아팠습니다. 병원에서 내시경을 받았는데 아무런 문제가 없었습니다. 의사가 신경성 위장병이라고 했습니다. 이것을 고치려고 6개월을 잠을 자지 않으면서 기도하였습니다. "하나님, 왜 이렇게 위의 질병이 치유되지 않습니까? 하나님 알려주세요. 하나님 알려주세요. 하나님 깨달아 알게 해주세요."

어느 날 하나님이 완벽하게 치유하여 주셨습니다. 그런데 그냥 치유하여 주신 것이 아닙니다. 저의 지나온 과거 속에서 상처받은 곳을 하나하나 구체적으로 보여주셨습니다. 상처받은 곳을 조목조목 보여 주시고 설명해 주시기를 무려 일곱 번을 하시더니 상처의 근원지를 보여주십니다. 근원지를 보니까 전부 저에게 문제가 있었다는 것을 깨달았습니다.

성장 과정의 문제로 제가 상처를 받고 응어리를 품고 살았던 것입니다. 모두 저에게 문제가 있었습니다. 하나님께 그대로 고백하고 인정하니까 하품이 막 여러번 나오더니 배가 시원해지면서 위장병을 깨끗하게 치유하여 주셨습니다. 내적인 치유는 자신과의 영적 싸움입니다. 의지를 가지고 치유하여 뿌리를 뽑아야 합니다. 마지막 뿌리에 대한 내적 치유는 자신이 직접 하나님께 물어 가며 치유해야 합니다. 치유의 원리들을 적용하셔서 상처의 뿌리를 뽑으시기를 바랍니다.

22장 방패기도하며 권능을 강화

(벧전5:8-9)"근신하라 깨어라 너희 대적 마귀가 우
는 사자 같이 두루 다니며 삼킬 자를 찾나니 너희는 믿
음을 굳건하게 하여 그를 대적하라 이는 세상에 있는
너희 형제들도 동일한 고난을 당하는 줄을 앎이라"

방패기도란 사건이 터지고 나서의 뒤늦은 기도, 뒤늦은 승리
가 아닌, 앞으로의 어려운 일들을 방패처럼 미리 막는 기도를
말합니다. 우리의 약점들을 하나님 앞에 내어드림으로 그분의
기발한 지혜와 도우심을 구하는 기도를 말합니다. 미리 악한영
의 공격을 미리알고 방어하는 기도입니다. 방패기도를 하려면
먼저 성령으로 충만해지는 기도를 합니다. 성령의 지배 가운데
성령이 알려주는 장래에 필요한 레마의 말씀(지혜-지식)을 받
는 기도입니다. 이는 자신이 일상하면서 숙달한 기도입니다.
　성령의 지배가 잘 유지되도록 기도를 숙달해야 합니다. 성령
의 지배가 충만해지면 대상자를 위하여 성령의 권세를 주장하
며 방패기도를 합니다. 먼저는 목회자를 위하여 기도해야 합니
다. 목회자는 사역의 최 일선에 서 있습니다. 따라서 적들에게
가장 잘 노출되어 있는 자리에 있으며, 사단의 집요한 공격을
받기도 합니다. 사단은 리더를 넘어뜨리면 쉽게 조직이 붕괴된
다는 사실을 잘 알고 있기 때문에 수단과 방법을 가리지 않고
특히 리더들을 공격합니다. 우리는 나의 필요나 개인적인 요구

를 위해 먼저 기도하기보다, 하나님 나라와 의를 구하며 하나님께서 세우신 리더들과 주의 종을 위해, 먼저 중보 기도하며 방패기도를 해야 합니다. 하나님은 주의 종을 사랑하며, 그들을 위해 기도하는 것을 기뻐하십니다. 우리가 해야 할 방패기도는 이렇습니다.

1. 영적인 면에서의 방패기도

성령 충만과 유지를 위한 방패기도를 합니다. 항상 마음으로 기도하며 쉬지 않는 온몸기도를 위하여 방패기도를 합니다. 기도함으로 육적인 삶을 죽이게 방패기도를 합니다. 순수하고 정결한 무조건적 믿음의 신앙을 위하여 방패기도를 합니다. 하나님이 보여주신 뜻을 내 생각으로 막지 않게 방패기도를 합니다. 형식적인 기도, 말씀 생활이 아닌 성령의 깊이 있는 묵상과 기도생활을 위하여 방패기도를 합니다. 기쁨, 감사, 책임감을 가지기 위하여 방패기도를 합니다. 퇴보, 정지하지 않고 성장하는 믿음생활을 위하여 방패기도를 합니다.

말과 행동이 다른 위선, 외식이 없는 신앙생활을 위해 방패기도를 합니다. 사랑과 화평케 하는 성령의 은사 사용을 위하여 방패기도를 합니다. 자신이 처한 곳에서 선교사적 길을 갈 때 하나님과의 동행의 삶을 위하여 방패기도를 합니다. 죄짓기 쉬운 곳에서도 주님을 기억하게 (유혹을 받지 않게) 방패기도를 합니다. 믿음의 가정을 세울 수 있게 방패기도를 합니다.

2. 신체적인 면에서의 방패기도

어떤 병들고 아픈 상황에서도 주님이 주신 사명이 있음을 잊지 않게 방패기도를 합니다. 주님 주신 하나님의 거룩한 성전 (몸)을 잘 관리하기 위해 방패기도를 합니다. 건강해야 하나님께서 주신 사명을 감당할 수가 있는 것입니다. (밤샘공부 않기, 무리한일 않기, 피곤 극복, 운동하기 등) 마음의 병이 육신의 병으로 가지 않게 하기 위해 방패기도를 합니다.

3. 경제적인 면에서의 방패기도

자족하면서 더 나은 풍요를 위해 노력하고 베푸는 삶을 위해 방패기도를 합니다. 헌금을 아까워하지 않게 하기 위해 방패기도를 합니다. 궁핍가운데서도 나눌 수 있게 방패기도를 합니다. 베푸는 것도 절제하면서 지혜롭게 기도하면서 돈을 쓸 수 있게 방패기도를 합니다. 돈 때문에 사람을 버리지 않게 방패기도를 합니다. 부하지도 가난하지도 않게 하지만 베풀 수 있는 넉넉함을 위해 방패기도를 합니다. 일자리를 위한 방패기도를 합니다.

4. 인간관계를 위한 방패기도

인간관계에 실망하지 않고 남을 정죄하지 않고 상처받지 않게 방패기도를 합니다. 관계 속에서 나는 내려놓고 예수 그리스도가 드러나게 방패기도를 합니다. 불편한 사람과도 친해질 수 있는 붙임성 있는 인간관계 위해 방패기도를 합니다(관계의 폭을 넓히게). 동역자를 많이 얻기 위하여 방패기도 합니다. 좋아하는 사람만 좋아하지 않게 방패기도를 합니다. (모두를 편견 없이 사귀게) 내성적인 성격을 극복하고 먼저 다가갈 수 있게 방패기도를 합니다.

예수님 믿지 않는 자들의 삶을 감싸주며 정죄하지 않고 세상을 품을 수 있게 방패기도를 합니다. 첫 이미지를 가지고 끝까지 남을 판단하지 않게(선입견을 버리게) 방패기도를 합니다. 원수도 사랑할 수 있게 방패기도를 합니다. 세상을 살아가면서 세상 사람들의 말에 상처받지 아니하고, 사람들의 말에 좌지우지 되지 않고, 사람들의 말에 휘둘리지 아니하고, 간사하고 간교한 사람의 말에 사기당하지 아니하도록 방패기도를 합니다. 날 사랑하는 만큼 다른 사람도 사랑할 수 있게 방패기도를 합니다. 나의 연약함이 드러날 때 인정하고 타인의 부족함을 드러내지 않고 기도하게 방패기도를 합니다. 배우자, 이성 관계를 위한 방패기도를 합니다. 응답될 때까지 지속적으로 합니다.

5. 방패 기도하는 방법

성령의 지배 하에 아는 사람의 얼굴을 상상하여 보면서 방패기도 하는 방법도 있습니다. 아는 사람의 얼굴을 그리면서 기도하면 성령께서 그 사람의 영육의 상태를 보여 줍니다.

성령님에게 질문합니다. 성령님 이 사람에게 앞으로 무슨 문제가 찾아오겠습니까? 지금 잠재되어 있는 문제는 무엇입니까? 하면서 성령의 임재하에 기도하면 성령께서 감동을 주십니다. 저는 우리 교회 성도들과 주변에 아는 사람들을 대상으로 이런 방패기도를 하여 본인에게 대비하도록 합니다. 한번은 우리 교회 예배당에 출석하는 성도의 가정을 놓고 기도를 하니 성령께서 알려 주셨습니다. 꿈에 보이는 데 그 집의 침대에 뱀들이 이리저리 돌아 다니는데 정작본인들은 웃고 있는 것입니다. 그래서 본인에게 물어보니 지금 몸이 불편하다는 것입니다. 그래서 심방하여 해결한 체험이 있습니다.

성령으로 지배 하에 가정이나 교회나 사업장을 마음으로 그리면서 상태를 방패기도 하는 방법도 있습니다. 저는 우리 교회를 놓고 영상으로 기도하며 주기적으로 방패기도를 합니다. 그래서 영적인 미비점을 보강하고 있습니다. 이렇게 방패기도는 다양한 곳에 사용할 수가 있습니다.

6. 방패기도 할 때 체험한 사례

필자는 부교역자 할 때부터 습관이 되어 성도 한사람 한 가정을 놓고 기도를 많이 했습니다. 그래서 성령의 감동에 순종하며 목회를 하고 있습니다. 어느 때는 어느 성도 가정을 놓고 방패기도를 하는데 시커먼 남자 두 명이 집으로 들어가는 것입니다. 그래서 그 여 집사님을 만나서 무슨 일이 없느냐고 했더니 남편이 꼭 이 시기가 되면 도박을 하여 일 년 분의 월급을 날리는 시기라고 합니다.

그래서 내가 잘 감시하고 출퇴근 시간 정확하게 지키라고 본인에게 이야기하고 또 본인에게 경각심을 갖으라고 하라고 해서 그해는 무사히 넘어갔습니다. 또 한 번은 이런 일이 있었습니다. 우리 교회 어느 성도의 가정을 놓고 기도를 했는데 제가 꿈에 보니까, 그 성도 집안의 방안과 침대에 뱀들이 많이 돌아다니는데 정작 본인들은 쫓아내려고 하지를 않고 웃고 있는 것입니다. 그래서 사모에게 분명히 그 집에 문제가 있을 것이니 전화를 해보라고 했습니다. 전화를 해보니 이 여 집사님이 골반에 문제가 생겨서 제대로 걸어 다니지를 못한다는 것입니다.

그래서 토요일 오후에 심방을 가서 영적인 전쟁을 치루면서 내가 꿈에 본 것을 이야기 하니까, 깜작 놀라면서 이러는 것입니다. 자기가 살고 있는 집 위층에 주인집이 있는데 이 사람들이 아주 절에 열심히 다니고 절에 있는 우상의 물건들이 말도 못할 정도로 많이 있다는 것입니다. 그런데 사람들이 너무 성품이 좋아서 마음을 열고 왕래하고 다녔더니 거기서 귀신들이 따라와 문제를 일으킨 것 같다고 대답을 했습니다. 그래서 내가 항상 집에서 예배를 드리고 영적인 전쟁을 하고 선포 기도를 많이 하고 성령 충만하게 지내라고 조언했습니다.

그리고 이 성도들이 순종을 잘하여 승리하고 아파트를 구입하여 이사를 했습니다. 우리는 자기 집이나 사업장이나 교회예배당을 놓고 방패 기도를 많이 해서 문제 생긴 다음에 발을 동동 구르지 말고 예방신앙을 하기를 바랍니다. 하나님은 기도하는 자에게 미리 예방할 수 있도록 미리 알려주셔서 예방하게 하시는 하나님이십니다. 방패기도 방법은 성령의 지배가운데 온몸으로 기도하면서 교회예배당이나 자기집, 사업장의 이곳저곳을 영상으로 둘러보면서 기도하는 것입니다.

23장 선포기도하며 권능을 강화

(약 4:7)"그런즉 너희는 하나님께 복종할지어다. 마귀를 대적하라 그리하면 너희를 피하리라."

예수님을 믿고 성령으로 거듭난 성도들이 마음의 상처와 스트레스로 고생하며 영력과 면역력이 약하여 여러 질병으로 고통을 당하는 것은 마음의 상처 뒤에 역사하는 귀신들의 영향이라고 해도 과언이 아닐 것입니다. 상처와 스트레스를 받아 영-혼-육체의 기능이 비정상일 때 들어와 자리를 잡은 것입니다. 원인은 아담이 선악과를 따먹었을 때 세상의 신은 사단이 되었습니다. 따라서 이 세상은 하나님의 지배하에 있지만 실제적으로 사단의 영역 아래 있습니다. 아이가 태어날 때부터 귀신들이 왕래를 하면서 귀신의 밥을 만드는 세상입니다. 하지만 우리가 예수님을 믿기로 작정하는 순간 우리는 주님께서 보혈의 피 값으로 사신 바가 된 존재가 됩니다. 즉 예수님을 믿음으로 소속사가 세상의 신인 사단에게서 예수님으로 바뀝니다.

자신에게 역사하면서 고통을 가하는 귀신들의 영향에서 자유하려면 반드시 예수님을 믿으면서 죽고 다시 사신 예수님으로 태어나 성령으로 세례를 받고 성령의 지배와 인도를 받아야 성령으로 마음의 상처가 치유되는 것입니다. 사람의 무의식에 쌓인 마음의 상처는 4차원의 초인적인 존재입니다. 상처 뒤에

4차원의 귀신이 역사하고 있기 때문입니다.

마음의 상처는 사람의 무의식에 있습니다. 무의식의 상처를 치유하고 귀신을 쫓아내려면 무의식보다 한 차원 깊은 영에서 성령의 불이 나와야 합니다. 그래서 상처치유를 정확하게 하려면 예수님을 믿고 성령으로 세례를 받아 자신 안에서 자신의 주인으로 오신 예수님으로부터 성령의 불을 받으면서 성령으로 충만해야 합니다. 성령으로 충만한 5차원의 초자연적인 성도가 되어야 합니다. 자신의 전인격이 5차원의 초자연적인 성령으로 충만해지면 4차원의 귀신은 떠나가는 것입니다.

그렇기 때문에 자신이 악을 쓰거나 억지로 토해내려고 하거나 선포하면서 기도하면 자신이 살아있는 것이기 때문에 귀신보다 차원이 약한 3차원이 됨으로 치유가 안 되는 것입니다. 자신이 없어지고 성령께서 자신을 통하여 기도하게 해야 5차원이 됨으로 치유가 되고 귀신이 떠나가는 것입니다. 귀신은 한 차원 높은 성령의 역사를 두려워합니다. "네가 하나님은 한 분이신 줄을 믿느냐 잘하는 도다. 귀신들도 믿고 떠느니라."(약 2:19).

그래서 이를 밝히 알고 있는 귀신들이 예수님을 믿고 성령으로 세례를 받아 자신의 주인으로 오신 예수님으로부터 성령의 불을 받으면서 성령으로 충만하면 떠나가야 하기 때문에 성령으로 충만하지 못하도록 기를 쓰고 방해하는 것 합니다.

방해수법은 가정에 불화를 일으키고 자신들(귀신)의 하수인을 통해서 감언이설로 속입니다. 성령의 세례를 받는 교회예배당에 가지 못하게 기를 쓰고 방해를 합니다. 성령으로 세례를 받고 성령의 불을 받으면서 성령으로 충만을 받으려고 하면 귀신들이 어지럽게 하거나 두렵게 하거나 머리가 아프게 하거나 속이 울렁거리게 하거나 아랫배나 허리가 아파서 앉아 있지를 못하게 하면서 자리를 이탈하게 합니다. 더 심하면 목을 눌러서 숨을 제대로 쉬지 못하게 합니다.

"귀신이 귀신의 밥(종)이 된(망하게 하고 죽이려는) 사람의 귀에다가 너의 문제는 별 것이 아니다. 너희 병은 별것이 아니다. 교회예배당에 가서 기도하지 않아도 된다. 더 큰 문제는 심각한 질병으로 당장 응급실에 가서 치유하지 않으면 죽을 수가 있는 사람에게 별 것이 아니니까, 병원에 가지 않아도 된다. 담임목사님의 말씀에 따라 교회예배당에 가서 기도하고 안수를 받으려고 하면 교회예배당에 갈필요가 없다. 집에서 혼자 기도해도 해결이 된다."고 악랄하게 속이는 것입니다. 이와 같이 귀신은 자신의 밥(종)이 된 사람을 성령의 역사가 점령하지 못하도록 악착같이 방해하는 것입니다. 이러한 경우 귀신의 방해에 속지말고 성령의 지배와 장악된 가운데 온몸으로 기도해야 합니다. 지속적으로 해서 성령님이 완전하게 지배하시도록 해야 합니다. 분명하게 성령님이 지배하시고 장악하시면 5차원의 초자연적인 상태가 됨으로 귀신은 떠나가야 합니다. 어찌하든지 성령님이 완전하게 지배하실 때까지 인내해야 합니다

속이는 자인 사단은 넌 "내 밥이다." 하고 덤비지만 우리는

담대히 고백할 수 있습니다. "나는 예수님께서 피 값으로 사신 바 되었다. 나는 너와 상관없다. 그리고 너를 제압할 권세가 이미 나에게 주어졌다. 예수님의 이름으로 명령한다. 나에게서 떠나갈지어다." 이렇게 선포기도를 하여 하나님의 권세를 사용하여 이 땅에 하나님의 나라를 만들어야 합니다.

1. 바르지 못한 선포기도.

선포기도는 반드시 성령으로 세례를 받고 자신 안에 계신 예수님으로부터 성령의 불이 나오며 성령의 충만을 받아 성령의 지배와 인도를 받는 영적 상태가 된 성도가 할 수가 있습니다. 기도를 성령의 지배 가운데 바르게 해야 합니다. 선포기도는 직설화법을 이용하여 권세를 선포해야 합니다. 고로 "예수님 두렵지 않게 해주세요…. 예수님 귀신을 쫓아 주세요…." 이런 식의 기도는 약한 기도로 효과가 없습니다. 이것은 예수님에게 물어보지도 않고 자기 마음대로 일을 다 저질러 놓고 안 되니까, "예수님! 제 문제 좀 해결하여 주세요." 라고 기도하는 것과 같습니다.

예수님은 응답하십니다. "나는 모른다. 자네가 조치하라!" 즉 우리가 해야 할 일과 주님이 하실 일이 있는데 귀신과 싸우는 것은 우리가 할 일입니다. 예수님께서 십자가에 돌아가심으로 귀신을 제압할 권세를 우리에게 주셨습니다. "믿는 자들에게는 이런 표적이 따르리니 곧 그들이 내 이름으로 귀신을 쫓아내며

새 방언을 말하며."(막16:17)

이미 우리는 그 권세를 받았으므로 감사함으로 쓰기만하면 됩니다. 그러나 반드시 예수로 죽고 예수로 살고 성령으로 세례 받고 성령으로 지배를 받아야 합니다. 자신이 죽어 없어져야 성령께서 주인으로 역사하신다는 말입니다. 따라서 "두려움의 영은 예수님의 이름으로 명하노니 결박을 받고 떠나갈 지어다!!" 하고 기도를 하는 편이 훨씬 효과적인 기도입니다.

2. 선포기도 방법.

악한 영은 성령으로 장악이 되어 초자연적인 5차원이 되면 떠나가는 것입니다. 앞에서도 설명 했지만 무조건 떠나라고 한다고 떠나는 것이 아닙니다. 오히려 더 악랄하게 덤빌지도 모릅니다. 고로 육신적인 것이 강하여 악한 영으로 강하게 묶인 자는 아무리 떠나가라고 해도 떠나가지 않습니다. 악한 영이 떠나갈 수 있는 영적인 조건이 되지 않았으므로 악한 영이 떠나가지를 않는 것입니다. 그러므로 선포 기도할 때 강하게 묶인 자는 "내가 예수 이름으로 명하노니 저 사람을 통하여 나를 괴롭히는 귀신은 결박을 받을 지어다." 하고 결박을 해야 합니다. 자꾸 결박을 해야 합니다. "예수 이름으로 명하노니 더러운 영은 결박될지어다." 자꾸 예수 이름으로 명령을 하면 귀신이 힘을 일어서 악한 영의 영향을 받는 사람이 몸이 아플 수도 있습니다.

왜냐하면 악한 영이 예수 이름으로 묶여서 마음대로 자기 힘을 발휘하지 못하니 장악하고 있는 사람을 괴롭히기 때문입니다. 이때 예수를 전하여 교회에 데리고 와서 축사하면 됩니다. 그러나 성령으로 장악되어 귀신이 떠나갈 수 있는 영적인 조건이 되었으면 "내가 나사렛 예수 이름으로 명하노니 저 사람을 통하여 나를 괴롭히는 원수 귀신은 떠나갈지어다." 하며 선포기도를 해야 합니다. 문과 문 사이에서 선포기도해도 효과가 있습니다. "저 방에 있는 악한 영에 시달리는 사람에게 역사하는 귀신은 예수 이름으로 명하노니 떠나갈지어다." 자꾸 명령하면 떠나가는 것입니다. 실제로 어느 성도는 싸움을 하는 사람들이 있어서 멀리서 그 사람들을 향하여 "예수 이름으로 싸우게 하는 영은 결박을 받을지어다." 하고 선포 기도하니 싸움을 하지 못하더라고 간증한 성도도 있습니다. 그러므로 예수 이름으로 하는 선포기도는 강한 힘을 발휘하는 것입니다. 중요한 것은 소리만 크게 한다고 악한 귀신이 물러가는 것이 아닙니다. 성령세례를 받고 성령충만하여 성령의 지배와 장악을 받아야 5차원의 초자연적인 권능이 있으므로 권능에 의하여 귀신이 물러가는 것입니다. 씨름선수이던 이만기씨가 큰 소리로 "떠나가라.""떠나가라." 한다고 귀신이 떠나가는 것이 아닙니다. 귀신은 4차원의 초인적인 존재이기 때문에 말로 떠나가라 한다고 절대로 떠나가지 않습니다. 반드시 성령으로 충만한 상태가 되어 5차원의 초자연적이 되어야 선포기도 할 때 귀신이 물러가는 것입니다.

만약에 소리가 커야 귀신이 떠나간다면 목소리가 작은 여성들은 귀신을 쫓아낼 수 있겠습니까? 오히려 성령으로 세례 받고, 온몸기도로 다듬어진 여성의 선포기도에 귀신들이 더 잘 도망갑니다. 성령의 권능으로 귀신이 떠나가는 것입니다. 그러므로 이렇게 하시기를 바랍니다. 성령님의 임재 하에 마음 안 영에서 나오는 소리로 나에게 역사하는 혈기의 영아 떠나가라. 혈기 영아 떠나가라. 이렇게 선포기도를 하라는 것입니다. 우리가 바르게 알아야 할 것은 성령으로 세례를 받고, 성령충만한 영에서 나오는 권능으로 선포기도할 때 귀신이 떠나가는 것입니다.

선포기도의 순서는 이렇습니다. 첫째, 성령의 지배와 임재를 요청합니다. 둘째, 성령의 임재 하에 성령으로 자신을 감찰하며 원인을 찾습니다. 셋째, 원인에 따라 회개하거나 용서합니다. 넷째, 선포합니다. 축귀합니다. 다섯째, 반대 영을 공급합니다. 예를 든다면 불안하다. 반대는 평안의 영을 요청하여 채우라는 것입니다. 여섯째, 지속적으로 성령 충만합니다. 온몸기도로 성령충만을 유지해야 합니다.

3.효과적인 선포기도의 방법

선포기도를 하여 문제를 해결하려면 성령의 임재와 지배가 중요합니다. 귀신을 선포하여 몰아내야 합니다. 귀신을 선포하여 몰아내려면 성령의 권능을 힘입어야 합니다. 성령의 권능을 힘입으려면 성령으로 세례를 받아야 합니다. 성령으로 세례를 받은 후에 상처와 자아와 혈통의 영육의 문제를 치유 받으면 영의 통로가 열립니다. 영의 통로가 열리면 온몸에서 성령의 권능이 나옵니다. 심령에서 나오는 성령의 권능을 가지고 선포해야 악령들이 떠나가는 것입니다.

이렇게 성령의 권능을 힘입고 선포기도를 하면 성령의 권능으로 흑암은 광명으로 환란과 풍파는 평안으로 바뀌고 마는 것입니다. 하나님은 우리가 성령의 권세를 사용할 때 우리의 문제를 해결하여 주십니다. 그래서 성도가 밝히 알고 행해야 할 것은 하나님의 권세를 사용하는 비결입니다. 이 책을 통하여 하나님이 주신 권세를 사용하는 비결을 터득하여 권세있는 삶을 살아가며 하나님에게 쓰임을 받기를 바랍니다. 하나님의 권세를 가지고 선포하여 날마다 기적을 체험하시기를 바랍니다.

4. 선포기도 일반적인 순서

1) 성령의 임재와 지배를 요청합니다. 성령의 초자연적인 5차원의 권능으로 귀신이 물러가는 것이기 때문입니다.

2) 영적상황을 살핍니다. 악한 영의 활동 증상을 지각하거나 감지하는 것입니다. 혈기-분노-환경-물질-믿음생활방해 등등 비정상적인 일들. 영상기도를 하면서 자신과 주변의 상황을 그림으로 그립니다. 한 단계 깊은 영의 차원에서 진단하라는 말입니다. 성령의 지배가운데 자신을 감찰하며 진단해야 합니다.

3) 예수 이름으로 악한 영의 활동에 선포 기도합니다. 마음이 강퍅하고 혈기가 강하다면. "내가 나사렛 예수 이름으로 명하

노니 ○○○은 결박될 지어다. 결박을 받을 지어다." 성령의 임재가 되었다. "내가 나사렛 예수 이름으로 명하노니 ○○○은 나에게서 떠나가라."

4) 떠나간 자리에 성령의 능력과 ○○○으로 채워질지어다. 반대 영을 공급하는 것입니다. 예를 들면 혈기가 심하다면, 혈기는 떠나고 평안하고 온유한 영이 임할 지어다.

5) 떠나간 마귀는 항상 다시 찾아오기 위하여 취약상황을 노립니다. "더러운 귀신이 사람에게서 나갔을 때에 물 없는 곳으로 다니며 쉬기를 구하되 쉴 곳을 얻지 못하고, 이에 이르되 내가 나온 내 집으로 돌아가리라 하고 와 보니 그 집이 비고 청소되고 수리되었거늘, 이에 가서 저보다 더 악한 귀신 일곱을 데리고 들어가서 거하니 그 사람의 나중 형편이 전보다 더욱 심하게 되느니라 이 악한 세대가 또한 이렇게 되리라."(마12:43-45). 그래서 떠나보낸 다음에 관리가 아주 중요합니다.

5. 선포기도간 체험한 사례

필자가 시화에서 목회할 때에 우울증 환자를 약 3시간 동안 성령으로 축사를 했습니다. 그리고 나서 교회를 둘러보니 순간 환상이 보이는데 여기저기 구렁이들이 돌아다니고 있었습니다. 그래서 성령님 역사하여 주시옵소서. 충만한교회 성전을 사로잡으소서. 성령이여 임하소서. 성령이여 우리 교회를 사로잡으소서. "내가 예수 이름으로 명하노니 더러운 영들은 떠나갈지어다. 내가 예수 이름으로 명하노니 더러운 영들은 물러갈지어다. 예수님의 발 앞으로 물러갈지어다." 그렇게 선포기도를 하고 보니까, 구렁이가 한 마리도 없었습니다. 예수 이름 앞에 악귀는 물러가는 것입니다.

필자가 몇 년 전 새벽에 기도를 하는데 비몽사몽간에 보니까, 얼굴이 흉측하게 생긴 악귀가 흐흐흐 하면서 달려드는 것입니다. 그래서 "내가 예수 이름으로 명하노니 떠나가라. 했더니 물러가는 것입니다. 조금 있다가 다시 저에게 공격을 합니다. 그래 내가 예수 이름으로 명하노니 떠나가라." 했더니 물러가는 것입니다. 이렇게 한 서너 번을 한 다음에 다시는 공격하지를 않았습니다. 그리고 어느날 새벽에 기도를 하다가 비몽사몽간이 되었는데 얼굴이 일그러진 두 놈이 나에게 다가 오더니 야! 강목사 자네가 그렇게 병을 잘 고친다면서 어디 나도 고쳐봐라. 그러면서 달려드는 것입니다. 그래서 내가 머리에 손을 얹고 "내가 예수 이름으로 명하노니 물러갈 지어다." 하고 기도를 했더니 물러가는 것입니다. 만약에 내가 이때 두려워서 예수 이름을 사용하지 않았다면 영락없이 이것들에게 당했을 것입니다. 악한 영들은 이렇게 시기각각으로 영적인 사역을 하는 사역자에게 나타나 두려움을 주어서 사역을 못하게 하려고 달려드는 것입니다. 그러나 우리가 성령으로 세례를 받고 성령으로 충만하여 성령의 지배를 받으면 예수님이 주신 권세가 있습니다. 담대하게 예수 이름으로 명령하면 악귀는 물러가는 것입니다.

24장 성령 감동받으며 권능을 강화

(삼상 3:9-10)"엘리가 사무엘에게 이르되 가서 누웠다가 그가 너를 부르시거든 네가 말하기를 여호와여 말씀하옵소서 주의 종이 듣겠나이다 하라 하니 이에 사무엘이 가서 자기 처소에 누우니라. 여호와께서 임하여 서서 전과 같이 사무엘아 사무엘아 부르시는지라 사무엘이 이르되 말씀하옵소서 주의 종이 듣겠나이다 하니"

성령으로 온몸 기도를 하면 마음의 상처와 스트레스가 정화되고 하늘나라 하나님의 성전이 됨으로 성령의 감동을 받으면서 살아갈 수가 있습니다. 그렇기 때문에 성령으로 기도의 사람은 어떤 어려움이 닥쳐와도 두려워하지 않습니다. 기도의 사람은 문제를 보고 낙담하지 않습니다. 문제 뒤에서 역사하시는 하나님을 바라보기 때문입니다. 많은 성도들이 기도하면서도 정작 기도의 사람이 되지 못하는 이유는 구하는 기도만 했기 때문입니다. 구하는 기도 후에 성령님의 감동을 받는 기도를 해야 합니다. 성령님의 감동을 받게 되면 용기를 얻습니다. 내가 기도했던 목적과 뜻을 응답받지 못했다 하더라도 실망하지 않을 것입니다. 하나님의 뜻을 알았고 음성을 들었기 때문입니다.

성령은 하나님의 비밀한 것을 사람에게 알려줍니다. 하나님이 누구를 도우시는지를 알려 줍니다. 고린도전서 2장 10-11

절, "오직 하나님이 성령으로 이것을 우리에게 보이셨으니 성령은 모든 것 곧 하나님의 깊은 것까지도 통달하시느니라. 사람의 일을 사람의 속에 있는 영 외에 누가 알리요 이와 같이 하나님의 일도 하나님의 영 외에는 아무도 알지 못하느니라." 우리는 반드시 성령의 감동을 받아 하나님이 돕는 자가 누구인지를 알아야 합니다. 다 믿고 존경받는 분들인데 서로 하나님의 뜻을 놓고 대립할 때 하나님이 누구를 돕는지를 알아야 합니다.

이를 위해 우리는 정과 욕심을 십자가에 못 박고 오직 성령의 충만함을 받기를 힘써야 합니다. 평상시에 성령의 인도함을 받는 자로 살아가야 합니다. 이것이 쉬운 일이 아니고 하나님의 은혜 입은 자만이 누리는 특권입니다. 성령의 감동을 받으면서 살아가야 영력과 면역력이 강한 성도가 됩니다.

1. 기도의 출발은 성령님의 감동을 받는 것이다.

사무엘을 통해 우리는 기도의 중요한 교훈을 하나 배우게 됩니다. 그것은 기도의 출발이 바로 듣는 것에서 시작된다는 것입니다. 사무엘의 기도는 말하는 것이 아니라 듣는 것에서 시작하고 있습니다. 사무엘이 뭘 해달라고, 갈구하며 '주시옵소서'하고 기도했습니까? 그렇지 않습니다. 기도의 사람 사무엘은 어려서부터 듣는 기도를 통해 기도를 시작했습니다.

반면 우리가 기도하는 모습은 어떻습니까. 우리는 기도를 통해 하나님과 대화를 나누고 있다는 생각이 드는 것이 아니라,

독백에 가까운 기도를 하고 있지는 않은지 모르겠습니다. 아니 갈구하는 기도가 전부라고 해도 과언이 아닐 것입니다. 기도란 하나님과의 대화라는 말을 수 없이 들었습니다. 대화란 말하고 듣는 것을 통해 이루어집니다. 말하는 기도와 듣는 기도를 통해 대화가 이루어진다는 것입니다. 내가 이야기할 때에 하나님은 들으시고, 하나님이 말씀하시면 내가 듣는 대화입니다. 그런데 그런 대화에서 누가 말을 많이 하는 것이 좋을까요.

하나님입니까? 우리 입니까? 하나님이 되셔야 합니다. 그래서 좋은 기도는 내가 더 많이 말을 하는 기도가 아니라, 하나님께서 나에게 더 많이 말씀하시는 기도가 더욱더 이상적인 기도입니다.

그런데 우리는 일반적으로 기도를 잘한다고 하면, 따발총처럼 쉬지 않고 해대고, 더듬거리지 않고, 떨지 않고, 유창하게 기도하는 사람을 떠올립니다. 허스키한 목소리로, 시옷받침을 강하게 하고, 때로는 방언도 섞어가면서 큰소리로 기도하는 사람을 보면 주눅이 들고 '저 사람 기도 잘하고 많이 한다.'고 생각합니다. 정말 그럴까요? 하나님과 이런 대화가 이루어진다고 상상해보시기 바랍니다.

한 성도가 자신의 어려운 문제를 하나님께 털어 놓았습니다. 그러자 하나님이 말씀하십니다. "근데 말이다. 그 문제에 대한 내 생각은…" 하나님이 말씀하시려고 하는데, 갑자기 이 성도에게서 이런 기도가 쏟아져 나옵니다.

"어제나 오늘이나 동일하신 아버지 하나님, 할렐루야, 믿습니다. 주~시옵소서." 그러니까 하나님이 다시 말씀하십니다. "아니, 내 말은 그게 말이다…" 이 성도는 자기의 하는 말에 바빠서 하나님의 대답을 듣지 못하고 또 구합니다. "오직 능력을 주시옵소서. 자녀들 이렇게 해주옵소서. 사업 성공하게 해 주실 줄 믿습니다. 할 수 있다 하신 이는 나의 능력이신 주 하나님"

그래도 하나님이 또 말씀하십니다. "그래, 알았어. 그 문제는 말이다. 그거 이렇게 한 번 해볼래, 먼저 말이다" "먼저 그 나라와 의를 구하라. 그리하면 이 모든 것을 너에게 주시리라." 그러니까 하나님의 말씀을 듣지 못하고 또 이렇게 동문서답을 합니다. "만사형통하게 하옵소서." 물론 좀 과장된 표현이지만 자기의 형편과 간구를 하나님께 아뢴 다음에 하나님으로부터 '들음의 기다림'이 없이 그냥 일어나 집으로 돌아가는 우리의 기도가 바로 이런 모습이 아닐까요.

저는 이런 기도를 해대는 기도, 해재끼는 기도라고 합니다. 온몸 기도하며 영의 상태에 들어가서 조용하게 듣는 기도를 하시기를 소원합니다. 반드시 성령님이 온몸을 지배하신 다음에 감동을 듣는 기도를 해야 합니다. 감동을 받는 일에만 집중하면 귀신이 속이기도 합니다. 숨을 코로 아랫배까지 들이쉬고 내쉬면서 여유 있게 한마디 기도하고 성령님의 감동이나 하나님의 음성을 듣고, 한마디 기도하고 하나님의 음성을 듣고 하는 예수님의 겟세마네 기도와 같은 기도를 하시기를 바랍니다. 성령의 감동을 받는 일에만 관심을 집중하면 마귀가 속이고 미혹할 수도 있습니다. 지속적으로 성령의 이끌림을 받으면서 오래 기도하면 꼭 필요할 때 성령께서 감동으로 역사하십니다. 너무 감동받는데 치중하면 안 됩니다. 온몸으로 기도하는데 치중해야 합니다. 온몸기도를 지속적으로 오래하는 습관을 들여야 합니다.

2. 성령님의 말씀을 듣는 것이 기도이다.

그렇다면 우리는 어떻게 듣는 기도를 경험할 수 있을까요? 듣는 기도를 하기 위해서 우리는 기도원이나 한적한 곳에서 아무 말도 하지 않고 참선이나 명상을 해야 합니까? 오늘 부터 기도할 때 말하지 말고 침묵으로 기도해야 하는 겁니까? 그렇지 않습니다. 진리는 항상 가까운 곳에 있습니다. 현실 속에 있습니다. 우리는 평범한 현실 속에서 듣는 기도를 실천할 수 있습니다. 흔히 우리는 착각하기를, 하나님은 위대한 믿음의 사람들에게만 성령님께서 감동으로 역사하신다고 생각하기 쉽습니다. 아브라함처럼, 모세처럼, 오늘 사무엘처럼, 그런 사람에게는 특별하게 하나님의 음성을 듣는 방법이 있는 것처럼 생각합니다.

그러나 우리의 삶속에서 듣는 기도는 바로 주님의 말씀을 듣는 것입니다. 하나님의 음성은 말씀을 통하여 들려집니다. 따로 신비한 목소리를 듣는 것이 아니라 말씀을 읽고 듣고 묵상하면서 감동받고 듣는 것입니다. 설교를 들을 때, 말씀을 읽고 묵상하고 공부할 때, 기도할 때, 하나님은 우리에게 말씀하십니다.

일반 생활가운데 듣는 기도가 자연스럽게 이루어는 것입니다.

그렇다고 제가 말하는 기도나 부르짖는 기도를 부인하는 것은 결코 아닙니다. 저도 그런 기도를 하면서 믿음 생활을 해왔고, 그런 방법으로 기도하기를 좋아합니다. 그러나 말씀과 기도는 따로 떼어 놓는 것이 아니라는 겁니다. 항상 함께 일어난다는 것입니다. 말씀과 기도를 분리해서 생각하려니까 기도가 힘들어집니다. 예배시간에 말씀 잘 듣고 예배드린 사람은 혼자말로 한 시간 따로 기도한 사람보다 낫습니다. 그래서 기도생활에 있어서도 예배가 얼마나 중요한지 모릅니다.

예배시간에는 은혜 받지 못하는데 혼자 기도할 때는 은혜 받는 사람은 이상한 기도를 하는 사람입니다. 예배 시간에 말씀을 듣는 중에도 성령님의 감동하심을 들을 수 있는 성도들이 되기를 바랍니다. 그리고 일상생활 중에도 항상 성령의 임재 하에 하나님의 음성을 들으려는 습관을 갖으시기를 소원합니다.

3.성령님의 지배에 들어가라.

성령님의 감동을 받는 기도를 위해 성령의 도우심에 의한 온몸 기도와 찬양을 통해 성령님의 임재와 지배에 들어가야 합니다. 묵상 침묵 등의 방법으로 자신 안에 하나님께 집중이 된 다음에 통성기도, 마음의 기도, 영의 기도나 회개, 찬양, 기쁨의 노래를 부른 후, 조용히 성령의 깊은 임재 안으로 들어가세요. 온몸이 성령님의 임재에 들어가면 기도 소리가 커지는 경우가 있습니다. 이때 자신의 현상은 성령 충만하여 기도가 쉽습니다. 감정이 전면에 부각되고 하나님의 뜨거운 사랑에 푹 젖어, 성령님이 지배한 외적 침묵, 내적 침묵이 된 후에 하나님의 음성을 기다립니다. 그리고 난 후 주님 내가 듣겠사오니 말씀해주옵소서라는 자세로 성령님의 감동하심에 마음을 집중하시기를 바랍니다. 성령님의 감동하심은 내가 원하는 시간과 장소에서만 들리는 것이 아닙니다. 뜻밖의 시간과 장소에서 들리는 경우도 많으므로 항상 들을 귀를 열어두고 예비하는 것이 좋습니다.

4. 항상 새 마음 훈련을 철저히 하라.

1) 마음 판이 성령의 지배로 깨끗하게 되어 있을 때 우리의 마음은 성령의 운행에 민감해집니다. 마음 판이 깨끗해지는 것은 말씀의 묵상과 성령의 임재와 지배에 들어가는 것입니다.

2) 전화, 사람 등 방해받지 않는 조용한 곳을 택하세요.

3) 초기에는 필기도구를 준비하여 기록하는 것이 좋습니다.

4) 처음에는 질문을 해보세요.

-주님, 저를 어떻게 생각하십니까? 주님! 저의 건강에 문제를 알려주세요. 저의 사업을 사업의 방향을 알려주세요.

-주님! 지금 제가 하는 성령 사역을 어떻게 생각하십니까? 주님! 제가 지금 하고 있는 사업을 더 잘하려면 어떻게 해야 합니까? 깨닫게 하여 주시옵소서.

-주님! 주님 이 성도의 문제가 무엇입니까? 어떻게 치유해야

합니까? 무엇을 고쳐야 합니까?

-주님! 저의 부족한 부분이 무엇입니까? 제가 무엇을 고쳐야 하겠습니까?

-주님, 저의 성격이 왜 고쳐지지 않습니까? 왜 저는 혈기와 분노가 심합니까? 근본 원인을 알게 해주세요.

"문지기는 그를 위하여 문을 열고 양은 그의 음성을 듣나니 그가 자기 양의 이름을 각각 불러 인도하여 내느니라."(요 10:3) "귀 있는 자는 성령이 교회들에게 하시는 말씀을 들을지어다. 이기는 그에게는 내가 하나님의 낙원에 있는 생명나무의 열매를 주어 먹게 하리라."(계 2:7). 성령이 교회들에게란 벽돌로 지어진 교회가 아니고 성전된 자신을 말하는 것입니다.

5.성령으로 충만한 영적인 상태가 되어라.

1) 성령님이 자신의 전인격을 지배와 임재 하에 육체와 정신이 영의 지배를 받을 때 하나님의 음성이 들립니다.

2) 사물에 대한 관심에서 영이신 하나님으로 옮겨 질 때 하나님의 음성이 들립니다.

3) 중심의 생각이 이성에서 마음으로 옮겨 질 때 하나님의 음성이 들립니다.

4) 성령으로 충만한 상태, 주님의 살아계심 자신의 주인으로 현존을 느낄 때 하나님의 음성이 들립니다.

5) 무엇을 하려는 의지, 무엇인가를 생각하는 지성, 고조되거

나 깊이 실추한 감정의 상태에서는 하나님의 음성이 들리지 않습니다. 왜냐하면 하나님은 영이시기 때문에 우리가 영적인 상태가 되었을 때만 하나님의 음성을 들을 수가 있습니다.

예를 든다면: ①사무엘이 잠들었을 때 하나님의 음성이 들렸지요. ②엘리사는 감정이 격하여져서 예언을 듣지 못하자 거문고를 타게 한 후에 감정을 가라앉힌 후에 말씀이 임합니다. ③엘리야는 폭풍, 지진, 불 가운데에서도 하나님의 음성이 들리지 않았고 모든 것이 지나간 후에 잠잠하여 졌을 때 말씀이 임했고요. ④이사야는 성전에서 깊은 묵상을 할 때 하나님의 음성이 임하였습니다. 고로 우리가 성령안에서 온몸 기도를 하여 하나님과 같은 영적인 상태가 되었을 때 영이신 하나님으로부터 하나님의 음성이 들리는 것입니다.

6.성령의 감동은 신앙생활과 사역을 할 때 성령의 검이 된다.

1) 성령의 은사인 지식의 말씀으로 문제를 해결하게 됩니다.

2) 신유 사역에서 강력한 신유능력으로 나타납니다.

3) 중보기도와 사역 시는 응답, 예언의 음성으로 들립니다.

4) 귀신으로부터 구원 사역에서 지식의 말씀으로 역사하십니다. 현실문제를 풀수있는 지혜의 말씀으로 역사하십니다.

5) 설교 때 청중들에게 주시는 하나님의 위로와 치유와 예언의 말씀으로 역사하십니다.

6) 말씀의 가르침의 사역 시 권세와 능력으로 역사 합니다.

7) 상담 사역할 때 문제의 원인과 해결책을 알게 합니다.

8) 개인 사업 시 사업의 결정, 고용, 동업, 확장, 이전시기 등을 알려주십니다.

9) 경제 문제: 요셉의 경우(애굽의 5년 풍년, 5년 흉년), 사업의 확장시기, 부동산 매입 시기 등도 알려주십니다. 자신이 하는 모든 일이 하나님의 일이기 때문입니다. 그러므로 우리는 항상 하나님에게 집중하여 그분의 음성을 들어야 합니다.

7. 성령의 감동을 받는 기본적인 원리.

1) 성도의 모든 일은 하나님의 일입니다. 고로 성도가 하는 모든 일에는 하나님의 뜻, 지식의 말씀과 지혜의 말씀이 있다고 믿음을 가져야 합니다. 자신 안에 주인으로 계시는 살아계신 하나님에게 물어보는 습관을 들이시기를 바랍니다.

2) 온몸 기도를 하여 성령의 깊은 임재 가운데로 들어갑니다.

3) 하나님에게 질문을 해야 합니다. 하나님에게 물어보아야 합니다. (창15:8)"그가 가로되 주 여호와여 내가 이 땅으로 업을 삼을 줄을 무엇으로 알리이까?"

4) 하나님의 말씀하실 것을 기대해야 합니다. (암3:7)"주 여호와께서는 자기의 비밀을 그 종 선지자들에게 보이지 아니하시고는 결코 행하심이 없으시리라"

5) 하나님께서 자신에게 들려준 것에 대하여 필요한 조치와 응답을 해야 합니다. 하나님이 모세에게 이렇게 지시합니다(출

14:15-16). 하나님의 말씀대로 모세가 순종하니 홍해가 갈라지는 역사가 일어납니다(출14:21-28).

6) 눈으로 보이는 환경에 나타나는 보증의 역사가 나타나야 합니다. 하나님은 말씀 만하시는 하나님이 아니시고 말씀하시고 행하시고 이루시는 하나님 이십니다(출14:21-22). 그러나 당장 눈으로 보이는 역사가 나타나지 않았다고 응답이 아니라고 속단하면 안 됩니다. 점진적으로 일어나는 경우도 있습니다. 속단은 금물입니다. 어떤 때는 인내하고 기다려야 할 때도 있습니다. 하나님은 하나님이 필요한 시기에 응답을 하실 것입니다.

7) 말씀을 주신 하나님께 감사하고, 늘 하나님께 지혜의 말씀을 들려 달라고 간구하고 인격적인 관계를 유지해야 합니다.

성도는 하나님의 음성을 들어야 삽니다. 하나님은 살아서 역사하시는 분이시기 때문에 생명의 말씀, 레마를 들어야 합니다. 하나님의 음성을 들으려면 성령으로 충만한 하나님과 같은 영의 상태가 되어야 합니다. 하나님이 영이시기 때문입니다. 절대로 육의 상태로서는 하나님의 음성을 들을 수가 없습니다.

제일 중요한 것이 영의 상태가 되는 것입니다. 영의 상태가 되려면 성령 안에서 온몸기도를 해야 합니다. 기도해야 성령으로 충만해지기 때문입니다. 음성을 들으려면 성령으로 충만한 상태에서 자신 안에 계신 하나님에게 집중해야 합니다. 절대로 하나님의 음성은 산란한 가운데 들리지 않습니다. 잠잠하게 안정한 심령으로 영의 상태에서 하나님의 음성이 들리는 것입니다.

25장 온몸기도로 강한 영성과 권능을 강화

(시131편)"여호와여 내 마음이 교만치 아니하고 내 눈이 높지 아니하오며 내가 큰일과 미치지 못할 기이한 일을 힘쓰지 아니하나이다. 실로 내가 내 심령으로 고요하고 평온케 하기를 젖 뗀 아이가 그 어미 품에 있음 같게 하였나니 내 중심이 젖 뗀 아이와 같도다. 이스라엘아 지금부터 영원까지 여호와를 바랄지어다."

코로나19를 이기고 권능있는 성도가 되는 길은 영성이 강한 크리스천이 되는 것입니다. 영성이란 아담이 에덴동산에서 죄를 범하기 전에 하나님과 거닐면서 대화하던 상태로 돌아가는 것을 말하는 것입니다. 아담이 죄를 범하기 전 하나님과 거닐면서 대면하며 대화하던 영성 깊은 성도가 되어, 코로나19 속에서도 매일 하나님의 나라를 체험하며 살아가려는 의지가 중요합니다. 마음 안에서 성령의 능력이 분출되어야 가능한 것입니다. 하나님은 예수를 믿고 성령으로 거듭난 성도들이 하나님과 대면하는 영성을 소유하기를 원하십니다. 하나님을 볼 수 있는 영의 눈이 열리기를 소원하십니다. 하나님은 모세를 이렇게 표현하십니다. "이 사람 모세는 온유함이 지면의 모든 사람보다 더하더라"(민12:3). 온유는 하나님의 성품을 말하는 것입니다.

모세는 세상의 어떤 사람과 비교할 수 없을 정도로 하나님을 닮았다는 것입니다. 다시 이렇게 말씀을 하십니다. "여호와께서 구름 기둥 가운데로부터 강림하사 장막 문에 서시고 아론과 미리암을 부르시는지라. 그 두 사람이 나아가매, 이르시되 내 말을 들으라. 너희 중에 선지자가 있으면 나 여호와가 환상으로 나를 그에게 알리기도 하고 꿈으로 그와 말하기도 하거니와 그(모세)와는 내가 대면하여 명백히 말하고 은밀한 말로 하지 아니하며, 그는 또 여호와의 형상을 보거늘 너희가 어찌하여 내 종 모세 비방하기를 두려워하지 아니하느냐"(민12:5-8). 모세는 하나님을 대면하며 대화할 수 있는 영성을 가지고 있다는 것입니다. 모세는 홀로 있는 시간을 많이 가지면서 하나님을 찾고 찾아서 하나님을 온전하게 닮았다는 것입니다. 모세는 하나님의 얼굴을 구하여 하나님을 대면하는 삶을 사는 사람입니다.

성령으로 온몸 기도를 하려고 하시기를 바랍니다. 기도를 하면 할수록 평안하고, 치유가 되고, 하나님의 나라 성전이 되고, 하나님의 뜻을 깨달아 행하면서, 주님의 형상을 닮아야합니다. 부르짖기만 한다고 기도가 되는 것이 아닙니다. 기도가 깊어져서 자신이 변화되는 기도를 해야 합니다. 모세와 같은 하나님을 대면하는 영성이 되어야 합니다.

1.온몸 기도의 궁극적인 목적

온몸 기도의 궁극적인 목적은 하나님의 성품인 온유함이 나에게서 나타나는 것입니다. 이것이 신앙이고 기도입니다. 이것이 천국입니다. 그분의 이상, 뜻, 목적이 나의 것이 되는 것입니다. 영적인 사람들은 늘 하나님의 뜻을 받고, 하나님의 말씀을 받습니다. 교회사에서 큰일을 한 사람들은 모두 영적인 기도를 한 사람들입니다. "그러면 어떻게 할 꼬 내가 영으로 기도하고 또 마음으로 기도하며 내가 영으로 찬미하고 또 마음으로 찬미하리라"(고전14:15)

이들은 하나님의 지혜를 마음 속에서 자꾸 캐어 올린 사람들입니다. 이들은 성령안에서 온몸 기도를 통하여 하나님의 나라 안으로 들어갔습니다. 지금은 육신을 입고 있으므로 완전한 연합은 불가능하나, 그래도 영적 연합은 가능합니다. 이것이 구원 받음이고, 지금 살아서 천국의 시민이 됩니다. 이것이 있어야 합니다. 이것이 온몸기도의 목적이고, 신앙의 목적입니다.

하나님과 하나 됨이란 하나님의 목적, 뜻, 가치관, 철학이 내 것이 되는 것입니다. 하나님의 자녀는 하나님을 모든 면에서 닮는 것입니다. 일치하는 것입니다. 하나님과의 간격을 좁히는 것입니다. 우리의 생각은 너무 현실적, 물질적, 저차원적입니다. 우리의 수준을 높여야 합니다. 이것이 온몸기도의 목적입니다. 하나님을 닮아 겸손하고, 희생적이고, 다른 사람을 위하여 희생하는 이타적인 마음이 되려는 것이 기도의 목적입니다. 하나님을 닮는 것은 성품의 변화를 의미합니다. 성품을 변화시켜야 합니다. 하나님은 우리를 구원하시고 변화시키기를 원하십니다. 그러므로 기도는 성품의 변화로 열매가 나타나야 합니다. "내가 영으로 기도하고 또 마음으로 기도하며 내가 영으로 찬미하고 또 마음으로 찬미하리라"(고전14:15)

생각과 마음은 연결됩니다. 영과 마음도 연결됩니다. 마음과 생각의 연결은 긴밀하나, 영과 마음의 연결은 둔합니다. 훈련이 되어 있지 않기 때문입니다. 훈련을 통하여 영으로 기도하고 영으로 찬미하는 것이 온몸 기도, 깊은 찬미입니다. 온몸으로 하는 기도 성령의 인도를 받는 영의 기도로 우리는 영이신 하나님과 일치될 수 있습니다. 그러므로 은사 중 가장 귀한 은사가 바로 성령으로 온몸 기도하는 것입니다.

다른 모든 은사는 인간끼리 하는 것이며, 이 모든 것은 그치는 날이 옵니다. 그러나 성령으로 기도하는 은사는 천국에서 오히려 더 빛을 발하게 됩니다. 다른 은사로는 사람이 변하지 않지만, 성령으로 기도하는 은사로 사람이 변합니다. 온몸으로 하는 깊은 기도는 모든 은사의 근원이며, 사람을 변화시키는 귀한 은사입니다. 성령의 이끌림을 받는 깊은 기도로 성령님의 메시지를 받고, 다른 사람을 위해 기도해주어야 합니다. "밤마다 내 심장(영혼)이 나를 교훈하도다"(시16:7)

이러한 표현은 온몸 기도를 하지 않으면 불가능한 표현입니다. 그러나 이 표현은 너무 사실적이고 확실한 표현입니다. 즉 다윗이 그렇게나 하나님을 사랑할 수 있었던 이유는 그가 성령 안에서 온몸 기도를 하였기 때문입니다. 다윗과 다른 사람의 차이는 그가 온몸 기도를 통하여 하나님을 사랑하였다는 것입니다. 밤마다 하나님을 통해서 교훈을 받고 연합하는 체험을 하였던 것입니다. 이것이 다윗의 영적 비밀이었고, 골리앗을 쓰러뜨릴 수 있었던 다윗의 영적 무기였습니다. 이것이 바로 다윗이 하나님의 마음에 합할 수 있었던 비결이었습니다.

다윗처럼 잠자는 시간을 온몸으로 기도하는 시간, 하나님과의 교제의 시간으로 활용하시기를 바랍니다. 이 얼마나 시간을 유용하게 쓰는 것인가! 얼마나 다른 사람보다 장수하고 있는가! 세상을 이기는 자가 되는 것은 시간문제입니다. 요동하지 않는 사람이 되는 것도 시간문제입니다. 밤마다 온몸으로 성령의 지배 가운데 기도를 함으로 우리도 그렇게 할 수 있습니다.

하나님과 만나는 밤이 기다려지는 사람이 되어야 합니다. 딱딱한 마루지만 양털같이 포근한 상태에서 천장이 열리고 하늘이 열리고 하나님과 대면하고 대화하는 상태가 되게 하시기를 바랍니다. 밤새도록 하나님에게 사랑을 고백하고 사랑을 받으며, 하나님의 지혜를 받아보시기를 바랍니다. 이를 위해서는 시간이 걸립니다. 참고 인내하며 훈련을 지속하여 숙달해 보시기를 바랍니다. "나의 영혼이 주를 우러러 보나이다" (시25:1). 성령으로 충만한 영적 상태에서 실제적으로 하나님을 우러러 보는 것입니다. 그렇게 되도록 훈련하세요. "하나님이여 사슴이 시냇물을 찾기에 갈급함 같이 내 영혼이 주를 찾기에 갈급하니이다."(시42:1)

사모하는 자를 하나님은 반드시 만나주십니다. 사랑의 고백의 기도를 하며 하나님을 사모하세요. 하나님과 사랑의 관계 속으로 들어가세요. 다윗은 모든 것을 다 가졌지만 늘 하나님을 찾았습니다. 그냥 찾은 것이 아니라, 목이 바짝 마른 사슴이 물을 찾듯 그렇게 찾았습니다. 이런 마음만 있으면 하나님 속으로 쏙 빨려 들어갑니다.

어린아이 같은 순수한 마음을 가지세요. 가난하고 긍휼한 마음을 가지세요. 그러면 하나님의 마음이 떠나지 않습니다. 높은 곳에는 물이 고이지 않지만, 낮은 곳, 하나님을 사모하는 빈 마음에 하나님의 은혜가 쌓이고 고이게 됩니다. 늘 '예수님으로, 주님! 당신으로 채워주세요' 하고 배고픈 아이가 젖을 갈망하듯 그런 마음을 가지기를 사모하시기를 바랍니다.

늘 하나님의 은혜가 함께 할 것입니다. 하나님의 은혜가 임할 조건을 만들어 보시기를 바랍니다. 은혜는 내가 끌어당길 수 없지만, 은혜가 임할 수 있는 조건을 만들면 하나님의 은혜는 임하게 되어 있습니다. 이것을 믿고 조건을 만드는 것이 믿음입니다. 산 믿음입니다. "나의 영혼이 주를 가까이 따르니." (시63:8) 성령으로 충만한 영적 상태에서 내 영혼이 실제로 내 안의 주를 쳐다봅니다. "저가 사모하는 영혼을 만족케 하시며 주린 영혼에게 좋은 것으로 채워주심이로다."(시107:9)

내 영혼이 자신 안에 주인이신 살아계신 하나님을 극진히 사모하는 것입니다. 언제나 내 영혼으로 여호와를 기다리며 사모하라. 마음을 활짝 열고서 하나님을 바라라. 기다리라. 구원받음으로 새 인생을 살게 됨과 같이 내 영혼이 하나님을 만남으로 다시 새 인생이 시작된다는 사실을 알아야 합니다. "오직 여호와를 앙망하는 자는 새 힘을 얻으리니 독수리의 날개 치며 올라감 같을 것이요."(사40:31). 하나님을 사모하는 자입니다. 시편은 이처럼 온몸으로 하는 깊은 기도를 기록한 것입니다. 이런 기도를 자꾸 퍼뜨리세요. 다른 사람에게도 나눠주세요.

2.강한 영성을 유지하는 온몸 기도

온몸기도는 언어, 상상, 감정, 기도제목 등을 최소한으로 줄이거나 없애고 직접 하나님을 직선적으로 체험하는 것입니다. 통성에서 침묵으로, 침묵에서 묵상으로 묵상에서 온몸으로 성령으로 사로잡힌 깊은 기도의 상태로 들어가세요. 깊은 기도는 어떤 의식, 특정한 생각에 잠기는 것이 아니라, 무의식의 상태도 아니고 정신이 없는 멍한 상태도 아니며, 뚜렷한 의식 중에서도 생각-의지-정신의 활동이 아닌 마음의 활동 상태에서 하는 것입니다. 하나님은 영이시기 때문에 하나님과 똑같은 영적 상태가 되어야 하나님께로 가까이 가게 됩니다. 성령충만한 영적 상태에서 하는 기도는 무엇이든지 원하는 대로 주십니다.

이렇게 모든 것을 주시려고 우리로 하여금 성령으로 인도하시며 영적 상태에 들어가게 하시는 것입니다. 온몸기도, 성령의 인도를 받는 영의 기도는 처음에 막연하고, 허무하고, 공백 상태 같고, 시간낭비, 게으름 같은 느낌을 가집니다. 그러나 그렇게 생각하지 말아야 됩니다. 평소에 삶의 대부분을 정신의 활동에 익숙해 왔기 때문에 마음의 활동이 무의미하거나, 이상하게 느껴질 수도 있습니다. 그러나 꾸준히 계속하면 놀라울 정도의 영적 발전을 하게 됩니다. 중요한 것은 불씨를 얼마나 귀하게 간직하고 키우는가 하는 것입니다. 지속적인 훈련이 중요합니다. 절대로 중간에 훈련을 놓치지 말아야 합니다.

온몸으로 하는 깊은 기도는 참으로 신앙생활의 보물이요 금맥입니다. 예수님의 많은 것이 이 온몸으로 하는 깊은 기도를 통해 옵니다. 성령과 교통하는 온몸 기도에서 중요한 것은 깊이 들어가는 것입니다. 마음 안으로 깊이 들어가야 맑은 생수가 나오게 됩니다. 예전에는 조금만 파도 되었으나, 이제는 오염되었으므로 깊이 파야합니다. 깊이 파는 훈련을 게을리 하지 말아야 합니다. 문제는 지속적인 훈련입니다. 얼마나 계속하느냐 입니다. 이것이 바로 믿음입니다. 믿음으로 계속하는 것입니다. 자신 안의 예수님께 도달할 때까지 지속하는 것입니다.

익숙해질 때까지 감각-감정-지성-이성-의지-상상력을 최대한으로 중지한 상태에서 기도하다보면, 자신의 깊은 곳에서 무엇인가 새롭고 신비스러운 능력이 활동하며, 그러는 사이에 자신도 모르는 사이에 내적, 육체적 상처가 치유되며, 고질병이 치유되며, 성품이 새로워지며, 삶의 소망과 기쁨이 넘치며, 하늘나라가 되며, 영성이 발달되며 영감과 지혜가 발달되며, 신앙의 궁극적 목적인 하나님을 뜨겁게 사랑하게 됩니다. 온몸으로 하는 깊은기도는 기도 중에서 가장 높은 단계이며, 하나님을 사랑하는 성도가 이 땅에서 하나님으로부터 받을 수 있는 가장 큰 선물이며 축복입니다. 가장 높은 은사입니다. 가장 아끼는 은사, 내 생명과도 못 바꾸는 것으로 여겨야 합니다.

온몸으로 하는 깊은 기도에 도달한 성도는 하나님을 깊이 이해하는 통찰력과 신뢰심이 커지며, 기도에 대한 흥미와 관심이 더하게 되며, 어떤 시간보다 하나님과 함께 있고 싶어지며, 사랑이 계속 깊어집니다. 성령의 권능과 면역력도 강해지는 것입니다. 온몸으로 하는 깊은 기도를 통하여 하나님을 만나되, 하나님에 대한 지식과 의지로 만나는 것이 아니라, 마음으로 성령으로 사랑을 통한 만남을 체험하게 됩니다. 하나님 나라에 가기 전에 현세에서 가장 하나님과 가깝게 만나는 것입니다. 예수님의 마음인 겸손과 순결한 마음을 소유하게 하십니다. 온몸으로 하는 깊은 기도를 통하여 자신을 다스리는 주체가 자신에게서 주님에게로 옮겨가게 됩니다. 내 자신이 점점 작아지며, 주님이 점점 내 안에서 주인되게 됩니다. 이것이 '내가 주안에'의 의미입니다. 이렇게 되면 성령님에 취해서, 성령님으로부터 권능과 에너지를 공급받아 믿음 생활과 목회를 잘 할 수 있습니다.

이러한 온몸으로 하는 깊은 기도가 모든 것의 기본입니다. 온몸으로 하는 깊은 기도를 통하여 성령의 권능이 나타나고 내외적 치유가 되고, 삶이 행복하고 재미있게 됩니다. 온몸으로 하는 깊은 기도를 하면 특별한 내적 치유가 필요 없게 됩니다. 은사가 흘러나오고, 성령의 기름부음이 임하게 됩니다. 물질까지도 풍성하게 됩니다. 삶의 에너지가 흘러넘치게 되는 것입니다.

삶의 풍성함이 바로 온몸으로 하는 깊은 기도에서 흘러나오게 됩니다. 영성-지혜-물질-건강-환경 모든 면에서 풍성하게 됩니다. 자연스럽게 마음의 상처와 갖가지 질병이 치유되고 면역력이 강화되는 것입니다. 순교까지도 이해하게 됩니다. 예수의 마음을 가지게 됩니다. 성품까지도 바뀌게 됩니다. 쓴 뿌리를 뽑아내고, 썩은 물을 쏟아내게 됩니다. 온몸으로 하는 깊은 기도로 깊이, 밑으로, 안으로 파 들어가 보시기 바랍니다. 파 내려가면 평강과 기쁨과 자유 함과 새로운 삶의 의미, 삶의 가

치관이 자신 안에서 솟아오릅니다.

　삶을 새롭게 시작할 수 있다는 것은 얼마나 큰 축복인가요! 온몸으로 하는 깊은 기도는 열매 맺는 신앙생활의 필수입니다. 열매 맺는 성품으로 변화시켜 주는 것은 온몸으로 하는 깊은 기도입니다. 예수 닮기 위한 필수 조건이 바로 온몸으로 하는 깊은 기도입니다. 사람이 노력하고 노력해도 안 되던 것을 할 수 있게 해주는 하나님의 은혜가 온몸으로 하는 깊은 기도로 나옵니다. 주님이 오셨을 때, 얼마나 많은 사람이 그분을 놓쳤는가요! 성령으로 하는 깊은 기도라는 하나님의 은총이 왔는데, 지금도 얼마나 많은 사람이 이를 놓치고 있는가요! 이것을 귀중하게 여기고, 끈질기게 훈련하여 숙달하시기를 바랍니다.

　복잡하게 사고하는 습관에서 단순함으로 옮겨집니다. 과거-현재-미래라는 기계적인 시간의 개념에서 하나님의 시간인 영원성의 개념을 가지게 해줍니다. 이 세상을 잠깐 지나는 터널로 볼 수 있게 해줍니다. 현실이 실제적인 것처럼 하나님의 나라를 실제적으로 느끼며 사모하게 됩니다. 빨리 그 나라에 갈 것을 그리워하게 됩니다. 그 나라를 사모하게 됩니다. 성령의 이끌림으로 하나님을 자꾸 만나게 되면 그렇게 됩니다. 고통도 미워함도 털어 버리고, 마음이 넓어지고 커집니다.

　메마른 마음이 풍성하며 기름진 마음으로 변합니다. 전인격이 성령님의 지배와 다스림을 받습니다. 은사를 받으며 보유된 은사가 더욱 발전되며 풍성해집니다. 하나님께서 사용하실 수 있는 사람, 하나님께서 축복해주시는 사람이 됩니다. 하나님께 가까이 가고, 하나님을 기쁘시게 하며, 하나님을 닮아갈 때 그렇게 됩니다. 기도 시간이 나의 시간이기보다 그분의 시간입니다. 숨겨진 자아를 깨닫게 해줍니다. 성령하나님을 통해서 하나님을 만날 때, 하나님을 더 상세하게 알 수 있습니다.

온몸으로 하는 깊은 기도로 예수님의 얼굴과 얼굴을 맞대고 아는 수준이 됩니다. 하나님의 사랑이 점점 더 강렬해집니다. 순교적인 신앙인이 되어 갑니다. 하나님의 성품이 내 안으로 들어와서 자신에게서 성령의 열매를 맺게 합니다. 어머니가 가슴에 안고 있는 아기를 사랑과 애정이 가득한 눈빛으로 바라보고, 또 아기는 자신에게 쏟아지듯이 내리는 어머니의 애정을 마음껏 받으면서 한없는 신뢰감으로 어머니를 바라보며 품안에서 즐기는 상태입니다. 이것이 하나님을 사랑하는 아버지라 부르는 진정한 상태입니다. 과거에 뿌린 아픈 씨앗을 정리하지 않고 살면, 소용이 없습니다. 자신의 온몸은 하나님께서 자신에게 맞겨주신 것입니다. 운명은 성령의 인도를 받으면서 내가 만드는 것입니다. 그러므로 운명과 싸우려 하지 말고 내 자신과 싸워야 합니다. 그래서 좋은 씨앗을 뿌리며 살아야 합니다. 태양을 향해, 밝은 빛을 향해 걸어가는 것입니다. 어둡게 살다가 갑자기 밝은 곳으로 가는 것이 아닙니다. 현실이 어두워도 마음은 밝게 살 수 있습니다. 문제 속에서도 우리의 관심은 자신 안에 계신 하나님이 되어야 합니다. 그래야 문제를 이길 수 있는 힘은 자신 안에 성령으로부터 얻습니다.

26장 주님께 청원기도하며 권능을 강화

(눅 11:5-13)"또 이르시되 너희 중에 누가 벗이 있는데 밤중에 그에게 가서 말하기를 벗이여 떡 세 덩이를 내게 꾸어 달라. 내 벗이 여행 중에 내게 왔으나 내가 먹일 것이 없노라 하면 그가 안에서 대답하여 이르되 나를 괴롭게 하지 말라 문이 이미 닫혔고 아이들이 나와 함께 침실에 누웠으니 일어나 네게 줄 수가 없노라 하겠느냐 내가 너희에게 말하노니 비록 벗됨으로 인하여서는 일어나서 주지 아니할지라도 그 간청함을 인하여 일어나 그 요구대로 주리라. 내가 또 너희에게 이르노니 구하라 그러면 너희에게 주실 것이요 찾으라. 그러면 찾아낼 것이요. 문을 두드리라 그러면 너희에게 열릴 것이니 구하는 이마다 받을 것이요 찾는 이는 찾아낼 것이요 두드리는 이에게는 열릴 것이니라. 너희 중에 아버지 된 자로서 누가 아들이 생선을 달라 하는데 생선 대신에 뱀을 주며 알을 달라 하는데 전갈을 주겠느냐 너희가 악할지라도 좋은 것을 자식에게 줄 줄 알거든 하물며 너희 하늘 아버지께서 구하는 자에게 성령을 주시지 않겠느냐 하시니라"

기도는 하나님의 말씀을 듣는 것이 원칙입니다. 성령님이 감동하시면 청원기도도 해야 합니다. 청원기도란 성령의 임재와 지배가운데 성령의 감동하심을 따라 성령이 자신을 위하여 구하라고 하는 것을 자신의 주인이신 살아계신 하나님께 구하는 기도입니다. 그러나 이러한 청원이 기도의 주체가 되어서는 안 됩니다. 청원기도는 많으나 응답을 받지 못하는 것입니다. 무엇이 잘못되어 있는가요? 예수의 이름으로 하면 응답해 주신다는 의미는 우리 마음대로 청원하고, 마지막에 예수의 이름을 뒤에 붙이라는 의미가 아닙니다. 예수 그리스도의 마음이 되어 온몸으로 기도하라는 것입니다.

예수께서 기도하는 것처럼 기도하라는 것입니다. 그러므로 청원기도도 자신이 죽고 다시사신 예수님으로 살아서 예수의 마음을 품는 것이 중요합니다. 예수님도 청원기도를 하셨고, 하나님은 그 청원기도를 다 들어주셨습니다. 이것이 우리의 청원기도의 모델이 되어야 합니다. 그리고 이왕에 기도하는 것은 반드시 이루어 받아야만 하겠다는 자세가 되었을 때에 청원기도를 하세요.

1. 청원기도의 모형

"또 이르시되 너희 중에 누가 벗이 있는데 밤중에 그에게 가서 말하기를 벗이여 떡 세 덩이를 내게 꾸어 달라. 내 벗이 여행 중에 내게 왔으나 내가 먹일 것이 없노라 하면 그가 안에서 대답하여 이르되 나를 괴롭게 하지 말라 문이 이미 닫혔고 아이들이 나와 함께 침실에 누웠으니 일어나 네게 줄 수가 없노라 하겠느냐"(눅 11:5-7)

1) 성령으로 충만한 깊은 영의 상태에 들어가 성령께서 감동하시는 것 하나님의 영광을 나타내는 것, 필수적인 것을 간구해야 합니다. 기도는 자기주장의 발표나, 욕심을 부리는 것이 아닙니다. 반드시 성령님이 감동하시는 것을 해야 합니다.

2) 청원기도는 하나님과 자신의 관계가 분명해야 합니다. 친밀해야 합니다. 친밀하려면 하나님과 같은 영의 상태가 되어야 합니다. 그래야 믿음으로 청원할 수 있습니다. 이를 위해서 먼저 응답하시는 하나님과의 관계부터 정상화시켜야 합니다. 떡보다 관계가 훨씬 중요합니다. 내가 그분에 대한 신뢰심이 있어야 합니다. 또한 그분이 나를 신뢰하게 해야 합니다.

이런 것이 무시되고 그냥 빌면 된다는 개념은 버려야합니다. 관계만 잘되어 있으면 구하지 않아도 주십니다. 떡을 강조하기보다, 친구를 깨우는 일, 즉 관계성에 집중하세요.

3) 먼저 성령님을 간구하세요. 성령님을 요청하세요. 자신 안에 주인으로 계시는 살아계신 예수님께 문을 두드리세요. 성령님은 마땅히 빌 바를 알지 못하는 우리의 연약함을 도우시는 분이십니다. 그러므로 내가 기도하려고 하기보다 먼저 기도에서 나를 도우시는 성령을 찾으세요. 이것이 바른 기도의 핵심입니다. 그래서 성령이 내 입술을 사용하여 나를 위하여 기도하게 하세요. 기도는 성령의 도우심, 교통하심을 받아야 합니다. 그래야 제대로 기도할 수 있습니다. 기도는 영적차원의 일입니다.

예수를 믿을 때 죽었고 예수님으로 다시 살아난 성도들이 영적인 일을 하려고 할 때는 반드시 성령의 도움이 있어야 합니다. 성령님의 도우심이야말로 기도의 생명력입니다. 매일 밤 잠들기전 '성령님 도와주세요. 기도를 도와주세요. 성령으로 기도할 수 있게 해주세요' 하고 100회 반복하세요. 그러면 잠자는 동안 깨어서 영의 상태로 들어갈 수가 있습니다. 바르게 성령으로 기도하는 훈련을 하세요.

4) 기도할 때는 청원하는 목적에 집중하지 말고 청원대상에게 집중하세요. 하나님과 같은 영의 상태가 되게 하라는 것입니다. 성령으로 기도하라는 것입니다. '당신이 원하시면' 이라는 표현을 사용하세요. 당신이 원하시면 이루어주옵소서.

5) 항구적으로 간구하세요. 이 말은 기대를 가지고 기도하라는 것입니다. 해주실 것이라는 믿음을 포기하지 않고 붙잡고 있으라는 것입니다. 장시간 똑같은 기도를 계속하라는 것이 아니라, 상대방에 대한 신뢰를 떨어뜨리지 않고, 짧지만 지속적으로 기도하라는 것입니다.

하나님과의 관계가 잘 되어 있기만 하면 나의 청원을 들어주실 것이라는 믿음이 떨어지지 않습니다. 두드리면 깨어서 일어난다는 신뢰를 가지고 있으면 계속 두드릴 수 있습니다. 그러므로 항구적이라는 말은 짧지만, 자주, 끈질기게, 지속적으로, 믿음을 포기하지 않고 간구하라는 것입니다. 이런 믿음이 있으면 기도하는 대로 응답을 받아낼 수 있습니다.

2. 계속 오래 기도하라

1) 구한 기도가 응답될 때까지 기도하는 항구적인 자세를 갖

추어야 합니다. 기도는 응답이 될 때까지 하는 것입니다. 기도가 응답이 안 되는 것은 자신의 상태가 하나님이 원하시는 영의 상태가 되지 않았기 때문입니다.

2) 기도는 대가를 지불해야 하며, 그 대가로 말미암아 가치 있는 것을 그로부터 받는 것입니다. 대가란 하나님께 온 마음과 시간을 드리는 것입니다. 마음과 시간을 드려서 하나님과 같은 영의 상태를 만들어야 합니다. 절대로 하나님은 하나님과 같은 영의 상태가 되지 않으면 응답을 할 수가 없습니다. 하나님은 인간의 육체와 교통하는 것이 아니고 영으로 교통하기 때문입니다. 성령으로 충만하려고 노력해야 합니다.

3. 먼저 구해야 할 것

무엇을 달라고 하는 청원기도에서도 가장 먼저 간구해야 하는 것은 역시 하나님과 같은 영적인 상태, 성령의 임재, 충만, 교통함입니다. 하나님과 같은 영의 상태가 되는 것입니다. 크리스천에게 있어서 이것은 생명입니다. 성령의 교통하심이 바로 하나님의 마음을 알 수 있는 길이요, 우리의 마음을 하나님에게 전달하는 길이기 때문입니다. 내 안에 계신 성령의 충만을 구하는 것이 응답받는 기도, 바른 기도의 조건을 만드는 것입니다. "너희가 내 안에 거하고 내 말이 너희 안에 거하면 무엇이든지 원하는 대로 구하라 그리하면 이루리라"(요 15:7)

'너희가 내 안에, 내 말이 너희 안에 거하는 것'이것이 모든 기도의 기본입니다. 즉 하나님과 같은 영적인 상태가 되는 것입니다. 우리가 주의 마음을 가지는 이것이 기도의 핵심입니다. 그러기 때문에 반드시 성령으로 온몸 기도를 해야 합니다. 성령으로 영의 상태가 되면 이기적인 기도가 나오지 않게 됩니다. 자연스럽게 그의 나라와 의를 구하게 됩니다.

그리고 이러한 기도는 하나님께서 들어주십니다. 이것만 되면 아무리 짧은 기도라도 응답됩니다. "주님의 마음을 가지는 것, 나를 주님에게 드리는 것, 예수님이 나의 모든 것, 내가 무엇을 구하겠나이까, 나를 드리겠나이다. 주님을 기쁘시게 해 드리기를 원하나이다"라는 간구야 말로 응답 받는 기도의 핵심입니다.

하나님의 손에 있는 것보다, 하나님! 그 자체를 원하는 기도를 하세요. 하나님만 자신의 주인으로 계시면 나머지는 다 됩니다. "무엇을 주고 안주고가 나의 관심이 아니라, 나를 자녀 삼으신 하나님, 하나님을 모시는 것이 전부입니다. 내가 더 무엇을 간구하겠나이까, 내가 당신에게 드려야지요." 이렇게 드리는 기도를 하는 사람이 되세요. 얻어내려고 애쓰지 마세요.

하나님을 기쁘시게 하려고 애쓰는 기도를 하세요. 그리고 마지막에 짧게 간구내용을 붙이는 습관을 들여야 합니다. 기도의 핵심은 '내가 주안에, 주께서 내안에' 로 하고, 그리고 마지막에 하는 부연기도에 청원내용을 담으시기 바랍니다.

하나님과 우리의 관계에서 우리는 하나님을 믿지만, 하나님이 나를 믿지 못하심으로 나에게 무엇을 주시지 못하시는 것입니다. 하나님으로 하여금 나를 믿게 하세요. 하나님이 나에게 주고 싶은 마음에서 무엇을 주시게 하세요. 하나님의 팔을 비틀지 말고 하나님이 주고 싶어서 안달이 나게 하세요. 어떻게 하면 이렇게 안달라게 될까요?

내가 주님 안에 거하고 주님이 내안에 거하는 것입니다. 내 마음을 그분에게 드리고, 그분의 마음을 내가 가지고, 그분과 내가 마음으로 하나가 되는 것입니다. 그분의 마음을 내가 알고, 내 마음을 그분이 알게 되는 것, 금슬좋은 부부의 관계가 되는 것입니다. 하나님을 마음으로 만나면 그렇게 됩니다. 자꾸 마음으로 하나님을 만나시기 바랍니다.

하나님과 자꾸 접촉해야 합니다. 하나님을 자꾸 찾아야 합니다. 걸어 다니는 살아계신 하나님의 성전이 되어야 합니다. 이성이 아니라. 마음으로 만나야 합니다. 내 심령과 하나님의 영이 만날 때, 진실한 만남이 됩니다. 이성으로 하나님을 만나는 것은 머릿속에 있는 지식이요, 생명이 되지 않습니다. 그러나 마음에 있는 지식은 삶이 되는 것입니다. 그러므로 마음이 우리의 삶의 주체가 되어야 합니다. 머릿속에 있는 하나님의 지식이 마음으로 들어가지 못하면 아무 소용도 없습니다.

하나님을 아는 지식이 없는 것입니다. 내 백성이 망하게 되는 것입니다. 머릿속의 지식을 마음의 지식이 되게 하는 것이 바로 성령 안에서의 기도의 역할입니다. 믿음을 마음에 집어넣는 것입니다. 마음에서 나오게 하는 것입니다. 하나님의 사랑을 마음으로 느껴야, 하나님을 마음으로 만나야, 진정 그분을 위해서 살리라는 결단-용기-신뢰-사랑-능력이 나오게 됩니다. 삶이 나오게 됩니다. 산지식이 됩니다.

기도는 머릿속에서 나와서는 안 됩니다. 실생활, 삶에서 나오는 것이 되어야 합니다. 이것은 오직 마음의 기도로만 가능합니다. 머리로는 하나님을 만나지 못합니다. 오직 마음으로만 하나님을 만날 수 있습니다. 인간의 모든 실제적인 문제는 머리나 육체가 아니라 마음에 있습니다. 고통의 집합장소, 능력의 집합장소, 하나님의 은혜의 장소, 변화의 장소, 구원의 장소가 바로 마음입니다. 하나님을 갈망하며 마음을 열어야 합니다.

마음을 정화하고 치료하고, 마음을 바로잡아야 합니다. 마음으로 하나님을 만나야 살아갈 수 있습니다. 현실의 삶이, 고통하는 내 마음이 하나님을 만나야 합니다. 그래야 삽니다. 마음의 평강, 하나님의 은총이 절대적으로 우리에게 필요합니다.

이것이 바로 주님 안에 우리가 거하는 것입니다. 마음으로 주님을 찾는 것, 주님을 만나는 것이 바로 우리가 주님 안에 거하는 것입니다. 이를 위해서 간구하세요. 자기의 힘을 빼세요. 목말라하세요. 바짝 마른 스폰지가 되게 하세요. 가난한 아이가 되게 하세요. 하나님없이 살지 못하는 존재가 되어야 합니다. 그분이 전폭적으로 도와주셔야만 사는 존재가 되어야 합니다.

그래야 내가 강하고, 그래야 내가 하나님을 만나고, 그래야 내가 살 수 있습니다. 그러면 하나님의 은혜가 흘러들어옵니다. 하나님의 은혜는 긍휼 쪽으로, 연약한 쪽으로, 빈 마음 쪽으로, 겸손한 마음, 가난한 마음, 빈 그릇 쪽으로 흐르게 됩니다. 이 마음을 만들어 놓고 하나님을 찾으세요. 이 마음은 성령으로 충만할 때 이뤄집니다. 주님의 은혜를 담을 수 있는 빈 그릇으로 만들어놓고 구하세요. 그리하면 주님의 은혜가 떠나지 않습니다. 성령으로 마음을 정화하여 세상 것이 한점도 없는 온전한 마음이 되어야 합니다.

4. 기도해야 할 문제들

우리가 성령으로 온몸 기도하여 체험하고 믿음으로 변화 받지 못하면 세상이 우리를 변화시킵니다. 성령의 이끌림을 받는 기도로 성품이 변화되어야 합니다. 기도 속에서 주님과의 깊은 교제가 없으면 영적인 힘을 잃게 됩니다. 세상에게 밀리게 됩니다. 기도를 통한 성령 안에서의 사역만이 세상을 이기게 됩니다. 믿음생활의 모든 부분이 기도와 연결됩니다. 영적인 생활, 성품, 삶, 대인관계 등 모든 인격적인 부분이 기도로 변화됩니다. 성령 안에서 온몸기도는 참으로 중요한 것입니다.

1) 마5:44, 눅6:28 원수와 핍박하는 자, 모욕하는 자를 위해 기도하라: 이것은 나의 자유를 위한 것입니다. 내가 미움의 감정으로부터 자유하게 됩니다. 이러한 기도가 없으면 내 마음에 저주와 미움의 쓴 뿌리가 나고 꽃피게 됩니다. 계속 나를 괴롭히게 됩니다. 이들을 위한 공격적인 기도를 해야 승리합니다. 내 마음에서 저주와 미움을 쫓아내야 합니다.

2) 마21:13 하나님의 집을 위해 기도하세요.: 우리의 마음, 우리의 몸이 바로 성령님이 계시는 곳이요, 기도하는 집입니다. 내 마음을 위하여 기도하세요. 이를 위하여 기도하지 않는 사람

은 그 속을 강도의 굴혈, 마귀의 굴혈로 만든 것입니다. 그 속에서 늘 더럽고 쓴 물이 올라오게 내버려두는 것이요, 아픔을 방치하는 것입니다.

3) 마26:41 시험에 들지 않도록 기도하세요.: 누구나 자기의 약한 부분을 잘 압니다. 그 약한 부분에 시험이 찾아온다는 것을 압니다. 문제는 그러면서도 그 약점을 위해서 기도하지 않는 것입니다. 약한 부분을 위해 미리미리 기도하세요.

4) 막11:25 용서를 위해 기도하세요.: 용서를 습관화 시켜야 합니다. 사람들을 풀어주세요. 이런 것들로 사람들을 묶어놓지 마세요. 용서하지 않는 것은 결국 나를 묶어놓는 것입니다. 기도를 막고, 온몸기도 깊은 기도를 막는 것입니다. 기도하려고 애쓰기보다, 기도를 방해하는 요소인 용서하지 못하는 마음을 없애기 위해서 노력하세요.

5) 눅18:1 항상 기도하고 낙망하지 말아야 합니다.: 하나님께서는 원하시는 영적인 수준이 되어야 응답하십니다. 온몸으로 기도하며 인내해야 합니다. 사람의 심성은 점점 약해지고 있습니다. 점점 예민해지고, 수용력이 약해지고, 부정적으로 되어갑니다. 기도가 잘 안되기 때문입니다. 이를 위해서 기도하세요.

6) 눅21:34 될 수 있으면 멀리 있는 것을 위하여 기도하세요.: 미리 기도하세요. 멀리보고 화살을 쏘라는 말입니다. 예수님 앞에 서 있을 나의 모습을 위하여 기도하세요.

7) 눅22:32 믿음이 떨어지지 않도록 기도하세요.: 믿음은 내버려두면 그 자리에 가만히 있지 않고, 밑으로 자꾸 떨어지니

다. 기도로 주님을 자꾸 만나고, 체험하고, 내안으로 주님을 주인으로 자꾸 이끌어 들임으로 믿음을 밑에 묻어두지 말고 삶속으로 끌어 올리세요. 기도로 보이지 않는 내면에 묻혀있는 믿음을 나의 삶, 영-혼-육 순으로 끌어올리세요.

이렇게 삶으로 올라오는 것이 바로 살아 있는 믿음입니다. 이를 위해서 나의 내면이 활성화 되어 있어야 합니다. 나의 믿음이 굳은 내면으로 말미암아 밑에 갇혀 있으면 죽은 믿음입니다. 믿음을 파묻어놓고, 눈에 보이는 감각적인 것만 붙잡고 살면 믿음은 점점 갇히고, 파묻히고 굳어집니다. 성령의 도우심과 온몸기도로 믿음이 올라올 통로를 확보하세요.

심령은 내안에 있는 또 다른 인격체입니다. 심령을 자꾸 살리면 심령이 살아서 계속 나를 위해서 기도합니다. 그래서 성령을 자꾸 만나게 됩니다. 성령으로 충만되어 성령의 힘을 얻게 됩니다. 믿음을 끌어 올리세요. 이를 위해서 기도하세요. 내 안에서 주님을 만나야 합니다. 주님과 교제하세요. 믿음이 떨어지면 다 떨어지는 것입니다. 믿음이 떨어지지 않게 기도하세요. 믿음만 있으면 다 있는 것입니다. 이성과 육성은 어느 정도 성장하면 성장이 멈추지만, 영성은 성장에 한계가 없습니다. 성령님을 의지하는 기도로 영성을 계속 성장시키세요. 믿음을 성장시키세요. 그리하면 하나님의 은총이 점점 나에게 임하게 되고, 심령을 살리게 되고, 영-혼-육-삶이 새롭게 되고, 강건하게 됩니다.

8) 행1:14 성령 충만을 위하여 기도하세요.: 오로지 성령충만만이 살길입니다. 이를 위하여 마음을 같이하여 온몸으로 전혀

기도에 힘써야 합니다. 성령 하나님을 내안에 주인으로 모신 크리스천에게 성령 충만은 위에서 떨어지는 것이 아니라, 마음 안에서, 나의 깊은 곳에서 부드럽게 올라오는 것입니다. 이를 위해서 내안에 불순물이 없어야 합니다.

그래야 성령의 역사가 아름답게 나타납니다. 내안에 불순물이 있으면, 나에게서 나타나는 성령의 역사가 아름답지 못하게 됩니다. 성령의 역사가 나타나려면, 내 마음 안이 성령이 역사할 수 있는 조건이 되어야 합니다. 내 마음을 성령이 역사할 수 있는 상태로 준비해 드려야합니다. 마음을 열고 성령님을 찾으라는 것입니다. 성령님은 자율신경계통으로 활동하는 내부기관과 같이 내 의지로 움직일 수 없습니다. 40일 기도로 성령님을 어떻게 해보려는 것은 마치 심장을 내 마음대로 움직이려고 애를 쓰는 것과 같습니다. 심장의 건강을 위해 콜레스테롤을 낮추는 것처럼 나는 오직 그분이 역사할 수 있는 환경을 만들어 드리면 되는 것입니다. 그러면 성령이 역사하십니다.

미움을 자제하고, 성령님을 의지하고, 온몸으로 기도하며 성령님을 찾고 요청하고 간구하는 것이 바로 성령이 역사하실 수 있는 조건을 만들어 드리는 것입니다. 이것이 기도입니다. 기도의 주제입니다. 이것은 오직 지속적인 훈련으로 이루어집니다. 성령 충만을 위하여, 성령의 활발한 활동을 위하여 내 심령을 준비하는 것, 영적상태가 되게 하는 것이 바른 기도입니다.

9) 행8:22 회개의 영이 임하게 해달라고 기도하세요.: 회개를 위하여 늘 성령 안에서 온몸기도를 해야 합니다. 미움과 증오는

항상 깊은 곳에 숨어 있으므로 쉽게 해결되지 않습니다. 무의식에 숨어 있습니다. 그러므로 기도를 성령충만한 영의 차원에서 해야만 이깁니다. 성령님의 도우심을 통해야만 가능합니다. 기도는 성령의 도우심으로 깊어야 합니다. 성령님은 우리를 깊은 곳으로 인도하십니다. 성령님과 함께 그런 부분을 공격하세요.

10) 엡6:18 성령 안에서 온몸으로 기도하세요. 이를 간구하세요. 사모하세요. 목말라하세요. 유다서 1장 20절에 "사랑하는 자들아 너희는 너희의 지극히 거룩한 믿음 위에 자기를 건축하며 성령으로 기도하며" "성령님과 함께 성령 안에서 기도할 수 있게 해 주세요" 하고 성령으로 기도할 수 있도록 간구하세요. 기도는 성령으로, 성령 안에서, 성령의 도우심을 받아야 한다는 사실을 꼭 기억하세요. 성령님이 기도를 이끌어가게 해야 합니다. 자신이 없어지고 성령의 지배를 받아야 합니다.

11) 빌4:6 염려를 제거하고 기도하라.: 염려 속에서 기도하면 안 됩니다. 감사하는 마음으로 기도하세요. 사랑하는 마음으로 기도하세요. '사랑합니다, 감사합니다.' 이를 반복하는 기도를 하세요. 어휘를 자꾸 바꾸어 가면서 반복하세요. 염려 속에서 하는 기도는 이미 늦은 것입니다. 염려할 일이 다가와도, 염려 속에 빠지지 말아야 합니다. 빠지면 기도할 수 없습니다. 이를 위하여 평소에 기도해 놓으시기 바랍니다.

마음이 약한 사람이 화를 잘 냅니다. 마음의 상처로 심장이 약하기 때문입니다. 상처받기가 두려움으로, 방어본능으로 화를 내고 염려하는 것입니다. 이러한 사람은 염려하고 있는 염려의 생각을 놓고 하나님 앞에 기도해야 합니다. 그러면 하나님의 평안이 찾아오고, 그 다음에 염려할 일이 사라집니다. 염려할 일이 문제가 아니라, 염려하는 마음이 문제입니다.

염려하기 쉬운 마음을 위하여 기도하세요. 마음으로부터 사건을 먼저 공격하고, 마음으로부터 먼저 승리해야합니다. '마음의 평안을 주세요, 담대함을 주세요.' 늘 그렇게 기도하세요.

12) 골4:2 감사하며 기도하세요.: 감사는 우리의 마음을 담대케 만들어주고, 하나님의 능력을 마음에 채워놓게 합니다. 감사하는 마음에 하나님의 은혜가 임하게 됩니다. 기뻐하고 감사하는 것은 하나님의 좋은 것으로 우리 마음을 채워놓는 것입니다. 이것이 바로 하나님의 은혜의 기초석입니다.

13) 딤전4:4 거룩을 위하여 기도하세요.: 기도로 자꾸 하나님을 만남으로 자연히 거룩하여집니다. 기도를 통하여 하나님의 거룩하심이 내 안으로, 내 심령으로 흘러들어오게 됩니다. 기도하면서 준비하고 전하는 성령이 역사하는 거룩한 설교는 설교와 함께 하나님의 은총과 거룩함이 성도들에게 흘러들어갑니다. 기도로 채워진 것은 자연히 밖으로 흘러나오게 되어 있습니다.

꽃향기가 흘러나와서 다른 사람의 코로 들어가 기분 좋게 하고, 온몸을 순화시키는 것과 같이, 안에서 흘러나오는 거룩한 것이 영의 생명력이 되어 전달됩니다. 그것이 다시 혼-육을 거쳐 삶의 생명력이 됩니다. 그러면 깨어난 심령이 점점 삶을 주관하고 다스리게 됩니다.

성령 안에서 기도하면서 자게 되면, 영은 잠들지 않고 계속 기도함으로 쉬지 않고 기도하게 되는 것입니다. 내 영이 주님의 마음으로 가득하게 되며, 주님과 내가 마음으로 하나가 되고, 주님과 내가 마음으로 합하게 됩니다. 이것이 기도입니다.

14) 약5:13,15,16,17; 눅22:32 고난당하는 자, 병든 자, 형제를 위하여 기도하세요.: 이들을 위하여 간절히, 정말 간이 저리도록 깊게 기도하세요. 자꾸 병든 자를 위하여 기도하는 훈련을 하세요. 그러면 점점 신유의 능력이 생기게 됩니다. 병든 사람에게 주사약이 들어가듯 이들을 위하여 기도를 함으로 내 안에 계시는 성령의 능력이 그 사람에게 흘러들어가, 그 사람속의 아픈 곳을 찾아 들어갑니다. 이것이 신유의 능력입니다.

기도함으로 이러한 은사가 나타납니다. 우리는 누구나 이러한 신유의 은사를 가지고 있습니다. 그러므로 이러한 기도를 쉬는 것이 죄요, 기도를 그치는 순간에 죄가 바로 들어오는 것입니다(삼상12:23).

15) 유1:20, 눅11:13 성령 충만을 위하여 기도하세요.: 성령의 임재, 충만을 위하여 기도하세요. 성령을 자꾸 찾고 간구하세요. 성령님이 충만해야 세상을 이기며 면역력이 강해집니다.

16) 벧전4:7, 막14:38 시험에 들지 않게 기도하세요.: 시험에 든 것 가지고 고통하지 말고 그것을 이겨내기 위하여 기도하세요. 누구나 시험에 들 수 있다는 사실을 알고, 그 시험을 이길 수 있기 위하여 성령의 도우심을 간구하세요. 약점은 누구에게나 있습니다. 약점을 보완하기 위하여 기도하세요. 강점도 교만의 시험이 들 수 있습니다. 이것을 위해서도 기도하세요.

성령으로 하는 기도는 예방주사와 같이 약점이나 강점이라는 시험을 위해 미리 준비해 놓는 것입니다. 기도로 시험에 들지 않게 하는 것입니다. 기도는 과거의 상처를 치료하기만 할 뿐 아니라, 현재의 문제를 해결할 뿐 아니라, 미래를 위해서도 준비하는 것입니다. 성령 안에서 하는 온몸 기도는 시간의 벽을 초월하는 것입니다. 세상 사람들은 미래를 어떻게 할 수 없지만, 영적인 사람은 미래를 얼마든지 지금 건설할 수 있습니다. 온몸 기도로 내 인생길을 만들어갑니다. 하나님은 우리가 가진 꿈을 이루어주시는데, 그 꿈을 이루는 길이 바로 온몸 기도입니다. 온몸 기도로 환경을 지배하고, 변화시켜야 합니다. 기도로 충분히 준비된 사람을 하나님이 들어 사용하십니다.

17) 눅10:2 추수할 일군을 달라고 기도하세요.: 성령사역을 할 수 있는 더 많은 사역자를 보내달라고 기도하세요.

18) 마26:39 아버지의 뜻이 이루어지기를 위하여 기도하세요.: 내 뜻이 이루어지는 것으로는 결코 내가 행복해지지 않습니다. 나를 향한 아버지의 뜻을 받아 이루는 것이 우리의 진정한 행복입니다. 내 뜻을 하나님께 알리려고 하지 말고, 하나님의 뜻을 알고 받아들이기 위하여 기도하세요.

19) 눅21:36 인자 앞에 서기 위하여 기도하세요.: 인생의 마지막 목표는 주님 앞에 서는 것입니다. 이것이 삶의 목표, 기도의 목표, 기도의 골이 되어야 합니다. 마지막에 우리가 받은 물질, 시간, 삶, 은사, 이 모든 것을 주님 앞에 보여드려야 합니다. 이 땅에서 내가 무엇을 더 가지느냐 못 가지느냐 하는 것이 우

리 삶의 목적이 되어서는 안 됩니다.

우리가 깨어서 기도하는 것, 변화되어야 하는 것은 이 땅에서 무엇을 더 가지고자 함이 아니라, 인자 앞에 서는 것을 준비하기 위함입니다. 살아있는 동안에 기도로 우리를 가다듬어야 합니다. 우리 삶을 변화시켜야 합니다. 기도로 성령의 은혜를 많이 받아야 삽니다. 기도로 복된 삶, 열매 맺는 삶을 사세요. 죽으면 다시는 더 이상 기회가 없습니다.

20) 하나님의 음성을 듣기 위해기도하세요.: 기도는 하나님의 음성을 듣기 위해 하는 것입니다. 하나님의 음성을 들으려면 성령으로 충만해야 합니다. 성령으로 충만하여 하나님과 같은 영적인 상태가 되어야 하나님의 음성이 들리는 것입니다. 우리가 하나님의 음성을 듣지 못하는 것은 자신의 심령이 안정되지 못하고 산란하기 때문입니다. 성령으로 기도하여 안정한 심령이 되도록 해야 합니다. 하나님은 내가 영적인 상태가 되면 응성을 들려주십니다. 음성을 듣고 순종하시기를 바랍니다.

"나의 영혼이 잠잠히 하나님만 바람이여 나의 구원이 그에게서 나오는 도다"(시62:1). "나의 영혼아 잠잠히 하나님만 바라라 무릇 나의 소망이 그로부터 나오는 도다"(시62:5)

반드시 온몸기도는 성령으로 기도해야합니다. 자신이 하나님과 똑 같은 영의 상태가 되어야 영이신 하나님과 통할 수가 있기 때문입니다. 영의 상태가 되지 않으면 마귀의 음성을 들을 수가 있으므로 경각심을 가져야 합니다. 기도는 성령으로 영의 상태에서 하려고 의지적인 노력을 해야만 합니다.

27장 자신을 성찰기도하며 권능을 강화

(마 12:33-34)"나무도 좋고 열매도 좋다 하든지 나무도 좋지 않고 열매도 좋지 않다 하든지 하라 그 열매로 나무를 아느니라. (34) 독사의 자식들아 너희는 악하니 어떻게 선한 말을 할 수 있느냐 이는 마음에 가득한 것을 입으로 말함이라."

예수님은 "독사의 자식들아 너희는 악하니 어떻게 선한 말을 할 수 있느냐 이는 마음에 가득한 것을 입으로 말함이라."(마 12:34) 말씀하십니다. 소크라테스는 "너 자신을 알라고 했습니다." 누구든지 자신의 마음을 정확하게 볼 수 있다는 것은 축복입니다. 자신의 마음을 정확하게 성찰할 수 있는 성도는 성령의 권능과 면역력이 강한 성도입니다. 기도는 무엇보다 자신을 바르게 보고 회개하며 정화하는 것이 중요합니다. 인간은 높아지고 위에 있는 것처럼 보이려고 액세서리에 관심을 가지면서, 진정 내 자신에 대해서는 무관심하고 가꾸지 않습니다. 외적으로 아무리 계급장을 붙여도 내면을 살피고 가꾸지 않으면 나중에 이 모든 것이 수포로 돌아갑니다. 내 자신을 살피고 가꾸는 것이 기도 중에 일어납니다. 성령의 지배와 역사로 일어납니다.

사람들은 진정 자신은 가난한데, 부요한 줄로 알고, 보잘 것 없는데 위대한 줄로 착각합니다. 남에 대해서는 정확하게 판단하지만 자신에 대해서는 잘 모릅니다. 남에게 속지 않고 자신에게 속습니다. 남은 잘 다스리나 자신은 못 다스립니다. 남은 잘 가꾸려고 하지만, 자신은 가꾸려고 하지 않습니다. 이 얼마나 어리석은 짓 인가요! 자동차를 늘 정비하고, 점검하고 깨끗이 세척해야 하듯 성령 안에서 자신을 성찰해야 합니다. 얼굴을 가꾸듯 마음을 가꾸어야 합니다. 꽃밭을 가꾸듯 마음을 가꾸어야 합니다. 나 자신도 모르게 더러운 것이 자꾸 우리 안으로 들어옵니다. 세상의 것들이 우리의 안을 더럽힙니다. 성령으로 내면을 가꾸어야 합니다. '성령님, 나의 부족한 부분, 잘못된 부분을 깨닫게 해주세요.' 하고 늘 요청해야합니다. 이것이 바로 성령님이 주인으로 일하실 수 있는 조건을 만들어 드리는 것입니다. 이러한 자기 성찰이야말로 이 세상에서 가장 귀중한 투자입니다. 시간과 정력을 여기에 투자하세요. 이러한 자기성찰은 성령님이 기뻐하시면서 함께 일하러 나서시는 사역입니다.

우리 내면은 말할 수 없이 더럽고, 일그러져 있습니다. 이것을 꼭 성령 안에서 찾아내어 인정하고 치유해야 합니다. 내면의 일그러진 부분-상처-감정-죄악-허물을 바로잡아 주시려고 나서시기를 기뻐하시는 분, 이를 위해서 오신 분이 바로 성령님입니다. 성령과 함께 높은 부분을 낮추고, 낮은 부분을 높이세요. 세례요한처럼 왕이 오실 길을 준비하세요.

하나님의 영광이 나타날 길을 준비하세요. 성령님의 도우심이 있는 기도생활로 마음-언어-성품-실생활의 순서로 하나님

의 영광이 나타나게 하세요. 성령님의 도우심으로 자신의 내면
을 지속적으로 성찰하고 치유함을 받아야 합니다.

교육은 환경과 다른 사람을 비판-판단-관찰-분석하는 능력
을 주지만, 성령 안에서 하는 기도는 영적으로 자기 자신을 보
게 합니다. 교육은 눈을 밖으로 돌리게 하지만, 기도는 안으로
눈을 돌리게 합니다. 교육받은 이성은 다른 사람을 비교 분석할
수 있게 함으로 정작 중요한 자신을 볼 수 없게 합니다.

자기 성찰의 기도는 자신의 영적 현주소-하나님과 자신, 세
상, 물질을 대하는 태도, 양심상태-위치-상태-궁핍-불안정-무
질서-독선-양심 상태를 인식하게 하고, 이 때문에 통회, 자복,
회개하게 합니다. 이러한 통회가 진정한 통회입니다. 자신의 양
심-신앙심-감정-의지로 통회하려고 하면 깊이 들어가지 못합
니다. 오직 성령의 도움을 받고, 성령님의 조명을 받아야 제대
로 통회할 수 있습니다. 내 안에 계신 성령님은 남이 아니라, 바
로 자신의 온몸 곳곳에 숨겨져 있는 죄, 부족을 보게 하시는 분
입니다. 다른 사람의 죄가 보이고, 부족한 부분이 보이는 것은
영적으로 매우 위험한 것입니다. 성령님은 먼저 자신을 보게
하신 후에 남을 보게 하십니다. 영적 현상이라고 해서 다 하나
님이 하시는 것은 아닙니다.

하나님은 질서의 하나님이십니다. 남을 보기보다는 먼저 나
를 보아야 합니다. 남을 고치기에 앞서 먼저 자신을 고치세요.
자식을 고치려면 부모가 먼저 자신을 고치세요. 자신을 보고 진

솔하게 고쳐달라는 마음의 부르짖음이 바른 기도입니다. 이런 기도를 계속하면, 당연히 우리는 변합니다.

우리는 환경의 변화가 급하지만, 하나님의 급선무는 우리의 환경이 아니라, 우리의 마음입니다. 마음이 변화되면 하나님은 환경을 당연히 고쳐주십니다. 이러한 것이 바로 내적치유이고, 이러한 내적치유는 지속적으로 계속되어야 합니다.

자기성찰은 희미해진 양심의 등불을 밝혀서 옳고 그름을 더 예리하게 분별하게 해주며, 마음을 질서를 찾게 해주고, 자신의 나약하고 죄에 대하여 무감각하여진 본질적인 모습을 보게 하며, 점차적으로 죄를 이길 수 있는 힘을 얻게 합니다.

인간은 예수님을 주인으로 모시고 성령하나님을 만날 때 나를 알게 됩니다. 하나님 안으로 이끌려 들어갈 때 나의 허물과 죄를 깨닫게 됩니다. 하나님을 내 안으로 이끌어 들일 때 하나님의 성품을 지니게 됩니다. 이것이 자기성찰의 역할입니다.

회개는 자기성찰을 통해야만 가능합니다. 목욕으로 더러워진 몸을 씻고 청결케 하여 하루의 피로를 풀고 잠을 자는 것과 같이 회개는 지나간 삶과의 관계에만 있지 않고 건강한 내일을 위한 교량의 역할을 합니다. 긴 시간 내가 회개하는 것보다, 성령이 도우심으로 깊고 강하며 짧게 하는 것이 진정한 회개입니다. 이러한 회개에는 위력이 있습니다.

성령님을 요청해도 성령님의 역사가 없는 것은 내안에 성령님을 막고 있는 요인이 있기 때문입니다. 이것이 바로 죄입니다. 이러한 것들을 성령님의 도우심으로 찾아내고 **빼내어야** 합니다. 이 때 두루뭉술해서는 성령께서 역사하지 못하십니다. "내 속에서 ○○○을 미워하고 있습니다. ○○○이가 불행하게 되기를 원하고 있습니다. 이러한 감정을 고쳐주세요."

이런 기도가 되어야 하는데, 이런 기도는 시간이 많이 걸리므로 무릎 꿇고는 하지 못합니다. 영혼의 의사 앞이라 생각하고 편안한 자세로 마음을 열고 기도해야 합니다. 영혼의 의사 앞에다 들어 내놓아야 합니다. 그리고 치유함을 받으시기 바랍니다. 기도 시간 속에서 실제적으로 나를 치료하고 정돈하고 세우세요. 기도 속에서 내가 세워져야 성령님이 역사하십니다.

1. 온몸으로 기도하며 자신을 보라.

1) **미움**: 미움은 내가 받은 상처에 대한 반응입니다. 우리는 감정이 약함으로 상처를 쉽게 받습니다. 이러한 상처를 치유함으로 내 속에 있는 미움을 뽑아내어야합니다. 현대인이 건강을 유지하기 위해서는 무엇을 자꾸 먹는 것이 아니라, 몸 안의 좋지 않은 것 독소를 **빼내고** 태워버려야 하는 것처럼, 현대인의 기도도 무엇을 받는 것이 아니라, 성령님의 도우심으로 내 속에 있는 독소 불순물을 배출하는 것이 더 중요합니다. 남을 짓밟고, 남의 불행을 기뻐하고, 불안해하고, 화내고, 무안 주고, 의심하고, 복수심을 품는 것과 같은 마음을 **빼내어야** 합니다.

기쁨은 밖에서 오는 것이 아니라, 내 안에 있습니다. 그런데 미움, 아픔, 슬픔이 기쁨을 억누름으로 나에게 기쁨이 없는 것입니다. 이러한 것을 성령님의 도우심으로 **빼내야** 합니다. 미움, 슬픔, 고통은 마귀가 우리 마음에 뿌려준 나쁜 씨앗입니다. 이것은 나 혼자서는 **빼내지** 못합니다.

성령의 도우심으로 자꾸 **빼내어** 주세요. '성령님, 내 안에 아픔들, 고통, 미움이 있어요. 이것들을 **빼내어주세요.** 치유해주세요. 저를 자유롭게 해주세요.' 이렇게 늘 간구해야 합니다. 이것이 내적치유입니다. 이런 온몸기도 시간을 짧게라도 많이 가지시기를 바랍니다. 항상 기도하는 성도가 되시기를 바랍니다.

2) **두려움**: 힘든 일을 만나면 물러서려는 마음, 일을 하다가 쉽게 피하려는 마음, 권위자나 높은 사람 앞에서 주눅이 드는 것, 다른 사람과 있기보다 혼자 있기를 더 좋아하는 것, 미래에 대하여 두려워하는 것 등의 마음입니다. 이러한 마음은 마귀가 주는 것입니다. 누구나 이러한 두려움을 가지고 있습니다. 다만 상황에 따라 이러한 두려움이 나타나기도 하고 그렇지 않기도 하는 것입니다. 성령님의 도우심으로 이러한 두려움을 우리 속에서 미리미리 **빼내어** 두어야 합니다.

3) **죄의식**: 죄는 회개해도 죄의식은 남아있습니다. 도저히 용서받지 못할 죄가 있다는 생각, 나는 어쩔 수 없는 인간이라는 자포자기적인 생각은 오직 기도로 치료받을 수 있습니다. 이성

은 기억하고 있지 않아도 감정은 기억하고 있습니다. 감정은 엄청난 기억으로 우리를 붙잡고 영향을 줍니다.

하나님은 좋은 감정을 주시기를 원하시는데, 마귀는 불안과 미움과 두려움과 시기, 질투, 좌절감, 우울의 감정을 넣어주어, 여기에 빠지게 합니다. 성령님의 도우심으로 늘 감정을 정돈해 두어야 합니다. 성령의 인도를 받는 온몸기도로, 내적치유로 좋지 않은 감정을 청소해버려야 합니다. 좋은 감정으로 우리 안에 채워놓으세요. 좋은 감정이야말로 성공하는 삶의 자본입니다.

4) **열등감**: 사람들 앞에서 너무 긴장하거나 자신의 의사표시를 못하는 것, 심하게 내성적인 성격, 다른 사람의 비평, 충고에 쉽게 열등감을 느끼는 것, 쉽게 실망하는 것, 자신보다 못한 사람을 무시하는 것은 열등감 때문입니다. 경쟁사회에서 누구에게나 있는 감정입니다. 성령으로 찾아서 고쳐야 합니다.

5) **자기연민**: 자신이 인정받지 못할 것 같아 불안해하는 것, 자신보다 우수한 사람과 자주 비교하는 것, 환경조건에 관하여 심하게 불평하는 것은 자기연민 때문입니다.

6) **불순종**: 악한 영은 불순종하는 자들에게 붙어서 삽니다. "그는 허물과 죄로 죽었던 너희를 살리셨도다. 그 때에 너희는 그 가운데서 행하여 이 세상 풍조를 따르고 공중의 권세 잡은

자를 따랐으니 곧 지금 불순종의 아들들 가운데서 역사하는 영이라. 전에는 우리도 다 그 가운데서 우리 육체의 욕심을 따라 지내며 육체와 마음의 원하는 것을 하여 다른 이들과 같이 본질상 진노의 자녀이었더니"(엡 2:1-3)

7) 교만: 성령의 인도 가운데 온몸으로 기도하면서 이러한 좋지 못한 감정을 자꾸 **빼내어주어야** 합니다. 성령으로 내면을 정돈해주어야 합니다. 관리해주어야 합니다. 우리들은 감정적 표현을 너무 자주 사용합니다. 그러나 이러한 것으로는 사람을 변화시킬 수 없습니다. 감정에 찬 설교는 전혀 은혜가 없습니다. 사람들이 변하지 않습니다. 설교에서 감정을 **빼야** 합니다. 감정적 표현은 관계를 깨게 됩니다. 감정을 **빼고** 의사소통을 해야 상처를 입지 않습니다. "감정으로 일하지 않고, 말하지 않고, 살지 않고 하나님 지혜로 살게 해주세요." 하고 기도해야합니다.

2. 하나님과의 벽을 허물어라.

자신을 성찰하는 기도로 마음과 이성, 영과 혼을 분리하는 벽을 허물어야 합니다. 그래야 자신을 정확하게 보게 됩니다. 하나님은 영이시기 때문에 자신을 성찰하는 기도를 많이 하여 하나님과 막힌 벽을 허물어야 하나님과 통할 수가 있습니다.

1) 우리의 삶의 모든 반응이 얕은 정서에서 이루어지게 만드는 것, 성령님이 주인된 정서로 내려가지 못하게 막는 것은 우

리 마음속에 있는 벽입니다. 이 벽은 성령으로 허물어집니다.

2) **얇은 벽:** 염려, 근심, 걱정, 산만함, 무질서 등입니다. 이러한 벽들이 우리의 삶의 모든 반응이 얇은 수준, 육신적 수준에서 이루어지게 만듭니다. 우리는 어떻게 하든지 이것들, 이러한 벽들을 깨뜨리고 해결하고 잠을 자야합니다. 이를 위해 잠들기 전에 시간을 가지고 성령님에게 치료를 의뢰해야 합니다. 성령 안에서 온몸으로 기도하며 잠을 자는 습관이 중요합니다.

3) **두꺼운 벽:** 미움, 교만, 분노, 질투, 복수심, 중독 등. 기도와 은사로 마음속에 있는 이러한 두꺼운 벽을 깨뜨리세요. 성령님의 치유로 쳐내어 버리세요. 그래야 하나님의 은총이 마음속에 채워집니다. 벽이 두꺼울수록 우리의 삶이 마음이나 양심의 통제를 받지 못하며, 자신을 보거나 깨닫지도 못합니다.

이러한 상태는 하나님과도 단절된 상태이며, 기도를 많이 해도 응답을 받지 못하는 절망적인 상태입니다. 말씀과 성령으로 벽을 헐어야 합니다. 그러면 간단히 간구해도 하나님의 공급이 풍성해집니다.

본능과 마음사이에는 두꺼운 벽을 쌓으세요. 그 사이를 막으세요. 그러나 영과 마음사이에는 벽을 헐어야 합니다. 용서함으로 풀어야 합니다. 회개함으로 풀어야 합니다. 성령님의 도우심으로 풀어야 합니다. 그러면 아주 간단한 것, 지나치는 소리 한마디, 자연속의 새소리에서도 하나님의 은혜를 받을 수 있고, 하나님의 진리를 깨달을 수가 있습니다.

이사야서 59장 1절에 "여호와의 손이 짧아 구원치 못하심도 아니요 귀가 둔하여 듣지 못하심도 아니라." 말씀하십니다. 마가복음 8장 17절에서는 "예수께서 아시고 이르시되 너희가 어찌 떡이 없음으로 의논하느냐 아직도 알지 못하며 깨닫지 못하느냐 너희 마음이 둔하냐."하시며 질책을 하십니다.

들어도 깨닫지 못함은 예수님의 설교가 둔하고 어려워서가 아니라, 듣는 사람들의 마음속의 벽이 두껍기 때문입니다. 그러므로 설교를 잘하려고 노력하기보다는 마음을 깨우려고 노력해야 합니다. 복음은 마음으로 들어야 하고 마음이 열려야 하고 마음이 변화되어야 합니다. 사람들의 마음의 벽이 두꺼우면 말로 감동받지 못합니다. 심지어 예수님의 말씀도 마음이 굳어져 있으면 들어가지 못합니다. 벽을 허는데 관심을 가져야 합니다. 마음이 깨어 있게 하세요. 마음을 열고 자신을 정확하게 보고 인정하게 해야 합니다. 초대교회에서는 성도들이 바울의 편지 하나만으로도 깨어지고 은혜 받았습니다. 사도요한의 '사랑하라'는 말 한마디로 은혜가 넘쳤습니다. 주일예배를 설교중심의 보수적인 예배보다, 찬양과 기도를 같이 하여 성도님들이 마음을 열게 하여 성령하나님이 역사하는 예배가 되게 해야 합니다. 벽을 허는 예배가 되게 하세요. 성도들이 영에 감동을 받게 하세요. 성령님의 움직임에 우리의 영이 감동받게 하세요. 예배는 하나님을 만나는 것입니다. 예배에서 하나님을 반드시 만나게 해야 합니다. 예배 속에 운행하시는 하나님을 육신의 눈은 볼 수 없고 육성이나 이성은 느낄 수 없습니다. 오직 우리의 영이 보고 느낄 수 있습니다. 그러므로 마음의 벽을 깨고, 영을 깨워야 합니다. 그래서 하나님의 영이 우리의 죄를 씻고, 치료하고 위로하고 힘을 주시는 것을 느낄 수 있어야 합니다. 이러한 하나님을 만나지 못한 예배는 참 예배를 드리지 못한 것입니다.

하나님은 마가복음 4장 9절에서 "또 이르시되 들을 귀 있는 자는 들으라 하시니라."하십니다. 들을 귀란 영과 연결된 마음의 귀를 말합니다. 영이 열린 사람의 마음의 귀입니다.

영의 말인지, 사람의 말인지, 분별할 수 있는 영의 귀가 열린 귀입니다. 누가복음 21장 34절에 "너희는 스스로 조심하라 그렇지 않으면 방탕함과 술취함과 생활의 염려로 마음이 둔하여지고 뜻밖에 그 날이 덫과 같이 너희에게 임하리라."고 하십니다. '마음이 둔해짐'이란 영이 둔해짐을 말합니다. 세상의 방탕함과 생활의 염려, 죄악이 우리의 영을 잠재우는 것입니다.

4) 온몸 기도로 자신의 마음의 활동을 활성화시켜서 영적인 정서가 자신의 삶, 정신, 사고, 신앙에 전반적으로 영향을 끼치게 해야 합니다.

5) 죄는 하나님과의 관계를 차단시키고, 마음과 의식, 마음과 이성을 차단시킵니다. 죄는 우리의 마음을 어둡게 합니다. 마음으로 하는 기도가 불가능하게 만듭니다. 세상과 가까이하면 할수록 더욱 더 그 벽은 두꺼워집니다. 그러나 주님을 찬양하며, 섬기려 하며, 기도로 가까이 하려 할 때 그 벽은 무너집니다. 이

러한 노력은 단기간에 되지 않습니다. 지속적으로 끈기 있게 노력하여야 합니다. 우리가 벽을 깨뜨리려고 이러한 노력을 할 때마다 성령께서 우리를 도우십니다.

3. 기도는 성령 안에서 온몸으로 하라

1) 기도는 마음을 비우는 것입니다. 기도는 부족한 무엇을 달라고 하는 것이 아니라, 내 안에 있는 좋지 않은 세상 것을 비우는 것입니다. 비우는 것은 자신이 하는 것이 아니고 자신의 주인이신 성령님이 채워지면서 비우는 것입니다.

마음으로 성령님을 찾으면서 세상의 근심, 욕심, 불안함, 시기, 질투, 염려, 야망, 하나님이 보시기에 가증스러운 것들을 비워야 합니다. 우리의 마음을 쓰레기통으로 만들지 마세요. 배설물 통으로 만들지 마세요. 비움 후에 하나님으로 채우는 것이 기도입니다. 이를 위해 자꾸 자기성찰을 해야 합니다. 그리고 주님의 마음, 주님의 평강을 중심에 가져다 놓는 것입니다.

묵상을 통해 자신을 성찰하여 마음에 가득한 것, 손에 꼭 쥐고 있는 것을 내려놓고 빈 손, 빈 마음이 되어야 합니다. 그래야 하나님으로 채워집니다.

기도에 기합이나 감정을 넣지 마세요. 풀어놓으세요. 내려놓으세요. 편안하게 풀어놓으세요. 무릎 꿇으려고 애쓰지 마세요. 기도는 사랑하는 아버지를 만나고 그분이 주시는 것으로 채우는 것입니다. 이를 사모하고, 마음 속을 자꾸 비워야 합니다.

기도는 겸손한자가 할 수 있으며 기도하는 자는 더욱 겸손해져야 합니다. 겸손한 자가 하나님을 만날 수 있습니다. 겸손과 기도는 분리할 수가 없습니다. 하나님은 겸손한 자를 사랑하고 들어 쓰십니다. 영적으로 깨어난 사람, 하나님과 교제하는 사람은 기능적인 능력만을 추구하지 않습니다. 기능적인 것은 언제라도 바뀔 수 있습니다. 성품으로 말하세요. 겸손한 성품을 추구하세요.

기도는 높은 자리에서 내려와 종의 자리에서 하는 것이며, 나의 중심에서 내려오고 주님을 자신의 중심에 모시고 그 발 앞에서 겸손히 그를 쳐다보는 것입니다. 그분과 내가 일체가 되고, 더 깊이 그분을 섬기고 따르려고 하는 것입니다. 이러한 마음의 자세가 가장 중요합니다. 하나님을 어떻게 생각하는가, 어떻게 그분을 모시고 있는가, 이것이 제일 중요입니다.

기도는 하나님과 인간이 만나는 신비한 체험, 접점입니다. 신비와 현실, 이성과는 거리가 멉니다. 그 거리를 좁혀주는 것이 체험입니다. 체험은 믿음의 기도로부터 옵니다. 체험은 하나님에게 접근하려는 사람에게 옵니다. 체험은 하나님을 경험하는 것이며 신비입니다. 체험은 이론이 실제의 경험이 되며, 상상이 현실화가 되며, 신앙의 활력을 주며 전환점이 됩니다. 기도 속에서 하나님을 만나야 합니다.

기도 속에서 하나님을 체험해야 합니다. 가장 보편적인 체험은 평안입니다. 기도 속에서 많건 적건 하나님이 주시는 평안을 체험해야 합니다. 개인적으로 성령님을 체험해야 합니다.

기도에서 말을 하는 것이 중요한 것이 아니라, 성령하나님과 같은 영적상태에서 하나님을 만나는 것입니다. 그리고 이러한 만남이 체험이고 신비입니다. 이러한 만남을 위하여 마음 속을 비워야 하고, 하나님을 만나려는 마음가짐이 중요합니다.

아픔과 고통과 부족함을 가리려고 하지 말고, 그것을 드러내고, 내려놓고, 맡길 때, 주님은 우리를 만나고, 그것들을 빼내시고, 좋은 것을 채워주십니다. 이것이 주님과의 교제를 통한 은혜, 만남의 은혜, 교제의 은혜, 기도의 은혜입니다. 이것이 온몸기도입니다.

2) 기도는 비운 마음에 그리스도로 채우는 것입니다. 빌립보서 2장 5절에 "너희 안에 이 마음을 품으라. 곧 그리스도 예수의 마음이니"하셨습니다. 기도는 우리 속에 채워진 좋지 않은 것을 비워버리고 주님이 주시는 좋은 마음 천국을 품는 것입니다. 우리 마음 속에 예수 그리스도의 마음을 채우는 것입니다. 성령님의 마음으로 채우세요. 하나님의 마음으로 채우세요.

예수 그리스도의 마음을 품는 것은 즉 성령님을 품는 것입니다. 성령님을 사랑하고 사모하고 품는 것입니다. 그리할 때, 예수 그리스도의 마음을 품게 되는 것입니다. 자꾸 성령님을 많이 찾으세요. 입술로 찾지 말고, 마음으로 찾으세요. 마음 안으로 찾아야 합니다. 찾을 때 살아계신 하나님을 체험하게 됩니다.

그러면 차츰차츰 성품과 행동과 생각과 삶이 변화하게 됩니다. 이것이 바른 기도를 한 것입니다. 기도의 열매입니다. 그분이 원하시는 것은 무엇이든지 하겠다는 생각이 들게 됩니다. 이것이 바로 주님의 마음입니다. 이러한 마음이 점점 내 마음을 채우는 것을 느끼게 됩니다.

기도는 마음에 심겨진 잘못된 감정, 상처를 성령님의 도우심으로 비우고 지우는 것이며, 거기에 하나님의 성품으로 채우는 것입니다. 시간이 지날수록 차츰 안정감을 느끼게 될 것입니다. 나이가 들수록 이러한 부분이 더욱 중요하게 다가옵니다. 외부의 안정, 환경의 안정이 아니라, 마음의 안정감을 찾으세요.

이러한 기도는 성령 안에서 하는 온몸 기도입니다. 온몸 기도는 성령하나님과 같은 영적상태에서 해야 합니다. 성령님을 자꾸 찾으면 성령님이 나타나시며 의식에서 무의식으로, 의식에서 성령충만한 영적상태로 바뀌게 됩니다. 이때 생각하는 것은 의식(두뇌)이 아니라, 무의식(영, 마음)입니다. 마치 눈을 감고 고향을 떠올리는 것처럼 의식에서 나오는 것이 아닙니다.

이러한 상태가 마음의 상태, 영적상태입니다. 이런 상태에서 성령님에게 묻고, 간구하고, 도움을 요청하세요. 치유를 받으세요. 간단하게, 그러나 반복해서, 지속적으로 하세요. 이처럼 영적상태에서 마음으로 하는 한마디가 그냥 입으로 하는 수천마디보다 더 강하게 역사합니다. 인간의 주체는 머리가 아니라, 마음입니다. 마음으로 복음을 받는 것입니다. 성령충만한 영적상태에서 하나님이 주시는 평안이 세상을 이기는 에너지입니다.

기도와 찬양, 기도와 성품은 서로 깊은 관계가 있습니다. 찬양이 마음의 상태를 이끌고 나갑니다. 찬양에 강한 힘이 있습니다. 시대를 알려면 노래를 알아보세요. 어떤 가사, 어떤 감정인가? 초신 자는 보혈, 죄 사함을 찬양하세요. 성숙한 성도는 하나님께 드리고, 하나님을 만나고, 하나님과 깊은 관계를 맺는 찬양을 하세요. 찬양도 발전해야 합니다. 찬양도 변해야 합니다. 성령 안에서 찬양하는 습관을 들여야 합니다.

예배와 섬김이란 그 대상의 성품을 닮고, 그 대상의 운명에 동참하게 되는 것입니다. 기도는 그 대상에게 나아가는 것이며, 만나는 것이고, 그 대상의 것이 내게 들어오는 것입니다. 그 대상과 내가 일체가 되는 것입니다.

4. 기도의 장소

1) 기도는 마음, 즉 심령에서 나와야 합니다. 심령에서 나와서 말로 표현되는 것이 바른 기도입니다. 심령에서 나오지 않는 것은 아무리 미사여구를 사용하여 장시간 기도해도 사실은 기도하고 있지 않는 것입니다.

2) 기도는 은총입니다. 누구나 우상에게 기도할 수 있지만, 오직 하나님의 자녀만이 하나님 아버지에게 기도합니다. 그러므로 하나님 아버지에게 하는 기도는 은총입니다. 은총 속에서 아버지에게 하는 기도가 바른 기도입니다. 내가 하나님의 자녀가 되었다는 사실 하나만으로도 무한 감사할 수 있어야 하는

데, 여기서 한걸음 더 나가서 기도로 하나님과 만날 수 있게 됨은 진정 은총입니다. 기도는 은총이나 기도자의 노력이 은총과 합해져야 합니다. 구원은 거저 주시지만, 은혜와 은총을 거저가 아니라, 우리가 노력하고 찾아야 합니다. 거저주신 은혜는 저절로 묻힙니다. 이 은혜를 사용하기 위해서는 깊이 파들어 가야 합니다. 그러므로 기도는 오래하여 깊어져야 합니다.

구약성경에 보면 하나님의 성전에서 가장 깊은 곳에 지성소가 있는 것처럼, 우리의 지성소인 영혼(마음)에 하나님이 계십니다. 따라서 우리의 영혼은 무한한 크기와 능력을 가집니다. 우주보다 더 크십니다. 우리는 여기서 하나님을 만나야 합니다. 이것은 모든 크리스천에게 절대 절명의 명제입니다. 마음은 하나님이 계신 영혼과 가장 가까운 곳에 위치해 있으며 하나님과 하나가 될 수 있는 장소입니다. 마음에서 하나님을 찾고 마음으로 하나님을 찾는 이런 사람이 하나님을 만나게 됩니다. 이런 사람은 하나님을 만난 모세처럼 삶의 자세가 달라집니다. 이처럼 하나님에게 가까이 가는 사람만이 하나님과 하나가 될 수 있습니다.

3) 마음은 감정, 기분, 지성, 애정을 느끼는 기관이 아니라, 더 깊은 곳에 있는 인간의 궁극적 기반이며 근원이 되는 곳입니다. 깊은 곳에 영을 담는 장소입니다. 마음은 지정의를 느끼는 곳이나, 육신보다 더 깊이 있기에 이것을 실감하는 것은 쉽지 않습니다. 마음이 열려야 성령님이 주인으로 역사하십니다.

4) 보통 이 깊은 마음은 일상생활에서 활동하지 않고 지-정-

의의 행위 아래 마비되어 있습니다. 우리는 일상생활을 지-정-의라는 이성과 육신의 본능으로만 영위하고 마음을 사용하지 않습니다. 그래서 마음의 활동이 퇴화되었습니다. 감정과 육신, 생각은 무리할 만큼 혹사시키지만, 마음은 잠재우고 있습니다. 그러므로 성령 안에서 온몸기도를 할 수 없습니다. 기도는 지정의와 본능의 활동아래에서 잠자는 마음, 즉 영을 깨워 그 안에 거하시는 하나님과 교제하는 것입니다.

그러므로 하나님의 은혜는 위에서 오는 것이 아니라, 안에서 오는 것입니다. 마음으로 하나님을 만나고, 마음으로 하나님에게 말하게 해야 합니다. 이것이 바른 기도입니다. 육체, 본능, 동물적인 기능이 내 뜻대로 되지 않을 때, 육체가 나와 또 다른 인격체라고 하는 것처럼, 마음은 우리 안에 있는 또 다른 인격체입니다. 마음이 굳어져 있으므로 하나님을 느끼지 못하고, 하나님과 교제하지 못하게 됩니다. 마음이 해야 할 역할까지 이성이 해야 하기 때문에 이성은 점점 더 복잡해집니다.

마음, 영성은 단순한 것입니다. 어린아이처럼 단순해지는 것이 마음을 깨우는 것입니다. 순수함을 찾는 것입니다. 마음이 깨어나서, 마음으로 살고, 생각하고 느끼게 될 때, 진정 크리스천의 삶이며, 이러한 사람의 느낌이나 생각이 세상 사람과 다르게 됩니다. 더 깊고, 더 굳건하고, 더 멀리보고, 더 깊이 느끼게 됩니다.

마음으로 보고, 느끼고 사는 것이 올바른 삶의 목표를 가지고 사는 것입니다. 마음은 우리의 삶의 방향이 하나님을 향하도록 방향을 잡아주는 것입니다. 그러므로 마음은 인생의 나침반입니다. 그런데 이 마음이 잠들어 있음으로 삶이 방향과 목적과 의의를 잃고 헤매는 것입니다. 마음을 깨우세요. 영을 깨우세요. 영이 살아나야 합니다. 마음을 깨뜨려서 내속에 있는 하나님을 느끼세요. 하나님의 은혜가 솟아오르게 해야 합니다. 마음 속에 파묻혀 있는 온몸으로 보물을 찾아내세요. 우리 몸에서 가장 중요한 부분은 머리도, 얼굴도 아니라, 마음입니다. 마음을 보살피고 꽃밭을 가꾸듯 가꾸어야 합니다. 그 마음 속에 엄청난 보화와 능력이 감추어져 있습니다.

5) 사람들 대부분은 마음의 활동보다는 이성에 의한 육체의 활동만 하고 있으며, 마음과 이성 사이에는 두꺼운 벽이 있어서 분리시켜놓고 있습니다. 그러므로 마음의 기능이 약해져 있으며, 상대적으로 이성과 육신으로만 활동하고 있습니다. 이성과 육신이 인간의 활동을 지배합니다. 대부분의 결정을 마음이 아니라, 이성으로 내립니다. 그러므로 하나님과 무관한 결정이 되고 맙니다. 성령의 역사로 마음이 깨어서 마음으로 하는 결정이 하나님과 유관한 결정입니다. 하나님은 마음을 깨워야 음성을 들려주십니다. 가나안 땅을 분배하는 아브라함과 롯의 경우, 롯은 이성의 결정이고, 아브라함은 마음의 결정, 영적인 결정을 하였습니다. 마음으로 결정하는 습관을 드려야 합니다.

28장 예수님의 응답받으며 권능을 강화

(막7:29-30)"예수께서 이르시되 이 말을 하였으니 돌아가라 귀신이 네 딸에게서 나갔느니라 하시매 여자가 집에 돌아가 본즉 아이가 침상에 누웠고 귀신이 나갔더라."

성령으로 기도하여 응답을 받을 수 있다는 것은 자신 안에 주인이신 하나님과 관계가 열린 것입니다. 관계가 열렸다는 것은 하나님께서 주인되어 온몸 기도하며 마음의 상처와 스트레스를 정화하여 전인격이 하나님의 나라가 되어 영력이 강하다는 표징입니다. 그러나 마귀도 응답을 주니 조심해야 합니다. 마귀가 응답을 주는 경우 성령과 예수 그리스도를 통하지 않고 육신적인 상태에서 인간의 욕심과 방법으로 기도하는 것을 마귀가 응답을 주기도 합니다. 그러나 많은 분들이 마귀가 주는 응답은 이루어지지 않는 것으로 믿고 있는 경우가 많습니다. 마귀가 응답을 주어도 처음은 맞는 것입니다. 그래야 성도가 미혹당하지 않겠습니까? 처음에는 맞아도 갈수록 문제가 생깁니다.

우리가 기도하는 조건마다 응답되지 않는 것은 하나도 없는 것입니다. 왜냐하면 우리 하나님은 참되시고 약속을 불변하시는 전지전능하신 하나님이시기 때문입니다. 그러나 많은 사람들이 응답을 받고서도 그것이 응답 인줄을 알지 못하고 불안해하고 염려하는 것 많이 볼 수 있습니다. 우리 아버지는 무소부재하시고 전지전능하신 권능의 하나님 이십니다. 그러므로 우리의 기도가 하나님의 마음에 상달되었는지 안 되었는지 생각하거나 염려할 필요는 없습니다. 그리고 할레비스가 말한바와 같이 하나님께 상달된 기도는 세심한 검토와 성실한 결제를 통하여, 우리 각 사람에게 오게 되는데, 이 응답은 여러 가지 형태로 나타나게 되는 것입니다.

1.긍정적으로 오는 응답. yes.

"너는 돌아가서 내 백성의 주권자 히스기야에게 이르기를 왕의 조상 다윗의 하나님 여호와의 말씀이 내가 네 기도를 들었고 네 눈물을 보았노라 내가 너를 낫게 하리니 네가 삼 일 만에 여호와의 성전에 올라가겠고"(왕하20:5).

이와 같이 구하는 것을 즉시 이루어 주시는 응답도 있습니다. 신구약 성경을 통하여 이렇게 응답을 받은 용장들이 많이 있었습니다. 이렇게 즉시 구하는 것이 응답되었다는 것이 성도의 얼마나 귀하고 복된 일인지 모릅니다. 그러나 이렇게 구하는 것이 응답을 받는다는 것이 일면으로는 두렵고 떨리는 일도 되는 것입니다.

왜냐하면 그렇게 하나님께서 속히 허락하신 이유와 목적은 하나님께 영광을 돌리게 하시려고, 즉 하나님이 영광을 받으시려고 허락하시는 것입니다. 그러므로 이렇게 즉각 응답을 받는 사람들의 말로가 그렇게 좋게 끝나는 사람이 희귀한 것을 교회 역사상 볼 수 있는 것입니다. 그들이 기도를 응답받은 후 하나님께 영광을 돌리지 않고 정욕거리로 이용해 버렸기 때문입니다. 예를 들면 히스기야 왕의 경우, 그가 병들어 죽게 되었을 때 하나님께 간청하여 그 생명을 15년을 연장 받았던 사실은 역사에 있어서 독특한 축복을 받았던 것입니다. 그러나 그의 연장받은 15년 동안의 생애를 어떻게 보냈으며 어떻게 끝났습니까? 히스기야는 마음이 교만하여 그 받은 은혜를 보답치 아니 하였음으로 하나님의 진노가 히스기야와 히스기야의 가정과 유다와 예루살렘에 까지 임하게 되었던 것입니다(역대하 32:25).

하나님께서 히스기야의 눈물을 보시고, 그 생명을 연장해 주실 때는 히스기야가 건강해 지자마자 하나님 성전에 올라가서 영광을 돌리고, 히스기야가 겸비하여 하나님을 두려워하며 하나님을 위하여 살아드리기 위함이었으나(왕하 20:5), 그는 교만해 졌음으로 차라리 히스기야의 기도가 응답되지 않은 것이 좋을 것 같은 저주를 자청하였던 것입니다.

모세의 경우 그처럼 자주 기도하는 대로 허락 받았던 사람은 전무후무한 사람이었으나, 모세가 무리바에서 하나님의 말씀대로 반석을 명하여 물을 내지 아니하고, 자신의 상처인 혈기로 인하여, 반석을 쳐서 물을 내었을 때, 하나님의 영광을 돌리지 아니한 죄를 범하므로 하나님께서 대노 하시고, 비스가 산꼭대기에서 약속의 기름진 땅 가나안을 바라보고 죽었던 것입니다.

그리고 아브라함이 기도할 때 응답으로 횃불로 임하셨습니다(창15:17). 또 갈멜산에서 엘리야가 기도할 때 불로 임하셔서 응답을 했습니다(왕상18:37-38). 솔로몬이 성전 건축을 마치고 낙성식을 하며 기도할 때 불로 임하여 번제물과 제물들을 살랐습니다(대하7:1). 그리고 오순절 날 열흘 동안 일심으로 인내하며 기도하던 사람들에게 성령이 불의 혀같이 갈라지는 것이 온 사람위에 하나씩 임했다고 했습니다(행2:3). 이렇게 우리가 기도할 때 불이 하늘로부터 임한다는 것은 하나님의 임재를 상징합니다. 지금은 자신의 마음 안에서 예수님으로부터 성령의 불이 타오릅니다. 여기서 우리는 기도하는대로 즉시 이루어 주시는 것은 하나님께서 성도에게 주시는 축복이지만, 따라서 두렵고 떨림으로 하나님께 감사하고 영광을 돌려야 할 것입니다.

2.부정적인 응답. NO.

"이것이 내게서 떠나가게 하기 위하여 내가 세 번 주께 간구하였더니 나에게 이르시기를 내 은혜가 네게 족하도다 이는 내 능력이 약한 데서 온전하여짐이라 하신지라. 그러므로 도리어 크게 기뻐함으로 나의 여러 약한 것들에 대하여 자랑하리니 이는 그리스도의 능력이 내게 머물게 하려 함이라"(고후12:8-9).

이것은 다른 각도의 응답입니다. "아니다"는 분명히 거절이지만 이것은 기도의 소극적, 부정적인 응답인 것입니다. 우리는 때때로 기도의 응답을 완전히 결정해 놓고, 그 응답되어야 할 방법까지 하나님께 납득시키려고 노력하며, 또 그렇게 안 될 때 기도가 응답되지 않는다고 낙심 합니다.

그러나 하나님께서는 우리가 원하는 방법과 목적과 그 방향대로 허락하실 리가 만무 한 것입니다. 왜냐하면 하나님은 사랑의 하나님이시기 때문에 (루터)는 우리는 은을 구하나 하나님은 종종 금을 주신다고 하였습니다. 그럼으로 우리가 기도한 조건으로 이루어 주시지 않는다고 기도의 응답이 안 된 것은 아닙니다. 그러면 하나님께서는 왜 "아니다"라고 거절형식의 응답을 알아 보고저합니다.

1) 그것들이 우리에게 적극적인 손상을 초래하게 되는 경우
아무리 사랑하는 자식이라도 독약병이나 칼을 달라고 할 때 줄 수 있겠습니까? 그 아이를 사랑하면 줄 수 없을 것입니다. 바울의 경우 그는 병에 걸려 몸이 약하였다고 하였습니다(찔리는 가시로). 그의 사명은 너무나도 중하였고, 또 주님이 원하시는 것을 이루겠다고, 세계를 복음화 하려는 대망의 전도의 불이 붙어 타고 있었습니다. 그래서 자기가 어서 속히 건강해 지는 것만 하나님의 뜻으로 알아서, 세 번 기도를 반복하였으나, 그것이 물러가는 것이 거절당했던 것입니다. 하나님께서는 왜 그리 냉혹하게 거절하셨을까요? 그것은 하나님께서 바울을 너무나 아끼시고 사랑하시기에 그리하였던 것입니다.

바울의 기도 뒤에는 많은 계시와 그의 많은 지식과 목회에 성공 등으로 인한 교만의 독약병이 감추어 있었기 때문에 이 교만이란 하나님과 원수가 되는 것이므로 하나님께서는 바울의 충성스런 사명에 지장이 되는 육신의 질병을 남겨 두면서까지 그를 사랑하시고 그 사명을 감당할 수 있도록 기도의 힘을 주시었던 것입니다. 질병이 있으니 하나님께 기도하기 때문입니다.

2) 간구가 거절됨은 조금 더 좋은 것으로 주시기 위함입니다.
"예수께서 대답하여 이르시되 너희는 너희가 구하는 것을 알지

못하는도다 내가 마시려는 잔을 너희가 마실 수 있느냐 그들이 말하되 할 수 있나이다"(마20:22).

무엇이 더 좋은 응답인지 모릅니다(고후12:8). 그러나 하나님께서는 무엇을 주셔야 우리의 영-혼-육이 유익할 것까지 아시는 아버지 이십니다. "그러므로 그들을 본받지 말라 구하기 전에 너희에게 있어야 할 것을 하나님 너희 아버지께서 아시느니라."(마6:8) 그러므로 어거스틴 어머니 모니카는 자기 아들이 로마로 가지 아니 하기를 열열히 기도하였으나 하나님께서는 로마로 가도록 허락 하셨던 것입니다.

어거스틴 어머니는 대 실망을 하고 기도가 응답되지 않은 줄 알고 상심이 되었었습니다. 그러나 어거스틴을 로마로 보내시는 하나님의 의도는 모니카의 평생소원인 어거스틴의 개종을 이루시기 위함 이었던 것입니다. 할렐루야! 하나님의 깊고 오묘한 뜻이었습니다. 하나님께서 인간의 판단을 뒤엎으신 것이 아니시겠습니까? 이탈리아의 로마는 음탐하고 사치하여 어거스틴이 거기에 가면 더욱 타락 할 줄로 알았으나, 오히려 거기에 가서 개종하게 되었던 것입니다.

그래서 어거스틴은 말하기를 한이 없는 은혜를 베풀어주시는 하나님은 우리 어머니가 요구하는 바에 응답을 해주시지 안했지만, 그가 진정으로 소원하는 바를 들어 주셔서, 어머니가 항상 원하던 대로 나를 기독교인이 되도록 하여 주셨다고 하였습니다.

3) 간구를 거절하심으로 좀 더 더 큰 소망을 주시려고 하십

니다. 우리가 기도하는 것을 응답해 주시지 안 하시거든, 조금 더 큰 소망을 바라고 인내하며 기도해야 합니다. 세베대의 아내와 그 아들들은 주님의 우편과 좌편에 앉기를 위하여서는 기도하면서, 주와 같이 십자가에 못 박히고자 하는 기도는 하지 아니 하였던 것입니다. 예수님은 "그런즉 너희는 먼저 그의 나라와 그의 의를 구하라 그리하면 이 모든 것을 너희에게 더하시리라"(마6:33). 고 말씀하시며, 땅위에 있는 저속한 것 보다는 조금도 고상하고, 큰 소망을 가져야 할 이상을 보여 주신 것입니다. 이와 같이 하나님의 목적은 우리가 원하는 좁고 적은 것 보다는 더 큰 우주적 범위의 큼직한 것입니다.

그러나 우리 주님은 거절하심과 동시에 우리에게 납득이 가도록 설명해 주시기를 기뻐하시는 것입니다. 바울의 경우도 거절하심과 동시에 네 은혜가 네게 족하다고 하는 납득을 시켰고, 세베데의 아내의 기도에도 너희가 구하는 것을 알지 못하도. 나의 마시는 잔을 너희도 마실 수 있느냐? 고 타일러 주시는 친절하신 주님은 꾸짖지 아니 하십니다. 이러한 친절하신 주님의 말씀이 우리에게 느껴 질 때는 우리는 어처구니없는 고집을 중단하고 기도를 좀 더 고상하고 깊은 차원으로 올려놓아야 할 것입니다. "토마스 아켐프스"는 기도하기를 오주여! 주님은 우리에게 가장 좋은 것이 무엇인지 아시나이다.

3. 대기적 형식으로 기다리라.
"여호와 앞에 잠잠하고 참고 기다리라 자기 길이 형통하며 악한 꾀를 이루는 자 때문에 불평하지 말지어다.”(시37:7).

　기도는 그의 응답이 언제나 하나님께서 정한 정확한 시간에 오는 것입니다. 이 정확한 시간에 대한 개념은 응답을 받는 사람의 주관에 있는 것이 아니요, 적당하고 꼭 필요에 따라 나누어 주시는 하나님의 편에서 작정한 시간을 말합니다. 인간편으로 볼 때는 응답을 연기 하시면서 기다리라 하십니다. 하박국의 기도에서 볼 수 있는 대로 그는 하나님께 기도해도 응답이 없이 침묵만 계속 하심에 대하여 원망하고 낙심하고 있던 차에 비록 더딜지라도 기다리면 응답하시리라고 대답하시었습니다.

　우리는 기도를 놓고 시간, 시간, 초조하게 기다립니다. 그러나 때로는 아무 일도 일어나지 않습니다. 우리가 위하여 기도했던 질병이나 걱정거리들은 그대로 남아 있습니다. 하나님의 권능의 손이 그것을 막아 주시는 것 같지도 않게 느껴집니다. 이 무슨 실망이며 낙망입니까? 우리는 우리 자신의 응답에 대해서 미리 계획하고 와서 하나님을 납득시키려 하다가 뜻대로 관철되지 않으면 실망을 하고 말지만, 실은 우리 뜻대로 계획한 시간에 응답이 오지 않음이 응답 된 것임을 깨달아야 합니다. 그러면 하나님께서 우리의 기도의 응답을 연기하신 이유를 설명하고자 합니다.

　1) 기도의 응답을 연기하심으로 성도의 믿음과 인내를 시험하십니다. 욥이 당시의 의인이라고 했으나 그 자녀들과 재산을 한꺼번에 잃어버리고 자기의 육신도 만신창이가 된 후에도 그의 기도를 얼마나 오래 연기하시었습니까? 그러나 하나님께서

는 더욱 큰 축복으로 갚아주실 계획이 있었든 것입니다. 예수님께서 제자들이 타고 가는 배안에서 배 고물을 배고 주무셨을 때 제자들의 생각에는 풍랑을 인한 자기들의 고난을 전혀 알지 못하시고 잠만 자고 계시는 줄 알고 우리가 죽게 된 것을 어찌 돌아보시지 않느냐고 불평을 털어놓고 기도를 드렸던 것입니다.

그러나 예수님께서는 오히려 "이에 제자들에게 이르시되 어찌하여 이렇게 무서워하느냐 너희가 어찌 믿음이 없느냐 하시니"(막4:40). "제자들에게 이르시되 너희 믿음이 어디 있느냐 하시니"(눅8:25상). 반문하시고 책망하셨던 것입니다. 이렇게 응답을 연기하심은 성도의 인내와 신뢰와 태도가 어떠한가를 알아보시기 위함이었으니 예수는 그들을 돌아보지 않으신 것이 아니었기 때문입니다.

2) 기도의 응답을 연기하심으로 성도를 겸손히 하고 하나님의 권능의 영광을 나타내시려고 하십니다. 요11:1 이하에 보면 예수님께서 가장 사랑하셨던 가정에서 비보가 예수님께 도착하였습니다. 사연인즉 마리야와 마르다가 사람을 보내어 자기 오빠 나사로가 병들었으니 속히 오셔서 고쳐 주시라는 것이었습니다. 그 여인들은 나사로의 병만을 위하여 기도하였으나 예수님께서는 여인들의 믿음과 신뢰성의 굳어짐까지 주시고자 계획하셨던 것입니다. 그들은 예수님이 속이 오셔서 고쳐 주실 줄만 알고 큰 소망으로 초조하게 기다리고 있었던 것입니다.

그러나 예수께서는 그 질병이 죽을병이 아니라고 퉁명스럽고 냉정한 말씀으로 그들의 간구를 연기하시고, 더욱이 그 계시던 곳에서 이틀이나 더 유하시면서 가지도 않고 침묵으로 지내셨다고 하셨습니다. 더구나 나사로가 죽어서 무덤에서 나흘이나 되었다고 하였으니 얼마나 오래 연기 하셨는지를 알 수 있게 됩니다. 때 예수께서 오신다는 말을 듣고 달려갔던 마르다가 "주께서 여기 계셨다면 내 오라버니가 죽지 아니하였겠나이다." 하면서 불평과 원망을 털어놓기까지 하였고, 마르다는 예수님이 오신다는 소식을 전하기 위에서 집으로 달려갔습니다.

그 소식을 들은 마리아가 예수님을 영접하러 마을로 달려오기까지, 예수님께서는 마르다를 만났던 장소에 머물러 계셨다고 했으니, 무슨 이유로 예수님께서 연기하시고 오시지 않았겠습니까? 마르다와 마리아는 얼마나 초조하였겠으며, 그토록 냉정하게 침묵만 지키며 연기하신 주님의 의도가 무엇이었을까요? ① 그들이 불평하고 성급하게 굴었던 것을 뉘우치고 주님을 더욱 의지 하게하시려는 목적이 있었고, ② 저들의 특권의식을 버리고 겸손하게 하시려는 목적이 있는 듯합니다. ③ 나사로가 완전히 썩은 후에 가셔서 하나님의 권능을 나타내셔서 사후의 성도의 부활에 교훈을 주시기 위함인듯합니다.

3) 영적훈련의 방편으로서 응답을 연기 하십니다. 아브라함 역시 이삭을 쉽게 얻었으면 하나님에게 그토록 많은 기도를 할 수 없었을 것입니다. 하나님은 아브라함이 기도를 많이 하여 하나님의 형상으로 온전하게 바뀌어서 무에서 유를 창조하시는 하나님의 섭리를 알고, 보고, 믿을 때까지 기다리신 것입니다. 아브라함은 아들만 원했으나 하나님은 더 많은 것을 원하셨다

는 것입니다. 하나님은 아브라함이 참고 인내하면서 하나님의 섭리에 따라오기를 원했던 것입니다. 아브라함이 자신의 힘으로는 도저히 안 된다고 생각하고 하나님에게 기도하고 맡길 때 하나님은 90살 된 사라로 부터 이삭을 잉태하여 출산하도록 한 것입니다. 아브라함이 기도를 많이 하여 온전하게 하나님을 신뢰하는 마음으로 변했을 때 기도를 응답하신 것입니다.

주님 탄생 하실 때 당시 "아셀" 지파에 "바누엘"의 딸인 안나라는 선지자가 결혼한 후 일곱 해 동안 남편과 함께 살다가 과부가 되고 84세가 되도록 성전을 떠나지 않고 주야로 금식하며 초림하실 예수님을 위해 기도하였다고 하였습니다. 만약 그가 5년이나 1년도 못되어서 그 기도가 응답했다면 그가 84세가 되도록 성전에서 주야로 금식하며 기도의 훈련을 쌓지 못했을 것입니다. 기도가 연기 되거든 더욱 기도하고 영적 훈련을 시키시려는 주님의 원대하신 목적에 적응해야 할 것입니다.

4) 하나님께서는 자기 자녀의 음성을 더욱 듣고 싶어서 연기하십니다. 우리의 기도가 하나님의 뜻에 모순됨이 있을 지라도 주님은 그 자녀들의 음성을 듣기를 원하십니다. "바위 틈 낭떠러지 은밀한 곳에 있는 나의 비둘기야 내가 네 얼굴을 보게 하라 네 소리를 듣게 하라 네 소리는 부드럽고 네 얼굴은 아름답구나"(아가서2:14.) 라고 말씀 하셨습니다. 우리들의 아버지는 은밀한 곳에서 부르짖는 자녀들의 음성을 듣고 싶어 하신다는 것을 알아야 합니다. 그런데 우리가 응답을 속히 받아버리면 하나님과의 진지한 대화가 늘 결여되는 아쉬움도 없지 않을 것입

니다. 계속하여 기도하는 목소리, 찬송하는 목소리로 하나님의 형상을 닮고 아버지를 기쁘시게 하도록 해야 합니다. 우리는 기도가 연기되면 될수록 더욱 기도하고 찬송해야 합니다.

우리 아버지께서는 위에서 지적한 이와 같은 목적 때문에 응답을 연기하시는데, ① 환경의 실제적 효과에 의하여 연기하시며, ② 상황의 경중을 위하여 연기하시며. ③ 하나님의 작정하시는 시간을 변경치 않는 한도 내에서 허락하시기 위하며, ④하나님의 형상으로 온전하게 바뀌도록 하기 위함인데, 우리는 주님의 때는 아직 이르지 아니했으나, 하나님의 때를 맞추기 위하여 부지런히 간구하여야 하는 것입니다.

4.영적 감화의 응답.

"아무것도 염려하지 말고 오직 모든 일에 기도와 간구로 너희 구할 것을 감사함으로 하나님께 아뢰라, 그리하면 모든 지각이 뛰어난 하나님의 평강이 그리스도 예수 안에서 너희 마음과 생각을 지키시리라." 이는 특수성을 띤 기도 응답의 형태입니다. 이는 우리가 기도하는 목적대로 즉시 응답도 없고, 오히려 사건은 더욱 악화 된다고 할지라도, 모든 지각이 뛰어나신 하나님의 평강이 우리 마음과 생각을 지켜 주십니다.

다시 말하면 우리가 무엇을 구할 때, 그것을 주시지 않으면서도 마음에 한없는 평화와 기쁨과 감사할 수 있는 생각을 주시는 내적 감화를 하나님의 평강이라고 말하는 것입니다. 그래서 내가 이제까지 기도하고 배웠던 것이 얼마나 철이 없고 부질없는 생각이었나를 깨닫게 해 주시고, 어떠한 육신의 고난이나 역경도 감사하도록 지켜주시는 것입니다.

5.명령을 주신다.

쉽게 예를 든다면 영적-정신적-육체적으로 고통을 당하는 성도가 자신의 질병을 "어떻게 하면 치유할 수 있습니까?" 하면서 주야로 기도하는데 성령께서 감동하시기를 "기독서점을 가보아라" 하실 수가 있습니다. 그러면 기독서점을 찾아가야 합니다. 기독서점에 가면 분명하게 자신의 눈에 쏙 들어오고 한번 읽어보아야 하겠다고 마음에 감동이 강하게 오는 책을 보게 될 것입니다. 그 책을 사다가 읽으면 응답이 책안에 있다는 것입니다. 책을 읽다가 보면 집회라든지 예배라든지 등등을 통해서 자신의 질병을 치유할 수 있는 방법을 찾을 수가 있습니다. 그러면 책에서 감동받은 대로 거리를 상관하지 말고 찾아가면 자신의 질병을 치유 받게 됩니다.

다른 예는 성령의 불을 받으려고 주야로 기도하는 데 어느날 기독교 계통 신문에 나온 광고를 보는 순간 야~ 여기가면 성령의 불과 권능을 받을 수가 있다는 생각이 자신을 주장하면 거리를 생각하지 말고 비용을 계산하지 말고, 그 곳을 찾아가면 자신이 사모하는 성령의 불과 성령의 권능과 은사를 받게 됩니다. 찾아가서도 한번 구경하고 오지 말고 자신이 사모하고 바라는 성령의 불과 성령의 권능과 은사가 자신에게서 나타날 때까지 그곳을 다니는 것입니다. 그러면 소원이 이루어집니다. 분명하게 성령께서 자신이 원하는 성령의 불과 성령의 권능과 은사를 받게 하실 것입니다. 성령의 감동하심에 순종이 중요합니다.

6.기도 응답의 결과. 지혜와 지식을 주십니다(약1:5). 형통함을 주십니다(대하7:1). 성령의 역사를 불러일으킵니다(행4:31). 능력을 주십니다. (행4:33)"사도들이 큰 권능으로 주 예수의 부활을 증언하니 무리가 큰 은혜를 받아" (빌4:13)"내게 능력 주시는 자 안에서 내가 모든 것을 할 수 있느니라" 기도는 우리가 할 수 있는 역사 중에서 가장 효력이 있는 역사입니다.

7.온몸기도로 응답을 받은 체험.

2000년도 11월로 기억이 납니다. 필자가 교회를 개척하고 하도 성장되지 않아 힘이 부쳐서 새벽에 사모 외에 아무도 오지 않은 새벽기도 시간에 하나님께 기도를 드렸습니다. 하나님! 어떻게 목회를 해야 합니까? 어떻게 목회를 해야 합니까? 하고 계속 물어보니까, 소리가 분명하게 내면에서 들리는 음성으로 앞으로는 영성이다. 21세기에는 영성이다. 영성! 영성! 영성! 그래서 영성이라 영성은 내가 신대원 다닐 때 조직신학 교수님이 영성 하는 목회자들은 이단이라고 했는데 이것 잘못되는 것 아닌가, 그리고 가정 사역을 하면서 영성을 하시는 교수님이 치유에 관한 책을 나누어 주셨는데 다 돌려주라고 해서 돌려 준 생각이 났습니다. 여기서 한 가지 알고 지나갑니다.

우리가 영적으로 깊이 들어가지 못하게 하는 것이 세 가지가 있습니다. 첫째 마음의 상처입니다. 상처는 태아에서부터 현재까지의 모든 비정상적인 사건사고로 당한 마음의 응어리를 말합니다. 이 상처를 당할 때 영적인 것(귀신)이 침입하여 우리를 영적으로 깊이 들어가지 못하도록 방해 합니다. 둘째는 자신의 잘못된 자아입니다. 자아는 지금까지 세상을 살아오면서 보고 들은 모든 것입니다. 학교에서 배운 것이 자아가 되기도 합니다. 교회에서 터득한 내용이 자아로 작용하기도 합니다. 교회의 헌법이 자아가 되기도 합니다. 잘못된 말씀 공부도 자아로 작용할 수 있습니다. 셋째는 가문의 혈통을 타고 대물림되며 역사하는 영적인 문제입니다. 세대의 죄악이 자손 3-4대까지 영향을 미칩니다. 그래서 하나님이 이 세 가지를 부수어 드리기 위하여 연단하고 단련하시는 것입니다.

그래서 그때 교수님의 말씀이 저의 무의식에 남아 자아가 된 것입니다. 쉬운 말로 잘못된 운전사입니다. 그러나 필자는 내가 직접 알아보겠다하고 인터넷을 들어가 영성이라고 쳤더니 한 영성원이 나왔습니다. 그래서 자료들을 하루 종일 읽어 보니 내 수준으로는 이단성을 발견할 수가 없었습니다. 그래서 그곳에 전화를 했습니다. 여자 분이 전화를 받는데 아주 친절하게 안내하여 주었습니다. 매주 목요일 날 여전도 회관에서 집회가 있다는 것입니다. 그래서 사모를 대동하고 갔습니다. 저는 어디를 가면 꼭 사모를 대동합니다. 왜냐하면 우리 사모가 저보다 신앙 수준이 높다고 생각했기 때문에 분별해 보라고 데리고 갑니다.

또 내가 혼자 어디 갔다가 오면 대답해주기가 아주 복잡해지기 때문이기도 합니다. 그래서 목요일 날 같이 가서 강의를 들었습니다. 그랬더니 우리 사모의 반응이 아주 좋았습니다. 자기가 듣고 싶은 영적인 말씀이었는데 여기서 듣는 다고 아주 좋아했습니다. 집회가 끝나고 상담하실 분들은 상담하러 오시라고 하면서 앞에 있는 건물 이층으로 오라고 했습니다. 그래서 마음도 답답하고 어찌할 바를 모를 때라 순서를 기다리다가 목사님의 상담을 들어보니까 저보고 마음이 아주 답답하다고 하셨습니다. 맞습니다. 정말 마음이 답답합니다. 어떻게 해야 합니까? 그러니까, 목사님이 여기 있는 테이프를 빌려다가 계속 보면서 영성의 눈을 뜨라고 하셨습니다. 그래서 사모에게 테 잎을 빌려가자고 해서 한 보따리를 들고 와서 그것을 보고 들었습니다. 처음에는 무슨 말인지를 모르다가 차츰 들리고 익숙 되어 갔습니다. 목요일 날 계속 다니다가 그곳에서 11월 마지막 주에 3박 4일 집회가 있다고 해서 그곳에 가서 3박 4일 집회를 참석했습니다. 참석해서 목사님 강의를 들으니까, 제가 지금까지 마귀 귀신 짓을 한 것이 보이기 시작했습니다. 그래서 회개도 많이 했습니다. 그때부터 영적인 눈을 뜨기 시작하여 지금에까지 이른 것입니다. 하나님의 가야할 길을 몰라 방황해하는 저를 음성으로 들려주셔서 바른 길로 안내하여 주신 것입니다. 저는 그때부터 시작해서 지금까지 다른 곳에 눈을 돌리지 않고 영성과 성령치유와 사람의 마음의 세계에 중점을 두고 파고들어 지금은 많은 영적인 발전을 몸소 체험하고 있습니다. 하나님의 뜻이라면 좌로나 우로나 치우치지 말고 순종하시기를 바랍니다.

29장 영과 진리로 예배드리며 권능을 강화

(요 4:21-24)"예수께서 이르시되 여자여 내 말을 믿으라 이 산에서도 말고 예루살렘에서도 말고 너희가 아버지께 예배할 때가 이르리라 (22) 너희는 알지 못하는 것을 예배하고 우리는 아는 것을 예배하노니 이는 구원이 유대인에게서 남이라 (23) 아버지께 참되게 예배하는 자들은 영과 진리로 예배할 때가 오나니 곧 이 때라 아버지께서는 자기에게 이렇게 예배하는 자들을 찾으시느니라 (24) 하나님은 영이시니 예배하는 자가 영과 진리로 예배할지니라."

거룩한 산 제물이 되어 영과 진리로 예배를 즐겨드리면 성령 충만함으로 영력과 면역력이 강화됩니다. 요즈음 코로나19로 인하여 비대면 시대입니다. 우리가 비대면 시대에는 보수적이고 고정된 사고방식을 고집하면 안 됩니다. 영과 진리로 예배를 드려야 영력이 강화됩니다. 이 말은 꼭 교회예배당에서 드리는 예배만을 말하는 것이 절대 아닙니다. 물론 예배당에 나가서 예배를 드릴 수만 있다면 그렇게 해야 합니다. 제일 중요한 것은 우리의 삶이 예배가 되는 것입니다. 어디든지 자신이 기거하고 있는 처소가 예배의 장소가 되어야 합니다. 하나님은 "너희는 너희가 하나님의 성전인 것과 하나님의 성령이 너희 안에 계시는 것을 알지 못하느냐"(고전 3:16). 예수님은 "예수께서 이르시되 여자여 내 말을 믿으라 이 산에서도 말고 예루살렘에서도 말고 너희가 아버지께 예배할 때가 이르리라 (22) 너희는 알지 못하는 것을 예배하고 우리는 아는 것을 예배하노니 이는 구원이 유대인에게서 남이라 (23) 아버지께 참되게 예배하는 자들은 영과 진리로 예배할 때가 오나니 곧 이 때라 아버지께서는 자기에게 이렇게 예배하는 자들을 찾으시느니라 (24) 하나님은 영이시니 예배하는 자가 영과 진리로 예배할지니라.”(요 4:21-24). 예배에 대하여 말씀으로 강조하셨습니다.

우리가 바르게 알아야 할 것은 코로나19 시대에 성령 충만하여 영력을 유지하면서 면역력을 강하게 하면서 건강하게 살아가기 위하여 할 수만 있다면 교회예배당에서 드리는 정기적인 예배가 참으로 중요합니다. 요즈음 코로나19로 인하여 예배당에서 예배를 마음대로 드리지 못하니까, 아예 예배당을 찾지 않고 예배를 등한히 하는 분들이 계시다고 합니다. 이는 참으로 큰 문제입니다. 안되면 자신의 집에서 가족과 함께 예배를 드리는 습관을 길러야 합니다. 인터넷을 보면서 드리는 예배는 권장하고 싶지 않습니다. 반드시 예배순서에 따라서 가장이나 믿음이 충만한 분이 인도하는 예배를 드려야 합니다. 예배를 보지 말고, 영과 진리로 드리라는 말입니다. 코로나19가 두려워서 집콕하면서 예배를 등한히 하다가 보니 생각지도 못한 영적-정신적-육체적인 질병이 발생하여 고생을 합니다.

어디서나 하나님께 영과 진리로 예배를 드려야 마음에 상처와 스트레스가 쌓이지 않습니다. 예배당에서 드리는 예배는 자신을 걸어 다니는 살아계신 하나님의 성전 만들기 위한 적극적인 활동입니다. 예배당에 찾아가서 진리의 말씀을 들으면서 영을 깨우고 성령으로 기도하면서 성령충만 받는 것입니다.

자신 혼자 인터넷으로 예배를 보며 신앙생활을 해서는 하나님께서 원하시는 살아있는 하나님의 집과 성전이 될 수가 없습니다. 예배당에서 예배를 드리면서 성령으로 충만 받아 자신의 전인격을 성전 만드는 것입니다. 모든 것이 예배를 통하여 이루어지는 것입니다. 성도에게 제일 중요한 것이 예배입니다.

그렇기 때문에 사단이 인간에게 예배를 받으려고 기를 쓰는 것입니다. 사단이 자신을 예배하게 하기 위하여 여러 가지 이해하지 못하는 일들을 일으키는 것입니다. 이방인의 제사, 무당 굿, 법당의 법회, 이방신들을 섬기는 자들의 제사행위, 기우제, 고사 등등이 여기에 해당이 되는 것입니다. 예배는 이렇게 중요합니다. 그래서 하나님을 경외하고 주인으로 인식하기 위하여 매주 첫날(주님이 부활하신 날) 교회에 모여서 하나님에게 예배를 드리는 것입니다. 예배는 자신을 살리는 길입니다.

그러면 예배를 어떻게 드려야 하는지를 밝히 알고 행해야 합니다. 하나님은 이렇게 말씀을 하십니다. "아버지께 참되게 예배하는 자들은 영과 진리로 예배할 때가 오나니 곧 이 때라 아버지께서는 자기에게 이렇게 예배하는 자들을 찾으시느니라. 하나님은 영이시니 예배하는 자가 영과 진리로 예배할지니라."(요 4:23-24). 영이신 하나님만을 주목하는 예배, 하나님께 참되게 예배하는 것은 무엇을 의미합니까? 어떻게 드리는 예배를 가리켜 아버지께 참되게 예배하는 것입니까?

1. 하나님은 영이시라 보이지 않지만 살아계십니다. 또한 천사들과 하나님의 형상에 따라 지음 받은 인간만이 영적 존재입니다. 특별히 인간을 창조할 때 하나님의 영을 불어 넣어 주셨습니다. 하나님과 교제하게 하셨습니다. 그런데 그 영적 교제가 인간의 죄를 범함으로 끝여진 것입니다. 인간은 육신적으로 물질적으로 살아가며 하나님과 교제를 잃어버린 것입니다. 하나님은 그러한 인간들에게 온전한 예배를 드릴 수 있도록 예수 그리스도를 통한 회복을 허락하신 것입니다.

다시금 하나님께서는 인간들과 진정한 교제를 원하시는데 그것이 예배의 본질입니다. 그러므로 사람들은 성령 안에서 영으로 예배를 드려야 하며, 인간의 힘이 아닌 오직 성령으로 예배드릴 때만이 하나님은 그 예배를 받으시고, 성령님이 함께하는 예배를 통하여 축복하십니다.

왜 영의 예배를 드려야 합니까? 하나님은 영이시기 때문입니다. 그런데 사람들은 형식을 중요시 여깁니다. 이스라엘 백성들은 신분과 장소를 중요시 여겼습니다. 또한 제사 드리는 법을 중요시 여겼습니다. 그래서 많은 사람들이 사마리아에서 드리는 예배는 받지 않는다고 생각했습니다. 여인이 말합니다. (요 4:20-21,24) "우리 조상들은 이 산에서 예배하였는데 당신들의 말은 예배할 곳이 예루살렘에 있다 하더이다 " 예수님이 대답하십니다. "(21) 예수께서 이르시되 여자여 내 말을 믿으라 이 산에서도 말고 예루살렘에서도 말고 너희가 아버지께 예배할 때가 이르리라 (24) 하나님은 영이시니 예배하는 자가 영과 진리로 예배할지니라."

불행하게도, 인간들은 물질에 속하여 버렸고, 죄 아래 속하여 버렸습니다. 우리의 힘으로 온전한 예배를 드릴수가 없습니다. 그러한 인간이 하나님을 알 수 있고, 하나님께 예배할 수 있는 길은 오직 성령의 인도함을 통해서만 가능한 것입니다. 성령의 인도함 속에서만 신령한 세계를 알 수 있고, 느낄 수 있습니다. 하나님의 인격을 체험할 수 있는 것입니다. 그러므로 우리들의 예배는 성령님이 주관하시는 예배가 되어야 합니다.

2. 하나님께 참되게 예배하는 자는 성령으로 예배합니다. 성령으로 영으로 드리는 예배가 무엇입니까? 우리가 이를 바르게 알기 위해서는 먼저 성경말씀을 바르게 알아야 합니다. 원래 헬라어 성경을 보면 24절에서 "하나님은 영이시니… 영으로 예배하라." 하는 구절의 '영'을 가리켜 '성령'(pneuma)으로 표기했습니다. 복잡하게 설명하지 않겠습니다. "하나님은 영이시니." 즉 하나님은 성령 하나님이십니다. 하나님은 살아계시면서 영이십니다. 믿는자에게 5차원으로 역사하십니다.

그러므로 "영으로 예배할지니라." 즉 성령 하나님으로 예배하라는 말씀입니다. 더 쉽게 설명을 드리면 자신은 죽고 '성령의 인도함 가운데, 성령님 안에서 예배하라.'는 것입니다. 우리가 믿고 잘 알고 있듯이 하나님은 삼위일체 하나님이십니다.

성부 하나님의 고유 사역은 창조사역(계획)입니다. 성자 하나님인 예수님의 고유 사역은 구원사역(이루심)입니다. 성령 하나님의 고유 사역은 인도, 지지의 사역(알게 하심)입니다.

성부 하나님이 이스라엘 백성들과 늘 동행하셨습니다. 성자 예수님이 임마누엘의 하나님으로 우리 가운데 사람으로 눈에 보이도록 임재 하셨습니다. 성령 하나님이 우리들과 세상 끝날 까지 함께 하십니다. 그러므로 하나님을 가리켜 성령님이라고 하는 것입니다. 성령님이 예수님과 말씀을 깨달아 알게 하십니다. 성령님의 감동가운데 하나님께 예배하라는 것입니다. '성령님의 감동 가운데 드리는 예배'에 대해 설명을 드리겠습니다. 예배 드리는 가운데 다른 생각이 나는 것, 성령님의 감동이 아닙니다. 마귀가 방해하는 것입니다. 예배를 드리면서 세상 생각하는 것이 아닙니다. 예배드리는 가운데 마음 속 깊은 곳에서 솟아나오는 기쁨, 성령님의 감동입니다. 그렇게 성령님이 주시는 감화와 감동 가운데 예배드리라는 것입니다. 예배 찬송을 부르는데 주님의 은혜가 감사하여 눈물이 흐릅니다. 성령님의 감동입니다.

찬송을 크게 부르고 싶은데 주위 사람들이 신경이 쓰입니다. 성령님의 감동이 아닙니다. 사람을 의식하는 인본주의 행위입니다. 설교말씀을 들으면서 무엇인가 깨달음이 있습니다. 성령님의 감동입니다. 그런데 그 말씀을 가만히 생각해보니 많은 희생과 양보가 있어야 할 것 같습니다. 성령님의 감동입니다. 그대로 양보와 희생하라는 것입니다. 예수님이 주시는 은혜도 좋지만 내 것을 내려놓기가 싫습니다. 아깝습니다. 성령님의 감동이 아닙니다.

영으로 드리는 예배는 성령으로 드리는 예배, 성령님의 감동 가운데 드리는 예배를 뜻합니다. 자신이 거룩한 산 제물이 되어 없어지고 성령님이 주인 되어 드리는 것입니다. 성령님의 지배와 장악된 가운데 드리는 것입니다. 살아있지만 자신의 의지를 발휘하지 않고 성령의 인도를 받는 상태입니다. 우리 모두는 하나님을 예배할 때마다 영이신 하나님께 늘 성령의 감동 가운데 예배하는 성도들이 되기를 바랍니다. 영으로 예배하는 것과 또 어떻게 드리는 예배를 가리켜 아버지께 참되게 예배하는 것입니까? 진리(예수)로 성령으로 예배를 드려야 합니다.

3. 하나님께 참되게 예배하는 자는 진리로 예배합니다. '진리로 드리는 예배'의 뜻을 바르게 알기 위해서 역시 성경말씀을 바르게 알아야 합니다. 헬라어 성경을 보면 "진리로 예배할지니라."는 구절에서 '진리'는 헬라어 이 단어 역시 '진리'를 뜻합니다. 그런데 성경을 보면 '진리'라는 말이 유독 많이 나오고 있음을 볼 수 있습니다. 특히 구약성경의 잠언서에 '진리, 지식, 지혜'라는 표현이 많이 나옵니다. (잠 3:3)"인자와 진리가 네게서 떠나지 말게 하고 그것을 네 목에 매며 네 마음 판에 새기라" (잠 16:6)"인자와 진리로 인하여 죄악이 속하게 되고 여호와를 경외함으로 말미암아 악에서 떠나게 되느니라" 기억하십시오. 구약성경에서 지식, 지혜, 진리는 하나님을 뜻합니다.

요한복음을 보면 '진리'라는 단어가 아주 많이 나오고 있습니다. (요 1:14)"말씀이 육신이 되어 우리 가운데 거하시매 우리가 그의 영광을 보니 아버지의 독생자의 영광이요 은혜와 진리가 충만하더라" (요 1:17)"율법은 모세로 말미암아 주어진 것이요 은혜와 진리는 예수 그리스도로 말미암아 온 것이라" (요 3:21)"진리를 따르는 자는 빛으로 오나니 이는 그 행위가 하나님 안에서 행한 것임을 나타내려 함이라 하시니라"

어쩐지 '진리'가 예수님과 어떤 깊은 관계가 있는 것 같지 않습니까? (요 5:33)"너희가 요한에게 사람을 보내매 요한이 진리에 대하여 증언하였느니라" (요14:6)"예수께서 이르시되 내가 곧 길이요 진리요 생명이니 나로 말미암지 않고는 아버지께로 올 자가 없느니라" 요한복음의 기자는 '진리'가 바로 예수님이라고 선언합니다. 그래서 예수님께서 이렇게 말씀하셨다고 증거합니다. (요 8:32)"진리를 알지니 진리가 너희를 자유롭게 하리라" 이제 '진리로 예배할지니라'는 말씀의 의미가 분명해졌습니다. 그렇습니다. 바로 '예수님으로, 예수님 안에서 예배하라'는 의미입니다. 쉽게 더 설명하면 죄인인 자신(아담)은 예수를 믿을 때 죽고 다시 태어난 하늘의 사람… 하나님의 자녀로 태어난 영의 사람인 예수로 예배를 드리라는 말씀입니다. 사람이 주목받는 예배, 이는 진리로 드리는 예배가 아닙니다. 예수님이 드러나지 않기 때문입니다.

우스갯소리로 사람들의 귀를 즐겁게 하는 예배, 이는 진리로 드리는 예배가 아닙니다. 우리 주님의 이야기, 복음은 우스개

이야기가 아니기 때문입니다. 사람이 영광을 받고 갈채를 받는 예배 역시 진리로, 예수님으로 드리는 예배가 아닙니다. 진리로 드리는 예배, 예수님으로 드리는 예배, 예수님 안에서 드리는 예배는 오직 예수님만이 나타나는 예배입니다. 진리로 예배를 드리라는 말은 예수 안에서 성령으로 말씀으로 드리라는 것입니다. 자신은 예수를 믿을 때 죽었고 다시 예수로 태어났으니 죄가 없는 의인(예수)된 상태에서 드리라는 것입니다.

하나님은 영과 진리로 드리는 예배만 받으십니다. 하나님은 영이시기 때문입니다. 성령의 임재와 지배 하에 영으로 예배를 드리기를 바랍니다. 오늘날 드려지는 예배는 교단별로 각각의 개 교회마다 순서와 형식의 다양한 방법을 통해 드려지고 있습니다. 순서와 형식의 다양한 방법에 대해 옳다 다르다의 기준은 없습니다. 그저 영과 진리로 드리면 되는 것입니다.

4. 성령으로 예배드림을 방해하는 요소를 제거해야 합니다.

1) 예배 전 충분한 기도와 찬양을 통하여 준비할 수 있습니다. 세상 속에서 살아가고 있던 성도가 하나님께 나아와 예배할 때, 또는 별도의 시간을 가지고 기도할 때 즉시로 하나님과의 교통을 이루기는 쉽지 않습니다. 왜냐하면, 일주일 동안의 삶이 하나님의 말씀을 이루는 삶, 순종하는 삶과는 동떨어진 삶을 살았기 때문입니다. 그러나 대부분의 그리스도인들은 일주일 살아가면서 삶속의 죄악으로 인하여서 영적인 눈이 가리어져 있으며, 심령이 무디어져 있고, 각질이 끼여 있는 상태입

니다. 그러기에 예배하는 성도는 성령의 온전한 인도함을 받기 위해서는 이러한 방해되는 요소를 철저히 제거해야 합니다. 이때 충분한 예배전의 기도와 찬양을 통하여 준비해야 합니다. 예배전의 충분한 기도와 찬양은 예배를 예배답게 만들며, 성령께서 주관하시는 예배로 나아가게 합니다. 물론 예배 전의 찬양과 기도도 하나님 보시기에 예배의 일부분입니다.

그러나 또한 다른 면으로 볼 때 예배전의 기도, 예배전의 찬양을 구별할 수 있습니다. 이 시간은 우리의 세상에 찌든 각질을 벗겨 내는 시간입니다. 즉 찬양을 부를 때, 찬양의 가사를 마음으로 반복합니다. 마음으로 부릅니다. 온몸에 새겨집니다. 이때 우리들을 둘러싸고 있는 영적인 어둠이 떠나가며 찬양은 영적 기도가 되고 회개가 되고 고백이 되며 우리를 참된 예배자의 모습으로 만들어 놓기 때문입니다. 우리에게는 일주일 동안 세상에 살면서 영혼육을 무디게 만든 것을 온전히 제거하며, 하나님과의 교통을 가지기에 충분한 기도의 시간이 필요한 것입니다. 이 시간을 가지지 못하면, 허겁지겁 준비되지 않는 예배를 드린다면, 예배가운데 하나님과의 교제를 기대할 수 없으며, 성령님이 주관하시는 예배를 기대할 수 없는 것입니다.

2) 세상에서 삶이 예배와 주일 예배를 연결시켜야 합니다.
하나님께서는 삶의 예배, 삶의 제사도 강조하셨습니다. 일주일 삶의 예배를 온전히 드린 성도는 주일예배를 통하여 더욱 더 큰 은혜를 누리며, 다시금 일주일의 생활을 예배를 참되게 드릴 수 있는 힘을 공급받게 됩니다. 축복된 순환 구조입니다. 그런데 일주일 삶의 예배가 엉망이면 주일의 예배도 성공하기 힘듭니다. 하나님을 깊게 만나기 힘듭니다. 성령의 역사를 경험하기 힘듭니다. 다윗은 늘 상 하나님과 삶에서 교제하였던 놀라운 사람이었습니다. 그러나 밧세바와 동침 후, 그의 남편 우리아를 죽이고 하나님을 속이면서 사는 삶속에서 그는 하나님과의 교제를 잃어버렸습니다. 그래서 그는 어떤 제사를 통해서도 하나님을 만날 수 없었습니다.

물론 주일은 약한 사람, 죄지은 사람이 더욱더 와서 회복하는 곳입니다. 그러나 더 깊은 영적 교제를 위해서는 다윗은 철저히 회개한 후에 하나님과 다시금 교제가 이루어졌다는 알고 더 예배를 위해서, 성령이 충만한 예배를 위해서 삶의 예배에 항상 성공하는 믿음의 성도가 되시기를 축원합니다.

3) 성령의 이끌림을 받는 회개는 성령으로 예배드리기에 강력한 축복의 도구입니다. 악순환을 끊을 수 있는 길은 예수 그리스도의 보혈을 힘입는 회개를 통해서입니다. 다윗은 하나님의 마음에 합한 사람이었습니다. 늘 살아가는 삶이 예배인 사람이었습니다. 그런 다윗의 제사를 통해서는 더욱더 축복을 누렸습니다. 우리도 삶의 현장이 예배가 되어야 합니다.

그런데 강력한 죄가 하나님과 다윗을 가로 막았고, 점점 더 하나님과 멀어지는 결과를 가져왔습니다. 다윗은 회복을 위하여 힘써 보았습니다. 다윗은 제사도 드려봤습니다. 간구도 해 보았습니다. 그런데 하나님은 만나주지 않았습니다. 이때 하나님께서는 나단 선지자를 통하여, 죄를 깨닫게 하고 철저하게 자신의 삶을 돌이킬 때, 다시금 만나주신 것입니다.

즉, 하나님이 받으시는 제사, 성령의 역사가 임하는 예배는 물질적인 것이 아닌, 상한 심령을 내어 놓는 것입니다. 제자들이 하나님을 거역한 이스라엘 백성들에게 외친 것도 회개함으로서 세례를 받고 그리하여 성령의 충만을 받으라는 것입니다.

회개는 예배가운데 풍성한 성령의 역사를 이루게 합니다. 또한 성령의 임재가 임하면, 더욱 더 회개의 역사는 나타납니다. 그리고 더욱 더 거룩한 은혜의 역사가 임하는 것입니다.

회개를 통하여 다윗에게서 떠나셨던 성령님이 함께 하셨습니다. 회개를 통하여 성도에게서 떠나셨던 성령님이 함께 하시는 것입니다. 회개를 통하여 예배가운데 아무런 감동을 받지 못하던 성도들의 온몸에 은혜가 임하기 시작하는 것입니다. 회개는 악순환의 고리를 끊고 축복의 순환으로 바꾸는 귀한 방편입니다. 하나님께 거룩한 산제물이 되어 영과 진리로 드리기 위하여 반드시 예배에 포함 되어야 할 요소들이 있습니다.

5. 예배에 포함되어야 할 요소들이다. 하나님께 대한 예배에 포함되어야 할 요소들은 다음과 같습니다.

첫째는 찬양과 신앙고백입니다. 예배의 궁극적인 목적은 하나님을 영화롭게 하는 것입니다. 그리고 찬양은 하나님의 영광을 높이는 수단입니다. 그러한 점에서 찬양은 예배에서 빠질 수 없는 요소입니다. 구약 시대 성전 제사에서도 찬송은 빠질 수 없는 필수 요소였습니다. 그래서 '다윗'은 아예 '레위인'으로 구성된 찬양대를 조직하여 하나님을 찬양하게 하기도 하였습니다. 오늘 우리도 찬송가를 부름으로서 하나님을 찬양하였습니다. 조직이 잘 되어 있는 일반 교회에서는 따로 찬양대를 세워 예배의 한 순서로 하나님을 찬양하게 하고 있습니다.

우리가 하나님을 찬송하는 것은 성도의 마땅한 의무임과 동시에 특권이므로 즐거운 마음으로 찬송을 드려야 하는 것입니다. "우리 능력 되신 하나님께 높이 노래하며 야곱의 하나님께 즐거이 소리할지어다."(시편81:1), 말씀했습니다.

둘째는 신앙 고백입니다. 예배는 분명한 대상이 있어야 합니다. 예배의 대상이 분명하지 않는 예배는 다 헛된 몸짓에 불과합니다. 우리들의 예배의 대상은 천지만물을 창조하시고 주관하시는 하나님이십니다. 우리는 이 하나님에 대한 신앙 고백을 하는 것입니다. 다른 종교와 달리 우리는 특별히 예배시간에 사도신경을 꼭 암송을 합니다. 사도신경은 기독교의 핵심 진리를 요약한 것이라 할 수 있습니다. 그래서 이는 모든 교회와 성도 각 개인의 공적인 신앙고백으로 삼고 있는 것입니다. 우리가 예배시간에 교회와 성도 개인의 신앙고백으로 사도 신경을 암송하는 것도 이 때문입니다. 하나님께 속한 자는 바로 예수를 주로 고백하는 자들 입니다. "그러므로 내가 너희에게 알게하노니 하나님의 영으로 말하는 자는 누구든지 예수를 저주할자라 하지 않고 또 성령으로 아니하고는 누구든지 예수를 주시라 할 수 없느니라(고전12:3)" 말씀했습니다.

셋째로 말씀의 선포와 화답입니다. 하나님은 예배를 통해서 성도들을 만나 주시고 우리에게 필요한 말씀들을 주십니다. 물론 하나님께서 구약 시대처럼 직접 말씀 하시는 일은 없습니다. 하나님은 항상 대언의 종들을 세우시고 그들을 통하여 말씀을 주십니다. 예를 들어 더불어 민주당, 국민의 힘, 국민의 당…. 등 각 정당 대변인이 발표를 하는 것이 곧 그 정당의 뜻인 것처럼, 하나님은 인생들 중 대언할 심부름꾼을 세워 하나님의 뜻을 전달하시는 것입니다. 구약 시대에는 주로 제사장과 선지자들을 통하여 택한 선민 이스라엘 백성들에게 하나님으로부터 직접 계시를 받아 하나님의 뜻을 전하여 주셨습니다.

신약 시대이후에는 성령의 지배를 받는 목회자를 통하여 하나님의 말씀을 주십니다. 물론 신약 시대의 목회자들은 구약 시대의 선지자들과 달리 직접 계시를 받아 말씀을 전하는 것이 아닙니다. 바로 하나님의 말씀이 기록된 성경을 성령의 조명을 받아 이를 잘 이해할 수 있도록 풀어서 전하는 것입니다. 물론 성도라면 누구나 갖고 있는 것이 성경 말씀입니다. 그러나 성경을 읽는다고 다 하나님의 말씀을 깨닫는 것은 아닙니다. 또 말씀을 깨달았다고 해서 그 말씀이 항상 동일하게 적용되는 것은 아닙니다. 그렇기 때문에 그때그때 마다, 하나님은 성령으로 감동케 하시고 목회자들을 통해 성경을 재 해석하게 하심으로서 우리에게 필요한 말씀을 주시는 것입니다.

넷째로 간구와 호소입니다. 만남은 당사자 간에 대화가 있을 때 비로소 그 의미가 있는 것입니다. 대화가 없는 만남은 진정한 의미의 만남이라고 할 수 없습니다. 우리는 세상을 살아가면서 수많은 사람들과 만나게 됩니다. 출근길의 지하철이나 버스 안에서도 만나고, 길거리에서도 만납니다. 그러나 우리는 그러한 만남을 만남이라 부르지 않습니다. 왜 그렇습니까? 그 만남에는 진솔한 인격적인 대화가 없기 때문입니다. 그러한 의미에서 예배가 참 예배가 되려면 하나님과 성도 간에는 반드시 진솔한 인격적인 대화가 있어야 합니다. 목회자의 말씀 선포는 하나님의 말씀이 성도들에게 전해지는 과정입니다.

그에 반해 성도들의 기도나 호소는 하나님께 말씀드리는 방편이라고 할 수 있습니다. 따라서 예배에 말씀의 선포가 있어야 하는 것처럼 성령님이 주인되신 성도의 간구와 호소도 반드시 있어야 하는 것입니다. 우리는 하루하루 매일 같이 하나님의 도움이 없이는 살아갈 수 없는 존재들입니다. 예배가 하나님의 영광을 구하고 하나님의 은혜를 힘입는 시간이라면 간구와 호소는 그 은혜가 우리 각자의 삶에 어떤 방식으로 펼쳐 져야 할지를 정하는 것, 즉 은혜를 구체화하는 것이라 할 수 있습니다. 그렇기 때문에 간구와 고백은 예배를 드릴 때 반드시 필요한 요소 중 하나라 할 수 있습니다. 잘 알고 있듯이 기도는 하나님과의 교제의 통로입니다.

다섯째는 감사와 헌신입니다. 우리는 매 순간 하나님의 은혜가 없이는 살아갈 수 없는 사람들입니다. 다시 말해서 우리가 매 순간 살아가고 있는 것이 하나님의 은혜의 결과입니다. 하나님은 시시때때로 우리에게 필요한 은혜를 베푸사 이 험난한 세상을 살아갈 수 있도록 힘과 용기를 주십니다. 더욱이 우리는 본래 다 죄로 인하여 영원히 멸망할 운명에 처하였던 존재로서 감히 하나님께 나아갈 수 없었던 신분이었습니다.

그러나 죄인을 구원하기 위해 독생자를 아끼지 않으신 하나님의 그 크신 은혜와 우리를 위하여 자기 몸을 기꺼이 희생하신 예수 그리스도의 사랑으로 우리가 죄 사함을 받고 하나님께 나아갈 수 있는 것은 물론, 하나님의 영원한 기업의 후사가 된 것입니다. 그런즉 우리가 하나님께 감사하는 것은 지극히 당연한 것입니다. 봉헌(헌금)도 하나님의 은혜에 대한 감사의 표시입니다. 모든 소유가 하나님의 것이니 감사함으로 아낌없이 드리는 것입니다. 또 하나님을 위하여 헌신을 하는 것도 감사의 표시입니다.

하나님을 영화롭게 하는 자는 바로 감사로 제사를 드리는 자라고 했습니다. "감사로 제사를 드리는 자가 나를 영화롭게 하나니 그 행위를 옳게 하는 자에게 내가 하나님의 구원을 보이리라(시편50:23)"했습니다. 믿음도 현재형이고 감사도 현재형 입니다. 표현되지 않은 사랑은 더 이상 사람이 아닌 것처럼 표현되지 않은 감사 또 한 더 이상 감사가 아닌 것입니다. 감사는 해도 그만, 안 해도 그만이 아니라 살아있는 모든 날들이 다 감사의 조건이 되는 것입니다. 우리 모두가 하나님에 대한 찬양과 신앙고백, 말씀의 선포와 화답, 간구와 호소, 감사와 헌신을 통한 풍성한 복을 내 것으로 만들어 가는 믿음의 주인공들이 다 되시기를 진심으로 소원합니다. 거룩한 산 제물이 되어 영과 진리로 예배를 드림으로 성령의 권능과 면역력이 강해집니다.

이 책을 통해 예수님이 땅끝까지 전파 되기를 소원합니다.
(출판으로 인한 이익금은 문서선교와 개척교회 선교에 사용합니다.)

성령으로 온몸기도 하는 법

발 행 일 l 2022. 4. 07초판 1쇄 발행

지 은 이 l 강요셉

펴 낸 이 l 강무신

편집담당 l 강무신

디 자 인 l 강요셉

교정담당 l 강무신

펴 낸 곳 l 도서출판 성령

신고번호 l 제22-3134호(2007.5.25)

등록번호 l 114-90-70539

주　　소 l 서울 서초구 방배천로 2길 53(방배동)

전　　화 l 02)3474-0675/ 3472-0191

E-mail l kangms113@hanmail.net

유　　통 l 하늘유통. 031)947-7777

ISBN l 978-89-97999-85-9 부가기호 l 03230

가　　격 l 16,000원